누구나 쉽게 배우는 자바스크립트

JAVASCRIPT FOR KIDS

by Nick Morgan

누구나 쉽게 배우는
자바스크립트

닉 모건 **지음**
김태곤, 이미령 옮김

이 책을 필리(Philly)와
팬케이크(Pancake)에게 바칩니다.

저자 소개

◎ 닉 모건 *Nick Morgan*

트위터의 프론트엔드 엔지니어다. 프로그래밍 언어는 전부 좋아하지만 자바스크립트에는 특별히 더 큰 애정을 가지고 있다. 안개가 많은 샌프란시스코에서 약혼녀와 함께 복슬복슬한 강아지 팬케이크를 키우며 살고 있으며, 블로그(http://skilldrick.co.uk)를 운영하고 있다.

삽화가

◎ 미란 리포바카 *Miran Lipovaca*

『Learn You a Haskell for Great Good!』(『가장 쉬운 하스켈 책』, 비제이퍼블릭, 2014)이라는 책의 저자로 복싱과 베이스 기타 연주를 좋아하고, 당연한 이야기이지만

그림 그리기도 좋아한다. 해골 춤과 숫자 71에 강한 흥미를 느끼며 자동문을 지날 때마다 염력으로 문을 여는 거라고 상상하곤 한다.

기술 감수자

◎ 앵거스 크롤 *Angus Croll*

『If Hemingway Wrote JavaScript』라는 책의 저자로 평소 자바스크립트와 문학에 굉장히 관심이 많다. 트위터 UI 프레임워크 팀에서 근무하고 있으며 플라이트(Flight) 프레임워크의 공동 개발자다. 파급력 있는 자바스크립트를 작성하고, 자바스크립트 블로그를 운영하며, 전 세계 콘퍼런스에 강연자로 서고 있다. 그의 최근 소식은 트위터 계정 @angustweets를 통해 접할 수 있다.

감사의 글

지난 18개월 동안 용기를 북돋아주고 늘 든든하게 지지해준 멋진 약혼녀 필리에게 고마운 마음을 전한다. 필리 없이는 정말 책을 완성하지 못했을 것이다. 코드 예제에 여러 번 등장해준 우리 강아지 팬케이크에게도 고마운 마음을 전한다.

앵거스에게도 감사한 마음을 전하고 싶다. 그가 아니었다면 현재 샌프란시스코에서 이 글을 쓰고 있지 못했을 것이다. 그는 2011년에 나를 트위터에 소개해주었다. 또한 내가 여러분 손에 들려 있는 이 책을 집필해볼 생각이 있다는 사실을 2013년 빌 폴록(Bill Pollock)에게 전해주기도 했다. 게다가 기술 감수를 맡아서 이 책에 있던 많은 오류들을 바로 잡아주었다.

빌 폴록, 세프 크라머르(Seph Kramer), 라일리 호프먼(Riley Hoffman), 타일러 오트먼(Tyler Ortman)을 비롯해 노 스타치 프레스(No Starch Press)에 있는 직원분들에게도 감사의 인사를 보낸다. 이들은 이 책을 쓰는 동안 참을성 있게 나를 지도해주었다. 특히 원고를 지금의 상태가 되기까지 잘 다듬어준 빌과 세프에게 특별히 더 고맙다는 인사를 하고 싶다.

초벌 PDF 버전을 검토하고 훌륭한 의견을 보내준 리버 브래들리(River Bradley), 다미앵 샹(Damien Champ), 알렉스 추(Alex Chu)에게도 감사의 인사를 전한다.

마지막으로 미란 리포바카에게 감사의 인사를 보낸다. 나는 수년간 미란의 팬이었다. 미란이 쓴 『Learn You a Haskell for Great Good!』(『가장 쉬운 하스켈 책』, 비제이퍼블릭, 2014)은 내가 무척 좋아하는 프로그래밍 책 중 하나다. 그 책에 실린 그의 삽화들은 정말 훌륭했다. 그런 그가 내 책의 삽화 작업까지 해주다니 꼭 꿈만 같은 일이었다. 결과물은 상상했던 것보다도 더 훌륭했다. 그와 함께 작업할 기회가 있었다는 사실만으로도 감사한 마음이다.

역자 소개

◎ 김태곤

Fancy(http://fancy.com)라는 서비스를 만들고 있는 프런트엔드 개발자다. 새로운 기술을 배우는 것만큼이나 지식을 나누는 것도 좋아해 오픈 소스는 물론이고 강의와 번역을 꾸준히 진행하고 있다. 또한 개인 블로그(http://taegon.kim)와 트위터(@taggon)를 통해서도 웹 기술과 관련된 글을 전한다. 옮긴 책으로는 『자바스크립트를 깨우치다』(비제이퍼블릭), 『객체 지향 자바스크립트의 원리』(비제이퍼블릭), 『거침없이 배우는 자바스크립트 & 제이쿼리』(지앤선) 등이 있다.

◎ 이미령

큰 변화도 작은 행동이 모여 이루어진다는 생각에 가치 있는 콘텐츠를 우리말로 공유하고자 자원봉사로 시작한 번역이 신문기사, 온라인 콘텐츠 번역을 지나 결국 전문 번역가의 길까지 이어졌다. 모든 일을 재미있게 하는 비결은 아이 같은 호기심을 잃지 않는 데 있다고 믿고 있으며 사람과 사람, 사람과 컴퓨터 간의 연결 분야에 관심이 많다. 옮긴 책으로는 『생각하는 냉장고 뉴스 읽는 장난감』(지앤선), 『멀티 디바이스 UX 디자인』(한빛미디어), 『사용자를 생각하게 하지마』(인사이트)가 있다.

차례

Ⅰ. 기초

II. 고급 자바스크립트

들어가기

『누구나 쉽게 배우는 자바스크립트』의 첫 장을 펼친 여러분을 환영합니다. 여러분은 이제 웹 언어인 자바스크립트를 통해 프로그래밍을 배우게 될 것입니다. 프로그래머가 된다는 건 단순히 컴퓨터를 사용하는 데 그치지 않고 컴퓨터를 제어할 수 있는 능력을 갖추게 된다는 뜻입니다. 프로그래밍을 배우면 여러분의 뜻대로 컴퓨터를 활용할 수 있고 여러분이 원하는 것은 무엇이든 컴퓨터에 시킬 수 있습니다!

자바스크립트는 어디에나 사용되므로 배워두면 좋은 프로그래밍 언어입니다. 크롬, 파이어폭스, 인터넷 익스플로러와 같은 웹 브라우저는 모두 자바스크립트를 사용합니다. 웹 프로그래머가 자바스크립트를 잘 활용하면 단순한 문서로 구성된 웹 페이지도 인터랙티브 애플리케이션과 게임으로 가득 채워집니다.

하지만 자바스크립트의 능력은 웹 페이지를 만드는 데 그치지 않습니다. 웹 사이트를 만들 때 웹 서버에서도 사용할 수 있고, 로봇 등 다른 하드웨어를 제어하는 데에도 활용할 수 있습니다.

누가 읽으면 좋을까요?

이 책은 자바스크립트를 배우고 싶은 분이나 프로그래밍을 처음 시작하는 분을 위해 쓰였습니다. 아이들이 편하게 읽을 수 있도록 썼지만, 사실 나이에 상관없이 누구나 프로그래밍입문서로 활용해도 좋습니다.

이 책은 단순 자료형에서 시작해서 복합 자료형, 제어문, 함수에 이르기까지 자바스크립트 관련 지식을 차근차근 쌓을 수 있게 도와줍니다. 그런 다음에는 사용자가 마우스를 움직이거나 키보드 키를 누를 때 반응하는 코드를 작성하는 방법도 배웁니다. 그리고 마지막에는 자바스크립트로 여러분이 상상하는 것은 무엇이든 그리거나 움직이게 하는 캔버스 엘리먼트를 배웁니다.

그 과정에서 여러분의 프로그래밍 기술을 발전시키고 배운 것을 활용할 수 있도록 몇 가지 게임도 직접 만들어보게 됩니다.

이 책은 이렇게 읽어보세요

일단 순서대로 읽어보세요. 당연한 이야기를 뭐하려 하느냐고 하는 분도 계실지 모르지만, 게임 만들기처럼 재미있는 부분으로 바로 건너뛰는 분이 생각보다 많답니다. 하지만 이 책은 앞 장에서 배운 내용을 다음 장에서 활용하도록 구성되어 있습니다. 그러므로 맨 처음 부분부터 시작하셔야 게임 만들기도 더욱 쉽게 익힐 수 있습니다.

프로그래밍 언어는 일반적인 언어와 비슷합니다. 문법과 어휘를 익혀야 하고 시간도 많이 들여야 합니다. 코드를 많이 작성하고 읽어보는 것이 프로그래밍 능력을 발전시킬 유일한 방법입니다. 코드 작성량이 늘어날수록 더 자연스럽게 쓰게 되고, 능숙하게 쓰는 수준에 이를 것입니다.

책에 등장하는 코드 예제를 직접 입력해보고 테스트해보시길 바랍니다. 실제 어떻게 동작하는지 완벽히 이해하지 못하겠다면 코드를 약간씩 바꿔보고 그럴 때 결과가 어떻게 바뀌는지 확인해보는 것도 좋습니다. 기대한 결과가 나오지 않을 때는 그 이유를 알아낼 수 있을지도 확인해보세요.

무엇보다 '연습문제'와 '프로그래밍 과제' 부분을 꼼꼼하게 해보길 바랍니다. 책에 실린 코드를 실행해보는 건 프로그래밍을 처음 배울 때 유용한 방법입니다. 나중에 스스로 코드를 작성하기 시작할 즈음에는 프로그래밍에 대한 이해가 더욱 깊어져 있을 것입니다. 재미있어 보이는 과제가 있다면 더 진행해보세요! 여러분이 작성했던 프로그램에 도전 과제를 직접 더해보는 겁니다.

프로그래밍 과제에 대한 답변 예시와 게임 등 다른 예를 위한 코드 파일은 http://www.bjpublic.co.kr ▶ [도서자료] ▶ [소스코드 다운로드]에서 찾을 수 있습니다. 과제를 푼 후에 이러한 예시용 답변을 확인하면 여러분의 접근법과 어떻게 다른지 비교해볼 수 있습니다. 과제를 풀다가 막혔을 때는 답변을 힌트로 활용할 수도 있을 것입니다. 하지만 답변은 단지 예시용이라는 사실을 잊지 마세요. 자바스크립트를 사용해서 하나의 목표에 이르는 방법은 수없이 많을 수 있습니다. 그러니 여러분이 작성한 답과 책에 나온 답이 다르다고 해도 걱정하지 마세요!

뜻을 모르는 단어를 만났을 때는 책 마지막 부분에 있는 용어집을 확인하세요. 용어집에는 이 책에 사용된 프로그래밍 용어들의 뜻의 정리되어 있습니다.

책에 담긴 내용을 소개합니다

1장에서는 자바스크립트를 짧게 소개하고 구글 크롬에서 자바스크립트 코드를 작성해봅니다.

2장에서는 자바스크립트에서 사용되는 숫자, 문자열, 불리언 등 기본 자료형과 변수에 대해 소개합니다.

3장에서는 여러 데이터로 구성된 목록을 저장할 때 사용하는 배열에 대해 다룹니다.

4장에서는 여러 키-값 쌍을 포함하는 객체에 대해 다룹니다.

5장에서는 웹 페이지를 만들 때 사용하는 언어인 HTML에 대해 소개합니다.

6장은 if문, for 반복문 등 제어문을 사용한 코드 제어 방법을 보여줍니다.

7장은 지금까지 배운 내용을 모두 종합하여 단어 유추 게임인 행맨을 간단하게 만들어볼 것입니다.

8장에서는 함수를 작성하여 코드를 한 블록으로 묶고 재사용하는 방법에 대해 다룹니다.

9장에서는 jQuery에 대해 소개합니다. jQuery를 사용하면 자바스크립트를 통해 웹 페이지를 쉽게 다룰 수 있습니다.

10장에서는 타임아웃(timeout), 인터벌(interval), 이벤트 핸들러를 사용해 코드를 더 인터랙티브하게 만드는 방법에 대해 배웁니다.

11장에서는 함수, jQuery, 이벤트 핸들러를 사용해 보물 찾기 게임을 만들어볼 것입니다.

12장에서는 객체지향 프로그래밍(object-oriented programming)이라는 프로그래밍 스타일에 대해 알려줍니다.

13장에서는 자바스크립트를 통해 웹 페이지에 그래픽을 표현할 때 사용하는 캔버스(canvas) 엘리먼트에 대해 소개합니다.

14장에서는 10장에서 배운 애니메이션 기술을 사용해 캔버스에 애니메이션을 표현합니다.

15장에서는 이렇게 작성한 애니메이션을 키보드로 제어하는 방법에 대해 배웁니다.

16장과 17장에서는 15장까지 배운 모든 기술을 사용해 뱀 게임을 완성하겠습니다.

그 뒤에는 프로그래밍을 더 깊이 배울 수 있는 몇 가지 방법을 확인할 수 있습니다.

용어집 부분에서는 앞으로 여러분이 접하게 될 새로운 용어를 많이 소개할 것입니다.

즐겨보세요!

마지막으로, 프로그래밍이 재미있다는 사실을 꼭 기억하세요! 프로그래밍은 게임이나 그림 그리기처럼 재미있고 창의적인 활동입니다. 실제 여러분은 이 책을 통해 자바스크립트를 활용해서 그림을 그리고 게임을 해보게 될 것입니다. 코드 작성 방법을 배운 후에는 여러분이 상상력만 발휘하면 됩니다. 컴퓨터 프로그래밍이라는 흥미진진한 세상에 첫발을 내디딘 여러분을 환영합니다. 아주 재미있는 시간이 되길 바랄게요!

1부
기초

1장
자바스크립트 소개

컴퓨터라는 기계는 엄청난 능력을 가지고 있습니다. 체스 게임의 상대가 되어준
다거나 수천 개의 웹 페이지를 보여줄 수도 있습니다. 또한 불과 몇 초 만에 엄
청나게 복잡한 계산을 수백만 번 해내기도 하는 등 놀라운 일들을 합니다. 하지
만 알고 보면 컴퓨터는 그리 똑똑하지 않습니다. 사실 컴퓨터는 사람이 명령한
행동을 정확히 수행하고 있을 뿐이거든요. 사람들이 프로그램을 만들어서 컴퓨
터가 해야 할 행동을 지시해야만 합니다. 프로그램이 없으면 컴퓨터 혼자서는
아무것도 못한답니다!

자바스크립트를 만나보세요

심지어 컴퓨터는 영어뿐만 아니라 어떤 나라의 언어도 이해하지 못합니다. 컴퓨터 프로그램
은 자바스크립트 같은 **프로그래밍 언어**(programming language)로 작성됩니다. 자바스크립트

라는 이름을 처음 듣는 사람이라고 해도, 분명히 자신도 모르게 사용해본 적이 있을 것입니다. 자바스크립트 프로그래밍 언어는 웹 페이지에서 동작하는 프로그램을 만들 때 사용되기 때문입니다. 자바스크립트는 웹 페이지가 어떻게 보일지 제어하고, 웹 사이트 사용자가 버튼을 클릭하거나 마우스를 움직일 때 페이지가 반응을 보이게 합니다.

지메일이나 페이스북, 트위터 등의 사이트에서도 이메일 전송, 댓글 달기, 웹 사이트 탐색 등 여러 활동을 더욱 편하게 할 수 있도록 자바스크립트를 사용합니다. @bjpub이라는 트위터 계정의 트윗을 읽고 있다고 생각해봅시다. 여러분이 페이지를 아래로 스크롤 했을 때 더 많은 트윗이 나타나게 하는 게 바로 자바스크립트가 하는 일입니다.

자바스크립트가 재미있는 이유를 알고 싶은 분은 다음의 웹 사이트를 확인해보세요.

- 자바스크립트는 음악을 들려주고 멋진 시각 효과를 냅니다. 그림 1-1에는 헬로우인 조이(HelloEnjoy)가 엘리 굴딩(Ellie Goulding)의 노래 'Light'로 제작한 인터랙티브 뮤직비디오(http://lights.helloenjoy.com/)의 예가 나옵니다. 이 뮤직비디오를 보면 여러분은 날아다니는 듯한 느낌을 받을 수 있습니다.

- 자바스크립트는 예술적인 활동을 위한 도구를 만드는 데 쓸 수도 있습니다. 온갖 멋진 음향이 들어있는 가상 드럼 머신인 파타탭(Patatap, http://www.patatap.com/)이 그 예입니다. 그림 1-2에서 볼 수 있듯이 멋진 애니메이션도 함께 보여줍니다.

- 자바스크립트가 있으면 재미있는 게임도 할 수 있습니다. 에어 하키와 비슷한 고전 게임 퐁(Pong)을 3D 형태로 만든 큐브슬램(https://www.cubeslam.com/)이 좋은 예입니다. 이 게임은 친구와 함께 할 수도 있고, 그림 1-3에서 볼 수 있듯이 컴퓨터 속 곰과 함께 즐길 수도 있습니다.

[그림 1-1]: 헬로우인조이의 'Light' 뮤직비디오에서는 반짝거리는 커서를 여러분이 직접 제어할 수 있습니다.

[그림 1-2]: 파타탭에서는 키별로 각기 다른 소리가 배정되어 있어 여러분이 누르는 대로 다양한 소리가 납니다.

[그림 1-3]: 큐브슬램은 자바스크립트만으로 프로그래밍한 게임입니다!

자바스크립트를 배워야 하는 이유는 무엇인가요?

세상에는 프로그래밍 언어가 자바스크립트 말고도 많습니다. 사실 수백 가지도 넘습니다. 그래도 자바스크립트를 배워야 할 이유는 많습니다. 일단 다른 프로그래밍 언어보다 무척 배우기 쉽고 훨씬 더 재미있습니다. 하지만 무엇보다도 자바스크립트 프로그램은 인터넷 익스플로러, 모질라 파이어폭스, 구글 크롬 같은 웹 브라우저만 있으면 작성하고 실행할 수 있다는 장점이 있습니다. 모든 웹 브라우저에는 자바스크립트 프로그램을 읽을 수 있는 자바스크립트 **해석기**(interpreter)가 내장되어 있습니다.

여러분이 작성한 자바스크립트 프로그램은 각자 자신의 컴퓨터에 있는 웹 브라우저에서 실행해보도록 다른 이들에게 링크를 보내줄 수도 있습니다. 이에 대해서는 309쪽 "JSFiddle을 통해 코드 공유하기" 절에서 더 자세히 설명하겠습니다.

간단한 자바스크립트 프로그램 작성

구글 크롬(http://www.google.com/chrome/)에서 간단한 자바스크립트 프로그램을 작성해봅시다. 크롬을 아직 설치하지 않았다면 우선 설치부터 해주세요. 그다음 크롬 브라우저를 열고 주소창에 **about:blank**라고 써보세요. 그리고 엔터 키를 누르면 그림 1-4처럼 빈 페이지가 열립니다.

크롬 자바스크립트 콘솔에서 코딩을 시작하도록 하겠습니다. 이 방법은 간단한 자바스크립트 프로그램을 시험해보기 좋습니다. 마이크로소프트 윈도우나 리눅스에서는 Ctrl 키와 Shift 키를 누른 상태로 J를 누릅니다. 맥 OS에서는 Command 키와 Option 키를 누른 상태에서 J를 누릅니다.

바르게 입력했다면 빈 웹 페이지 아래에 그림 1-4처럼 오른쪽 꺾쇠 괄호(>) 옆에 반짝이는 커서(|)가 깜빡이고 있어야 합니다. 이제 거기에 자바스크립트 코드를 넣으면 됩니다!

노트 크롬 콘솔은 코드 텍스트에 색을 입혀서 보여줍니다. 입력한 텍스트는 파란색으로, 출력할 부분은 다른 색으로 종류에 따라서 다르게 표현합니다. 이 책에서는 이 콘솔을 사용할 때와 유사한 색상을 사용하도록 하겠습니다.

[그림 1-4]: 구글 크롬 자바스크립트 콘솔

커서에 코드를 입력하고 엔터 키를 누르면 자바스크립트가 여러분이 입력한 코드를 실행해서 결과를 다음 줄에 보여줍니다. 다음의 간단한 덧셈을 직접 콘솔에 넣어보세요.

```
3 + 4;
```

이제 엔터 키를 눌러보세요. 자바스크립트가 7이라는 값을 답으로 출력할 것입니다.

```
3 + 4;
7
```

꽤 간단하죠? 하지만 자바스크립트는 그렇게 계산기로만 쓰긴 아깝습니다. 다른 일을 조금 더 해봅시다.

자바스크립트 프로그램의 구조

좀 실없긴 하지만 다음의 고양이 얼굴을 여러 개 출력하도록 자바스크립트 프로그램을 짜보 도록 합시다.

```
=^.^=
```

덧셈 프로그램과 달리 이번 자바스크립트 프로그램은 여러 줄을 입력해야 합니다. 콘솔에 프로그램을 입력할 때는 각 줄 마지막에서 Shift-엔터 키를 눌러 새로운 줄을 추가해야 합 니다. 엔터 키만 누르면 여러분이 입력한 코드를 웹 브라우 저가 실행하려고 하기 때문에 프로그램이 예상대로 동작하 지 않게 될 것입니다. 컴퓨터는 멍청하다고 이미 말했었죠?

다음 내용을 브라우저 콘솔에 입력하세요.

```javascript
// 원하는 만큼 고양이를 그려보세요!
var drawCats = function (howManyTimes) {
  for (var i = 0; i < howManyTimes; i++) {
    console.log(i + " =^.^=");
  }
};

drawCats(10); // 10 대신 어떤 숫자를 넣어도 좋습니다.
```

맨 끝에서 Shift-엔터 키를 누르는 대신 엔터 키를 누르세요. 그러면 다음 내용이 출력됩니다.

```
0 =^.^=
```

```
1 =^.^=
2 =^.^=
3 =^.^=
4 =^.^=
5 =^.^=
6 =^.^=
7 =^.^=
8 =^.^=
9 =^.^=
```

오타가 있으면 다른 내용이 출력되거나 에러가 발생할 수 있습니다. 컴퓨터가 멍청하다고 했던 게 바로 이러한 이유 때문입니다. 컴퓨터가 여러분이 한 말을 이해하게 하려면 아주 간단한 코드라도 완벽해야만 합니다.

벌써부터 이 코드의 정확한 작동 원리까지 설명하려 들지는 않겠습니다. 8장에서 이 프로그램을 다시 살펴볼 것입니다. 하지만 이 프로그램의 일부 기능과 자바스크립트 프로그램 전반에 대해 일단 살펴보죠.

문법

여러분이 작성한 프로그램에는 괄호 (()), 세미콜론(;), 중괄호 ({}), 플러스 기호 (+) 등 다양한 기호가 등장합니다. 또 `var`나 `console.log`처럼 한눈에는 이해하기 힘든 단어들도 들어 있습니다. 이러한 것은 모두 자바스크립트 **문법**(syntax)을 이루는 요소들입니다. 자바스크립트 문법이란 프로그램이 정상 작동하도록 기호와 단어를 조합하는 자바스크립트 고유의 규칙을 가리킵니다.

새로운 프로그래밍 언어를 배울 때는 컴퓨터에 내릴 다양한 명령어를 작성하는 법에 익숙해지는 부분이 가장 까다롭습니다. 프로그래밍 학습 초기에는 괄호를 잊어먹거나 사용해야 할 값의 순서를 뒤섞어 버리기 일쑤입니다. 하지만 꾸준히 연습하면 요령이 생길 것입니다.

이 책은 진도를 천천히 나갑니다. 새로운 문법은 조금씩 소개할 것입니다. 잘 따라오면 점점 강력한 프로그램을 만들 수 있는 능력을 갖추게 될 것입니다.

주석

고양이 얼굴 프로그램의 첫 줄은 다음과 같았습니다.

```
// 원하는 만큼 고양이를 그려보세요!
```

이러한 부분은 **주석**(comment)입니다. 프로그래머들은 다른 프로그래머들이 본인이 작성한 코드를 잘 이해할 수 있도록 주석을 넣습니다. 자바스크립트 프로그램의 주석은 슬래시 2개 (//)로 시작합니다. 슬래시 다음에 나오는 내용은 자바스크립트 해석기가 무시하므로, 주석은 프로그램 실행에 어떠한 영향도 미치지 않고 오로지 설명을 제공하는 역할을 합니다.

여러분은 이 책에 등장하는 코드를 통해 주석이 코드 안에서 일어나는 일을 설명해준다는 사실을 직접 확인하실 수 있습니다. 여러분 스스로 코드를 작성할 때도 주석을 함께 넣어보세요. 나중에 코드를 볼 때 코드가 어떻게 작동하는지, 단계별로 어떤 일이 벌어지고 있는지 주석을 통해 쉽게 기억해낼 수 있습니다.

여러분이 작성한 프로그램의 마지막 줄에는 다른 코드 주석이 있습니다. 무엇이든 // 다음에 놓이면 컴퓨터가 절대 실행하지 않는다는 점, 잊지 마세요!

```
drawCats(10); // 10 대신 어떤 숫자를 넣어도 좋습니다.
```

코드 주석은 새로운 줄에 써도 되고 코드 바로 뒤에 이어서 써도 됩니다. 만약 다음과 같이 줄 앞에 //를 붙이면 어떻게 될까요?

```
// drawCats(10);
```

아무런 일도 일어나지 않습니다! 크롬은 // 뒤에 있는 한 줄 전체를 주석으로 생각합니다.

하지만 이 책을 떠나 세상에 있는 다른 자바스크립트 코드를 접하다 보면 다음과 같은 주석도 마주치게 될 것입니다.

```
/*
원하는 만큼
고양이를 그려보세요!
*/
```

이것은 또 다른 형태의 주석입니다. 두 줄 이상의 주석을 작성할 때 사용합니다. 하지만 어차피 역할은 같습니다. /*와 */ 사이에 있는 글자는 주석으로 처리되어 컴퓨터가 실행하지 않습니다.

정리해봅시다

이 장에서는 자바스크립트가 무엇이고 자바스크립트로 무엇을 할 수 있는지 같은 가장 기초적인 내용을 배웠습니다. 구글 크롬 브라우저를 사용해서 자바스크립트를 실행하는 방법을 배우고 프로그램 예제도 실행해보았습니다. 특별히 언급하지 않는 한 이 책에 나온 모든 예제 코드는 크롬 자바스크립트 콘솔에서 실행할 수 있습니다. 실행되지 않는다면 무언가 문제가 생긴 것입니다. 코드를 그냥 읽어보기만 하지 말고 반드시 직접 입력해보세요! 프로그래밍을 배우는 유일한 방법은 직접 해보는 것뿐입니다.

다음 장에서는 총 세 가지 기본 자료형인 숫자, 문자열, 불리언을 다루고, 자바스크립트의 기본을 배우겠습니다.

2장
자료형과 변수

프로그래밍의 가장 중요한 역할은 데이터 조작입니다. 그런데 데이터란 무엇일까요? **데이터**(data)는 컴퓨터 프로그램에 저장된 정보를 가리킵니다. 일례로 여러분의 이름이나 나이는 각기 하나의 데이터입니다. 머리카락은 어떤 색인지, 형제는 몇 명인지, 어디에 사는지, 성별은 무엇인지, 이러한 모든 것이 데이터입니다.

자바스크립트에는 숫자와 문자열, 그리고 불리언까지 총 세 가지 기본 자료형이 있습니다. 당연한 얘기지만 숫자 자료형은 수를 표현합니다. 숫자는 여러분의 나이나 키를 표현할 때 사용합니다. 자바스크립트에서 숫자는 다음과 같이 생겼습니다.

```
5;
```

문자열은 텍스트를 나타냅니다. 자바스크립트에서 여러분의 이름이나 이메일 주소는 문자열로 나타냅니다. 문자열의 생김새는 다음과 같습니다.

```
"안녕하세요. 저는 문자열입니다.";
```

불리언은 참(true) 또는 거짓(false)이 될 수 있는 값입니다. 안경 착용 여부 같은 정보는 불리언 값으로 표현할 수 있습니다. 브로 콜리를 좋아하는지 싫어하는지 같은 정보도 마찬가지입니다. 불 리언은 다음과 같이 표현합니다.

```
true;
```

당연히 각 자료형을 다루는 방법은 각기 다릅니다. 숫자가 두 개 있다면 서로 곱할 수 있지 만, 문자열이 두 개 있다면 서로 곱할 수 없는 것처럼요. 문자열에서는 맨 앞의 다섯 글자가 무엇인지 확인할 수 있고, 불리언에서는 두 가지 값이 모두 참인지 확인할 수 있습니다. 다 음은 각 자료형마다 다른 조작 방법을 보여줍니다.

```
99 * 123;
12177
"이 문자열은 참 깁니다".slice(2,5)
"문자열"
true && false;
false
```

모든 자바스크립트 데이터는 이러한 자료형을 조합해서 만들어집니다. 이 장에서는 각 자료 형을 하나씩 살펴보고 다루는 방법에 대해 알아보겠습니다.

> **노트** 모든 명령이 세미콜론(;)으로 끝난다는 것을 눈치챘나요? 세미콜론은 특정 자바스크립트 명령 또는 문장이 끝나는 지점을 나타냅니다. 문장 끝에 쓰는 마침표와 비슷한 역할이라고 볼 수 있습니다.

숫자와 연산자

자바스크립트를 사용하면 덧셈, 뺄셈, 곱셈, 나눗셈 같은 기본 수치 연산을 수행할 수 있습 니다. 이러한 계산에는 **연산자**(operator)라는 기호 +, -, *, /가 사용됩니다.

덕분에 자바스크립트 콘솔은 계산기처럼 쓸 수 있습니다. 1장에서 보았던 3과 4를 더하는 예 처럼 말이죠. 이번에는 조금 더 복잡한 문제를 풀어봅시다. 12,345와 56,789를 더해볼까요?

```
12345 + 56789;
69134
```

암산으로 직접 계산하려면 시간이 좀 걸리겠지만, 자바스크립트를 사용하면 답이 즉시 구해집니다.

여러 차례에 걸쳐 숫자 여러 개를 더하는 것도 가능합니다.

```
22 + 33 + 44;
99
```

뺄셈도 할 수 있습니다.

```
1000 - 17;
983
```

별표(*)를 사용하면 곱셈도 가능합니다.

```
123 * 456;
56088
```

슬래시(/)를 사용하면 나눗셈도 가능합니다.

```
12345 / 250;
49.38
```

이렇게 간단한 연산을 조합하면 다음과 같이 더욱 복잡한 계산도 가능합니다.

```
1234 + 57 * 3 - 31 / 4;
1397.25
```

여기에서는 주의할 점이 있습니다. 이 계산의 결과는 자바스크립트가 어떤 순서로 연산을 진행하느냐에 따라 달라질 수 있다는 것입니다. 수학에서는 곱셈과 나눗셈을 덧셈, 뺄셈보다 항상 먼저 계산해야 하는데, 이 자바스크립트도 같은 규칙을 따릅니다.

그림 2-1은 자바스크립트가 계산해나가는 순서를 보여줍니다. 우선 곱셈 57 * 3을 수행해

서 171을 얻습니다(빨강으로 표시). 그리고 나눗셈 31 / 4 을 수행해서 7.75를 얻습니다(파랑으로 표시). 그 뒤에 덧셈 1234 + 171을 해서 1405를 얻고(초록으로 표시), 마지막으로 뺄셈 1405 - 7.75를 해서 1395.25를 얻습니다. 그 값이 최종 결과입니다.

```
1234 + 57 * 3 - 31 / 4
         ↓
1234 + 171 - 31 / 4
              ↓
   1234 + 171 - 7.75
             ↓
      1405 - 7.75
               ↓
         1397.25
```

[그림 2-1]: 연산 순서: 곱셈, 나눗셈, 덧셈, 뺄셈

곱셈과 나눗셈을 하기 전에 덧셈과 뺄셈을 먼저 하고 싶을 때는 어떻게 해야 할까요? 1남 3녀인 남매끼리 사탕 8개를 똑같이 나눠 먹으려면 어떻게 해야 할까요? 그러려면 8이라는 숫자를 남매의 수만큼 나눠야 할 것입니다.

다음과 같이 수식을 넣어봅시다.

```
8 / 1 + 3;
11
```

이상하네요. 사탕이 8개밖에 없는데, 각 사람에게 11개씩 나눠줄 수 있을 리 없잖아요! 자바스크립트가 덧셈을 하기 전에 나눗셈을 먼저 한다는 걸 깜박한 것이 문제였네요. 자바스크립트는 8을 1로 나눠서 나온 8이라는 값에 3을 더해서 11이라는 답을 냈습니다. 이 문제를 고치려면 자바스크립트가 덧셈을 먼저 하게 해주면 됩니다. 이럴 때는 다음과 같이 괄호를 사용해보세요.

```
8 / (1 + 3);
2
```

이제야 답이 나왔습니다! 각 사람에게 사탕을 2 개씩 주면 되는군요. 괄호를 넣으면 자바스크립트가 나눗셈을 하기 전에 괄호 안에 있는 1+3을 먼저 수행합니다. 그렇게 나온 4라는 값으로 8을 나누니 제대로 된 답이 나왔습니다.

변수

자바스크립트에서는 **변수**(variable)를 써서 값에 이름을 붙일 수 있습니다. 변수는 한 가지 물건을 넣을 수 있는 상자라고 생각하면 이해하기 쉽습니다. 다른 물건을 넣으려면 원래 있던 물건을 빼면 된다고 생각하세요.

새로운 변수를 만들려면 키워드 **var**를 쓰고 그 뒤에 변수 이름을 쓰면 됩니다. 키워드는 자바스크립트에서 특별한 의미를 지닌 단어를 가리킵니다. **var**가 입력되면 자바스크립트는 이제 곧 여러분이 새로운 변수의 이름을 넣으리라 생각합니다. 여러분이 별명이라는 이름의 새 변수를 만든다고 가정해봅시다.

```
var 별명;
undefined
```

방금 여러분은 별명이라는 새 변수를 만들었습니다. 콘솔은 **undefined**라고 대답합니다. 이렇게 답하는 건 에러가 아닙니다. 명령이 값을 반환하지 않을 때마다 자바스크립트는 이렇게 답합니다. 반환 값이란 무엇일까요? 자, 예를 들어 설명해볼까요? **12345 + 56789;**라고 입력했다고 생각해봅시다. 그러면 콘솔은 **69134**라는 값을 반환합니다. 자바스크립트에서 변수를 만들었다고 해서 값이 반환되지는 않습니다. 그래서 해석기가 undefined라고 답한 것입니다.

변수에 값을 넣을 때는 등호 (=)를 사용합니다.

```
var 나이 = 12;
undefined
```

값을 설정하는 것을 **할당**(assignment)이라고 합니다. 앞의 예에서는 변수 나이의 값을 12로 할당했습니다. 하지만 새로운 변수를 만드는 단계이므로 다시 undefined가 출력됩니다. (앞으로 나오는 예에서는 undefined가 출력되더라도 표시하지 않도록 하겠습니다.)

해석기에는 나이 변수의 값이 12로 설정되어있습니다. 즉, 여러분이 나이라고 입력하면 해석기가 그 값을 보여줄 것입니다.

```
나이;
12
```

멋지죠! 변수의 값은 정해져 있는 게 아닙니다. 사실 **변할 수 있기 때문에 변수**라고 부르는 것입니다. 변수의 값을 바꾸고 싶을 때는 다시 등호를 사용하면 됩니다.

```
나이 = 13;
13
```

변수 나이가 이미 존재하므로 이번에는 **var** 키워드를 사용하지 않았습니다. **var**는 변수를 **만들 때만** 사용하면 되기 때문에 값을 바꿀 때는 쓸 필요가 없습니다. 지금 새로 만든 변수가 아니므로 **13**이라는 값이 다음 줄에 반환됩니다.

이번에는 앞에서 들었던 사탕 문제에 괄호를 사용하지 않고 약간 더 복잡하게 풀어보도록 하겠습니다.

```
var 사람수 = 1 + 3;
var 사탕개수 = 8;
사탕개수 / 사람수;
2
```

우선 사람수라는 변수를 만들고 **1 + 3**이라는 값을 할당했습니다. 그러면 자바스크립트는 이 값을 4라고 생각할 것입니다. 또 사탕개수라는 변수를 만들고 여기에 8이라는 숫자를 할당했습니다. 그리고 마지막으로 사탕개수 / 사람수라는 코드를 넣었습니다. 사탕개수는 8이고 사람수는 4이므로 자바스크립트는 8 / 4를 계산해서 2라는 답을 냈습니다.

변수 이름 정하기

변수 이름을 쓸 때는 주의하세요. 철자를 틀리기 쉽거든요. 변수 이름에 오타가 한 글자만 있어도 자바스크립트 해석기는 여러분이 하는 말을 이해하지 못합니다. 사탕개수라는 변수를 실수로 사탕 개수라고 띄어 써서 입력하면 에러가 발생합니다. 이와 마찬가지로, 변수 이름을 영어로 입력할 때는 대소문자도 정확히 구분해서 입력해야 합니다.

```
사탕 개수 / 사람수;
ReferenceError: 사탕개수 is not defined
```

안타깝게도 자바스크립트는 여러분이 명령한 그대로만 동작합니다. 변수 이름에 오타가 있으면 자바스크립트는 여러분의 말을 전혀 이해하지 못하고 에러 메시지만 표시할 것입니다.

자바스크립트 변수 이름에는 공백을 넣을 수 없다는 점도 주의해야 합니다. 공백이 없으면 아무래도 읽기 더 어려워집니다. 그래서 여러 영어 단어로 이루어진 변수 이름이라면 numberOfCandies처럼 각 단어의 첫 글자를 대문자로 쓰기도 합니다. 변수 이름을 numberofcandies처럼 대문자 없이 쓸 수도 있지만 그러면 원래 의도한 이름이 'numb erof candies'일까요, 아니면 'numberofcan dies'일까요? 대문자가 없으면 알 길이 없습니다.

이러한 문제를 피하기 위해 가장 자주 사용되는 방법은 각 단어의 첫 자를 NumberOfCandies처럼 대문자로 쓰는 것입니다. 이 방법은 마치 낙타의 혹처럼 보여서 **카멜 케이스**(camel case)라고 합니다.*

변수는 보통 소문자로 시작합니다. 그래서 numberOfCandies처럼 맨 첫 단어를 빼고 그 뒤에 나오는 단어부터 대문자로 쓰곤 합니다. 이 책에서는 이렇게 카멜 케이스 방식을 따라서 표기했습니다. 하지만 여러분은 본인이 원하는 대로 지어주셔도 좋습니다!

---

* 옮긴이: 다른 방법으로는 소문자로 이루어진 각 단어를 언더스코어 문자(_)로 연결하는 것이 있습니다(예, number_of_candies). 이 방법은 단어가 뱀처럼 길게 이어졌다 하여 **스네이크 케이스**(snake case)라고 부릅니다.

계산하며 변수 만들기

원래 있던 변수를 조합해 계산식을 만들고 그 결과를 새로운 변수에 저장해봅시다. 1년이 몇 초인지, 그리고 여러분의 나이를 초로 세면 얼마나 될지 알려주는 변수를 만들 수 있습니다. 우선 한 시간이 몇 초인지 알아봅시다.

한 시간은 몇 초일까요?

먼저 일분은몇초, 한시간은몇분이라는 두 가지 새 변수를 만듭니다. 일분은 60초로 이루어지고 한 시간은 60분으로 이루어지므로 둘 다 60으로 설정합니다. 그리고 한시간은몇초라는 변수를 새로 만든 후, 일분은몇초와 한시간은몇분을 곱한 결과를 값으로 설정합니다. ❶에 한시간은몇초를 입력한 것은 '한시간은몇초의 값을 알려주세요!'라고 물은 것입니다. 그러면 자바스크립트는 3600이라고 답할 것입니다.

```
var 일분은몇초 = 60;
var 한시간은몇분 = 60;
var 한시간은몇초 = 일분은몇초 * 한시간은몇분;
❶ 한시간은몇초;
3600
```

하루는 몇 초로 이루어질까요?

다음으로 하루는몇시간이라는 변수를 만들고 그 값을 24로 설정합니다. 그 뒤에 하루는몇초라는 변수를 만들고 그 값을 한시간은몇초 곱하기 하루는몇시간으로 설정합니다. 그리고 ❶에서 하루는몇초를 물으면 86400이라고 대답합니다. 그 값이 바로 하루가 몇 초인지에 대한 답이 될 것입니다.

```
var 하루는몇시간 = 24;
var 하루는몇초 = 한시간은몇초 * 하루는몇시간
❶ 하루는몇초;
86400
```

일 년은 몇 초로 이루어질까요?

이제 일년은며칠, 일년은몇초라는 변수를 만듭니다. 일년은며칠의 값을 365로, 일년은몇초의 값을 하루는몇초 곱하기 일년은며칠로 설정합니다. 그리고 마지막으로 일년은몇초를 물으면 31536000이라고 대답합니다. 3,100만도 넘는 큰 숫자지요!

```
var 일년은며칠 = 365;
var 일년은몇초 = 하루는몇초 * 일년은며칠
일년은몇초;
31536000
```

여러분의 나이는 몇 초일까요?

일 년이 몇 초로 이루어지는지 알게 되었으니 여러분의 나이가 몇 초로 이루어지는지도 쉽게 계산할 수 있습니다. 현재 제 나이가 29이니 제 나이로 한번 계산을 해보겠습니다.

```
var 나이 = 29;
나이 * 일년은몇초;
914544000
```

변수 나이의 값만 적당히 바꾸면 임의의 나이가 몇 초로 이루어지는지 계산할 수 있습니다. 아니면 아예 변수를 사용하지 않고 다음의 예처럼 나이를 숫자로 넣어도 됩니다.

```
29 * 일년은몇초;
914544000
```

제 나이는 초로 계산하니 9억 초도 더 되네요! 여러분의 나이는 몇 초인가요?

증가와 감소

숫자가 포함된 변수의 값을 1씩 늘리거나 줄여야 되는 때가 있을 수도 있습니다. 여러분이 하루 동안 하이파이브를 한 숫자를 센다고 생각해볼까요? 누군가와 하이파이브를 할 때마다 변수의 값이 1씩 늘어나야 할 것입니다.

1씩 늘어나는 것을 **증가**(increment), 1씩 줄어드는 것을 **감소**(decrease)라고 부릅니다. 증가를 뜻하는 연산자는 ++이고 감소를 나타내는 연산자는 -- 입니다.

```
var 하이파이브 = 0;
++하이파이브;
1
++하이파이브;
2
```

```
--하이파이브;
1
```

++연산자를 쓰면 하이파이브 숫자가 1씩 늘어나고 --연산자를 쓰면 수가 1씩 줄어듭니다. 이 연산자는 변수 뒤에 쓸 수도 있습니다. 연산자가 하는 역할은 똑같습니다. 하지만 반환되는 값에는 차이가 있습니다. 연산자를 뒤에 쓰면 증가 또는 감소하기 전의 값이 반환됩니다.

```
하이파이브 = 0;
하이파이브++;
0
하이파이브++;
1
하이파이브;
2
```

앞의 예에서는 하이파이브의 값을 다시 0으로 설정한 후 변수가 증가하도록 했습니다. 하지만 화면에 표시되는 반환 값은 증가가 이루어지기 전의 값입니다. 그래서 마지막에 두 번 증가를 시킨 후에 하이파이브의 값을 물으면 2라는 답을 얻습니다.

+=(더하기-등호), -=(빼기-등호)

변수의 값을 일정한 수에 따라서 늘리고 싶을 때는 다음 코드를 쓰면 됩니다.

```
var x = 10;
x = x + 5;
x;
15
```

이번에는 x라는 변수를 만들고 그 값을 10으로 설정했습니다. 그리고 변수 x에 x + 5의 계산 결과를 할당했습니다. x는 10이므로 x + 5는 15가 됩니다. 여러분은 지금 x의 원래 값을 활용해서 x의 새 값을 계산해내는 작업을 했습니다. 즉 x = x + 5라는 코드는 'x에 5를 더하라'는 뜻입니다.

자바스크립트에서는 +=, -= 연산자를 사용하면 변수를 손쉽게 일정한 양으로 늘리고 줄일 수 있습니다. 변수 x가 있을 때 x += 라는 코드는 x = x + 5와 같은 의미로 쓰입니다. -=

연산자도 이와 똑같은 방식으로 쓸 수 있습니다. x -= 9라고 쓰면 x = x - 9(x에서 9를 빼라)와 같은 뜻입니다. 다음과 같이 이 두 가지 연산자를 동시에 사용해서 비디오 게임 점수를 매기는 예를 들어보겠습니다.

```
var 점수 = 10;
점수 += 7;
17
점수 -= 3;
14
```

점수는 10점에서 시작하므로 변수 점수의 값은 10으로 할당합니다. 괴물을 잡으면 += 연산자를 사용해서 점수를 7점 올려줍니다. 앞에서 이야기했듯이 점수 += 7은 점수 = 점수 + 7과 같습니다. 괴물을 잡기 전 점수가 10이었으므로 10에 7을 더해 17점이 됩니다. 그래서 이 연산을 마치면 점수가 17이 됩니다.

괴물을 잡은 후 유성과 충돌해서 점수 3점이 깎였습니다. 그러면 점수 = 점수 -3과 같은 점수 -= 3을 입력합니다. 지금까지의 점수는 17이었으므로 점수 -3이 되면서 점수의 값은 14로 재할당됩니다.

연습문제

+=, -=와 비슷한 연산자 *=, /=도 있습니다. 어떤 역할을 하는 연산자일까요? 다음 내용을 직접 콘솔에 입력해보세요.

```
var 풍선 = 100;
풍선 *= 2;
???
```

답이 어떻게 나오나요? 이번에는 다음 내용을 확인해보세요.

```
var 풍선 = 100;
풍선 /= 4;
???
```

이번에는 어떤 답이 나왔나요?

문자열

지금까지는 숫자를 다뤄보았습니다. 이제 새로운 자료형인 **문자열**(string)에 대해 살펴보도록 합시다. 다른 프로그래밍 언어 대부분이 그러하듯이 자바스크립트에서도 문자열은 일련의 문자를 가리킵니다. 여기에서 말하는 문자에는 글자, 숫자, 구두점, 공백이 포함됩니다. 자바스크립트가 문자열이 시작하고 끝나는 지점을 알 수 있도록 문자열 앞뒤로 따옴표를 씁니다. 많이 쓰이는 표현을 예로 들어보겠습니다.

```
"안녕하세요. 반갑습니다!";
"안녕하세요. 반갑습니다!"
```

문자열을 입력하려면 문자열에 넣고 싶은 텍스트를 큰따옴표(") 사이에 적으면 됩니다. 작은따옴표(')를 사용해도 되긴 하지만 책 내용이 복잡해지지 않도록 이 책에서는 큰따옴표로 통일해서 쓰도록 하겠습니다.

숫자처럼 문자열도 변수에 저장할 수 있습니다.

```
var 멋진문자열 = "진짜 멋지다!!!"
```

원래 숫자가 들어 있던 변수에 문자열을 할당해도 문제가 없답니다.

```
var 마음대로 = 5;
마음대로 = "문자열입니다";
"문자열입니다"
```

따옴표 안에 숫자를 넣으면 문자열일까요? 아니면 숫자일까요? 자바스크립트에서는 숫자가 포함된 문자열이라고 해도 문자열로 취급됩니다. 예를 들어볼까요?

```
var 숫자아홉 = 9;
var 문자열아홉 = "9";
```

숫자아홉은 숫자고 **문자열아홉**은 문자열입니다. 이 둘의 차이점을 확인하려면 다음과 같이 각각 더해보면 됩니다.

```
숫자아홉 + 숫자아홉;
18
문자열아홉 + 문자열아홉;
"99"
```

숫자 9와 9를 더하면 18이 됩니다. 문자열 "9"와 "9"를 + 연산자로 더하면 "9" 두 개가 나란히 붙어있는 문자열 "99"가 됩니다.

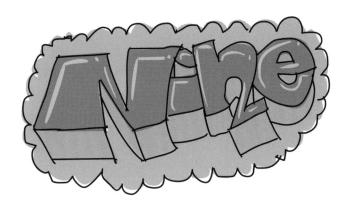

문자열 연결하기

방금 확인했듯이 문자열에도 + 연산자를 사용할 수 있습니다. 다만 숫자에 썼을 때와 그 결과는 다릅니다. + 연산자를 사용해서 두 개의 문자열을 연결하면 다음의 예처럼 첫 번째 문자열 뒤에 두 번째 문자열이 붙은 새로운 문자열이 만들어집니다.

```
var 인사 = "안녕하세요";
var 내이름 = "닉";
인사 + 내이름;
"안녕하세요닉"
```

인사, 내이름이라는 두 가지 변수를 만들고 각각 "안녕하세요", "닉"이라는 문자열 값을 할당했습니다. 이 두 변수를 합치면 문자열이 합쳐져서 새로운 문자열, "안녕하세요닉"이 만들어집니다.

하지만 문제가 있습니다. 안녕하세요와 닉 사이에 띄어쓰기가 되어 있지 않기 때문입니다. 자바스크립트는 여러분이 원본 문자열 중 하나에 공백을 넣어서 띄어 쓰고 싶다는 의사를 표현해야만 공백을 넣습니다.

```
❶   var 인사 = "안녕하세요 ";
    var 내이름 = "닉";
    인사 + 내이름;
    "안녕하세요 닉"
```

❶에서 따옴표 안에 추가로 공백을 넣었기 때문에 최종 문자열에도 공백이 생겼습니다.

문자열은 이렇게 연결하는 것뿐 아니라 다른 많은 일을 할 수 있습니다. 예를 몇 가지 들어 보겠습니다.

문자열 길이 구하기

문자열의 길이를 구하려면 문자열 끝에 `.length`만 더하면 됩니다.

```
"동해물과백두산이마르고닳도록".length;
14
```

`.length`는 문자열 뒤에 직접 붙여도 되고 문자열이 포함된 변수 뒤에 붙여도 됩니다.

```
var 자바 = "자바"
자바.length;
2
var 스크립트 = "스크립트"
스크립트.length;
4
var 자바스크립트 = 자바 + 스크립트;
자바스크립트.length;
6
```

우선 문자열 **"자바"**에 변수 **자바**를, 문자열 **"스크립트"**에 변수 **스크립트**를 할당했습니다. 그리고 두 문자열을 연결해서 만든 문자열을 포함해서 모든 변수 끝에 `.length`를 붙여서 각 문자열의 길이를 확인했습니다.

`.length`를 "실제 문자열이나 **문자열이 포함된 변수**" 뒤에 붙여도 된다고 말한 점을 기억하세요. 여기에서 변수의 중요한 특징이 드러납니다. 숫자와 문자열을 쓸 수 있는 곳이라면 숫자나 문자열이 포함된 변수도 쓸 수 있습니다.

문자열에서 한 글자만 가져오기

문자열에서 한 글자만 가져와야 할 때도 있을 수 있습니다. 목록에 있는 각 단어의 두 번째 글자를 조합했을 때 메시지가 드러나는 암호를 만드는 경우를 이러한 예로 들어보겠습니다. 두 번째 글자만 모아서 새로운 단어를 만들어야 한다는 뜻입니다.

문자열의 특정 위치에 있는 글자를 가져올 때는 각괄호([ ])를 씁니다. 문자열이나 문자열이 포함된 변수 뒤에 각괄호를 쓰고 그 안에 원하는 글자의 숫자를 넣으면 됩니다. 예를 들어, 인사의 첫 글자를 가져오려면 인사[0]이라고 적으면 됩니다.

```
var 인사 = "안녕하세요"
인사[0]
"안"
인사[1]
"녕"
인사[2]
"하"
```

문자열의 첫 번째 글자를 나타낼 때 써야 할 숫자가 1이 아니라 0이라는 점에 주의하세요. 대부분의 프로그래밍 언어가 그러하듯 자바스크립트도 '0'에서부터 수를 세기 시작합니다. 그러므로 문자열의 첫 번째 글자를 원할 때는 0을, 두 번째 글자를 원할 때는 1을 쓰는 식으로 이어간다고 생각하면 됩니다.

이제 함께 암호를 풀어봅시다. 다음 단어에 숨어있는 메시지를 찾아보세요. 암호를 푸는 방법은 이렇습니다.

```
var 암호1 = "지도 속";
var 암호2 = "희망을";
var 암호3 = "훔쳐본다";
var 암호4 = "?!";
암호1[1] + 암호2[1] + 암호3[1] + 암호4[1];
"도망쳐!"
```

두 번째 글자를 얻기 위해 숫자 1을 썼다는 사실을 꼭 기억하세요.

문자열 잘라내기

문자열 일부를 잘라내고 싶을 때는 slice를 사용합니다. 웹 사이트에 장문의 영화 후기 앞부분만 떼어내서 홍보용으로 싣고 싶은 상황이라고 상상해봅시다. slice를 사용하려면 자르려는 문자열이나 그 문자열이 포함된 변수 뒤에 마침표를 찍고 slice를 적은 후 한 쌍의 괄호를 붙입니다. 괄호 안에는 잘라내기 원하는 부분의 시작과 끝 부분 위치를 쉼표로 구분해서 적습니다. slice 사용법을 그림 2-2에서 다시 확인할 수 있습니다.

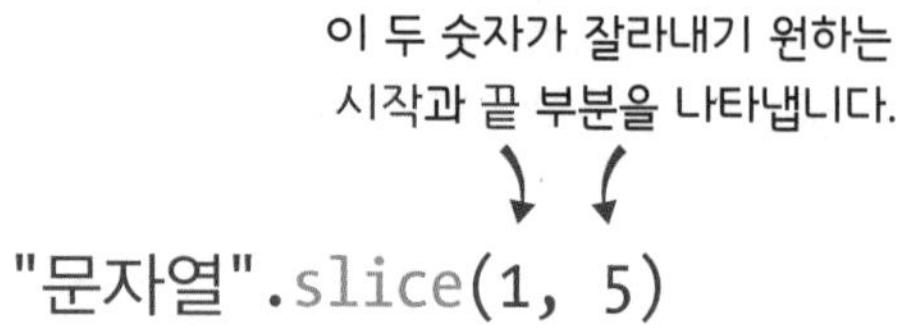

이 두 숫자가 잘라내기 원하는
시작과 끝 부분을 나타냅니다.

"문자열".slice(1, 5)

[그림 2-2]: 문자열에서 일부를 잘라내는 방법

예를 들어보겠습니다.

```
var 긴문자열 = "이 문자열은 참 깁니다";
긴문자열.slice(2, 5);
"문자열"
```

괄호 안에 쓴 첫 번째 숫자는 잘라내기가 시작되는 글자의 숫자입니다. 두 번째 숫자는 잘라내기가 끝나는 글자의 **바로 다음에 오는** 글자의 숫자입니다. 그림 2-3은 이 코드가 가져오는 글자를 보여줍니다. 시작 값 (2)와 정지 값 (5)는 파란색으로 표시했습니다.

M	y		l	o	n	g		s	t	r	i
0	1	2	3	4	5	6	7	8	9	10	11

[그림 2-3]: 이 예에서 slice가 잘라내는 글자는 회색 상자 안에 담겨 있습니다.

자바스크립트에게 '이 긴 문자열에서 3번 글자부터 5번 글자 전까지 잘라내세요.'라고 명령하는 거로 생각하면 됩니다.

slice 다음 괄호에 숫자 하나만 넣으면 다음의 예처럼 그 숫자에 해당하는 글자에서 시작해서 문자열이 끝나는 지점까지 잘라냅니다.

```
var 긴문자열 = "이 문자열은 참 깁니다";
긴문자열.slice(2);
"문자열은 참 깁니다"
```

문자열 전체를 대문자나 소문자로 바꾸기

영어 텍스트를 강조하고 싶을 때는 `.toUpperCase`를 사용해서 대문자로 바꿀 수 있습니다.

```
"Hello there, how are you doing?".toUpperCase();
"HELLO THERE, HOW ARE YOU DOING?"
```

문자열에 `.toUpperCase()`를 쓰면 영어로 된 모든 글자가 대문자로 바뀝니다. 이 코드는 대소문자 구분이 없는 숫자나 한글에는 아무 영향을 끼치지 않습니다.

반대로 소문자로 바꿀 수도 있습니다.

```
"hELlo THERE, hOW ARE yOu doINg?".toLowerCase();
"hello there, how are you doing?"
```

이름을 보면 알 수 있듯이 `.toLowerCase()`는 영어로 된 모든 글자를 소문자로 바꿉니다. 하지만 문장의 첫 글자는 대문자로 시작해야 할 텐데, 이렇게 첫 글자만 대문자로 바꾸고 나머지를 소문자로 바꾸려면 어떻게 해야 할까요?

> **노트** 지금까지 배운 것을 활용해서 "hELlo THERE, hOW ARE yOu doINg?"을 "Hello there, how are you doing?"으로 바꿔보세요. 잘 모르겠다면 한 글자 가져오기, 잘라내기 부분을 다시 읽어보세요. 여러분 나름의 방식으로 시도해본 후에 필자가 사용한 방식을 확인해보도록 하세요.

필자는 이렇게 했습니다.

```
❶ var 고칠문자열 = "hELlo THERE, hOW ARE yOu doINg?";
❷ var 소문자 = 고칠문자열.toLowerCase();
❸ var 첫글자 = 소문자[0];
❹ var 첫글자대문자 = 첫글자.toUpperCase();
❺ var 나머지 = 소문자.slice(1);
❻ 첫글자대문자 + 나머지;
  "Hello there, how are you doing?"
```

작성한 코드를 한 줄씩 함께 확인해봅시다. ❶번 줄에서는 고칠문자열이라는 새로운 변수를 만들고 우리가 고칠 문자열을 저장했습니다. ❷번 줄에서는 고칠문자열을 소문자("hello there how are you doing?")로 만들기 위해 소문자라는 변수를 만들고 .toLowerCase()를 넣었습니다.

❸번 줄에서는 소문자의 첫 글자("h")를 가져오기 위해 첫글자라는 변수를 만들고 [0]을 넣었습니다. 0이 첫 번째 글자를 가져오기 때문입니다. ❹번 줄에서는 첫글자를 대문자("H")로 만들기 위해 첫글자대문자라는 변수를 만들었습니다.

❺번 줄에서는 slice를 사용해서 소문자의 두 번째 글자 이후의 모든 글자("ello there how are you doing?")를 잘라내어 새 변수 나머지에 저장합니다. 마지막으로 ❻번 줄에서는 첫글자대문자("H")와 나머지를 연결해서 "Hello there, how are you doing?"를 얻습니다.

값과 변수는 서로의 자리를 대체할 수 있으므로 ❷~❻까지의 내용을 다음과 같이 한 줄로 바꿀 수 있습니다.

```
var 고칠문자열 = "hELlo THERE, hOW ARE yOu doINg?";
고칠문자열[0].toUpperCase() + 고칠문자열.slice(1).toLowerCase();
"Hello there, how are you doing?"
```

코드를 이런 방식으로 훑어보는 일은 복잡하게 여겨질 수도 있습니다. 하지만 코드를 읽는 일이 점점 더 편해질 때까지는 변수를 단계별로 사용해서 이렇게 복잡한 작업을 하는 연습을 해보는 게 좋습니다.

불리언

자, 이제 **불리언**(Boolean)을 배울 차례입니다. 불리언 값은 참이나 거짓, 둘 중 하나가 됩니다. 간단한 불리언 표현식을 함께 살펴봅시다.

```
var 자바스크립트는멋지다 = true;
자바스크립트는멋지다;
true
```

방금 여러분은 자바스크립트는멋지다라는 변수를 만들고 여기에 true라는 값을 할당했습니다. 두 번째 줄에서 자바스크립트는멋지다의 값을 물으면 당연히 true를 얻습니다.

논리 연산자

숫자를 +, -, *, / 등의 산술 연산자와 함께 사용하듯이 불리언 값은 불리언 연산자와 함께 쓸 수 있습니다. 불리언 값을 불리언 연산자와 함께 써서 나오는 결과는 항상 불리언 값이 되므로 참을 뜻하는 true나 거짓을 뜻하는 false 중 하나가 됩니다.

자바스크립트에는 &&, ||, !, 세 가지 불리언 연산자가 있습니다. 모양은 좀 낯설지만 연습해보면 사용하기 어렵지 않습니다. 그럼 한번 함께 해볼까요?

&& (AND)

&&는 우리말 조사 '~와/과'에 해당하는 영어 'AND'를 의미합니다. 이 연산자를 읽을 때는 '앤드(and)'나 '앤드-앤드(and-and)', '앰퍼샌드-앰퍼샌드(&-&)'라고 발음합니다. 앰퍼샌드(ampersand)는 & 기호를 부르는 이름입니다. && 연산자는 두 가지 불리언 값이 모두 참인지 확인할 때 사용합니다.

여러분이 집을 나서기 전에 샤워하기와 가방 챙기기를 깜박하고 싶지 않다고 예를 들어봅시다. 이 두 가지가 모두 true라면 집을 나서는 데 문제가 없고, 하나 혹은 둘 다 false라면 나올 수가 없는 것입니다.

```
var 샤워하기 = true;
var 가방챙기기 = false;
샤워하기 && 가방챙기기;
false
```

앞의 예에서는 샤워하기 변수가 true, 가방챙기기가 false입니다. 그래서 여러분이 샤워하기 && 가방챙기기라고 입력하면 자바스크립트는 '두 값이 모두 참입니까?'라고 묻는 것으로 받아들입니다. 가방을 챙기지 않았으므로 두 값 중 하나만 true입니다. 그러므로 자바스크립트는 false를 반환합니다. 즉 여러분은 아직 집을 나설 준비를 마치지 않은 것입니다.

이번에는 두 값을 모두 true로 바꿔서 다시 한번 해봅시다.

```
var 샤워하기 = true;
var 가방챙기기 = true;
샤워하기 && 가방챙기기;
true
```

이번에는 자바스크립트가 샤워하기 && 가방챙기기가 **true**라 사실을 알려줍니다. 이제 집을 나설 준비를 마쳤네요!

|| (OR)

불리언 연산자 ||는 우리말 '혹은', '또는'에 해당하는 영어 'OR'를 의미합니다. 이 연산자를 읽을 때는 '오알(or)'이나 '오알-오알(or-or)', '파이프스(pipes)'라고 발음합니다. 프로그래머들이 | 기호를 **파이프**(pipe) 라고 부르기 때문입니다. || 연산자는 두 가지 불리언 값 중 **하나라도** true인지 확인할 때 사용합니다.

아직 집을 나설 준비를 마치지 않았다고 가정해봅시다. 간식으로 과일을 하나 챙겨가야 하는데 사과나 오렌지 중 어떤 것을 선택하든 상관은 없습니다. 이 경우, 다음과 같이 자바스크립트를 활용해서 둘 중 하나라도 챙겼는지 확인할 수 있습니다.

```
var 사과챙기기 = true;
var 오렌지챙기기 = false;
사과챙기기 || 오렌지챙기기;
true
```

사과챙기기, 오렌지챙기기, 둘 중 하나의 값만 **true**이든 둘 다 **true**이든 사과챙기기 || 오렌지챙기기의 값은 **true**가 됩니다. 과일을 하나도 챙기지 않아서 둘 다 **false**일 때만 **false** 값이 나옵니다.

! (NOT)

불리언 연산자 !는 어떠한 사실을 부정한다는 뜻의 '아니다'와 같은 의미로 쓰입니다. 이 연산자는 '낫(not)'이나 '뱅(bang)'이라고 발음합니다. 느낌표는 영어로 가끔 bang이라고 발음되기 때문입니다. 이 연산자를 쓰면 **false**를 **true**로, **true**를 **false**로 바꿀 수 있으므로 정반대인 값을 다룰 때 특히 유용합니다. 다음의 예를 확인해보세요.

```
var 주말인가요 = true;
var 샤워해야하나요 = !주말인가요;
```

```
샤워해야하나요;
false
```

앞의 예에서는 변수 주말인가요의 값을 **true**로, 변수 샤워해야하나요의 값을 !주말인가요로 설정했습니다. 뱅 연산자는 값을 정반대로 바꿔줍니다. 주말인가요의 값이 **true**라면 !주말인가요는 **true**가 아니고 **false**입니다. 그래서 샤워해야하나요의 값은 **false**가 됩니다. 즉, 주말이니까 샤워하지 않아도 된다는 뜻입니다.

샤워해야하나요의 값이 **false**이므로 !샤워해야하나요는 **true**입니다.

```
샤워해야하나요;
false
!샤워해야하나요;
true
```

다시 말해, 오늘 샤워하지 않아도 된다는 것이 참입니다.

논리 연산자 결합하기

연산자는 결합해서 사용하면 더욱 흥미로워집니다. 여러분이 집을 나서야 하는 조건이 다음과 같다고 예를 들어봅시다. 주말이 아닐 때, 샤워를 했을 때, 그리고 사과나 오렌지를 챙겼을 때 여러분은 집을 나서야 합니다. 여러분은 이 모든 조건이 **true**가 되었는지 자바스크립트로 확인할 수 있습니다.

```
var 주말인가요 = false;
var 샤워하기 = true;
var 사과챙기기 = false;
var 오렌지챙기기 = true;
var 나가야하나요 = !주말인가요 && 샤워하기 && (사과챙기기 || 오렌지챙기기);
나가야하나요
true;
```

주말이 아니고, 샤워를 했으며, 사과는 없어도 오렌지를 챙겼으니 여러분은 집을 나서면 됩니다.

자바스크립트가 사과챙기기 || 오렌지챙기기 부분을 먼저 처리하도록 괄호 안에 넣었습니다. 자바스크립트가 숫자 계산 시 *보다 +를 먼저 계산하는 것처럼 논리 문장에서는 &&를 ||보다 먼저 계산하게 되어 있습니다.

불리언으로 숫자 비교하기

불리언 값은 '예', '아니요'로 답할 수 있는 간단한 숫자 문제에 활용할 수 있습니다. 여러분이 놀이공원을 운영하는 사람이고 그 놀이공원에 탑승자 키 제한이 있는 놀이기구가 1대 있다고 가정해봅시다. 그 놀이기구를 안전하게 타려면 키가 150cm 이상이 되어야 합니다. 그러면 그 놀이기구를 타고 싶은 사람이 본인의 키를 이야기했을 때 탑승자 키 제한에 걸리지 않는지 확인할 필요가 있습니다.

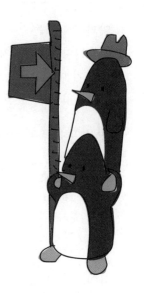

초과/이상 연산자

초과(greater-than) 연산자(>)를 사용하면 두 숫자 중 어떤 것이 더 큰지 비교할 수 있습니다. 예를 들어볼까요? 탑승자의 키가 제한 높이인 150cm보다 큰 165cm라면 변수 키를 165로, 변수 키제한을 150으로 설정한 후 > 연산자를 사용해서 이 두 숫자의 크기를 비교할 수 있습니다.

```
var 키 = 165;
var 키제한 = 150;
키 > 키제한;
true
```

키 > 키제한 부분은 자바스크립트에 첫 번째 값이 두 번째 값보다 큰지 확인해달라고 묻고 있습니다. 이를 통해 여러분은 키가 165cm인 사람이 문제없이 놀이기구를 탑승할 수 있다는 사실을 확인할 수 있었습니다.

그런데 키가 딱 150cm인 사람은 어떻게 될까요?

```
var 키 = 150;
var 키제한 = 150;
키 > 키제한;
false
```

아, 안타깝게도 이 사람은 키 제한에 걸렸네요! 하지만 제한 기준이 150cm라면 딱 150cm인 사람은 탈 수 있어야 하지 않을까요? 코드를 손봐야겠어요. 다행히 자바스크립트에는 '이상(=크거나 같다)'이라는 뜻의 >= 연산자가 있습니다.

```
var 키 = 150;
var 키제한 = 150;
키 >= 키제한;
true
```

다행이죠? 150은 150 이상의 수니까요.

이하/미만 연산자

초과 연산자(<)의 반대 역할을 하는 미만(less-than) 연산자(>)도 있습니다. 어린이들만 탈 수 있는 놀이기구가 있다면 이 연산자를 유용하게 쓸 수 있습니다. 탑승자의 키가 120cm 이상이 되면 안 되는 놀이기구가 있는데, 키가 150cm인 사람이 이 놀이기구를 타려고 한다고 가정해봅시다.

```
var 키 = 150;
var 키제한 = 120;
키 < 키제한;
false
```

탑승자가 놀이기구의 키 제한보다 작은지 확인하고 싶을 때 < 연산자를 쓰면 됩니다. 150cm는 120cm보다 작지 않으므로 **false** 값이 반환됩니다. 즉 키가 150cm인 사람은 이 놀이기구를 타기에 키가 너무 큽니다.

그리고 이미 예상하신 분도 계시겠지만 '이하(=작거나 같다)'를 뜻하는 <= 연산자도 존재합니다.

```
var 키 = 120;
var 키제한 = 120;
키 <= 키제한;
true
```

키가 120cm인 사람은 이 놀이기구를 탈 수 있습니다.

삼중 등호

두 숫자가 같은지 확인하고 싶을 때는 '동일하다(equal to)'는 뜻을 지닌 삼중 등호(===)를 사용하면 됩니다. 이 연산자를 등호(=)와 헷갈리지 않도록 주의하세요. ===는 '이 두 숫자가 같습니까?'라는 뜻이고 =는 '변수 오른쪽에 있는 값을 왼쪽에 저장하세요.'라는 뜻입니다. 다시 말해 ===는 질문할 때 쓰는 연산자이고 =는 변수에 값을 할당할 때 쓰는 연산자입니다.

=를 사용할 때는 변수 이름을 =의 왼쪽에 두고 그 변수에 저장하고 싶은 값을 =의 오른쪽에 둡니다. === 기호를 사용할 때는 두 숫자가 같은 값인지만 확인하면 되므로 어떤 값을 어느 쪽에 두는지는 상관이 없습니다.

여러분이 아이언맨, 헐크, 토르와 함께 비밀 숫자를 추측해서 맞추는 게임을 진행하고 있다고 상상해봅시다. 여러분이 정한 숫자는 5입니다. 여러분은 어벤져스 친구들이 쉽게 맞출 수 있도록 답이 1~9 사이 숫자라고 힌트를 주었습니다. 변수 비밀숫자의 값을 5라고 설정합니다. 아이언맨이 첫 번째로 나서서 3이라고 말합니다. 자, 그 뒤에 다른 친구들은 뭐라고 추측하는지 볼까요?

```
var 비밀숫자 = 5;
var 아이언맨추측 = 3;
비밀숫자 === 아이언맨추측;
false
var 헐크추측 = 7;
비밀숫자 === 헐크추측;
false
var 토르추측 = 5;
비밀숫자 === 토르추측;
true
```

변수 비밀숫자에 여러분이 정한 숫자를 저장합니다. 변수 아이언맨추측, 헐크추측, 토르추측에는 각각 친구들이 추측한 값을 넣었습니다. 그리고 ===를 써서 친구들이 추측한 숫자가 맞는지 확인합니다. 세 번째로 답한 토르가 정답 5를 맞춰서 이겼네요.

===를 사용해서 두 개의 숫자를 비교한다면 그 둘이 똑같아야만 true가 반환됩니다. 비밀숫자가 5이고 토르추측이 5이므로 비밀숫자 === 토르추측은 true를 반환합니다. 아이언맨과 헐크의 추측은 비밀숫자와 다르므로 false가 반환됩니다.

===는 두 불리언 값이나 두 문자열을 비교할 때도 사용할 수 있습니다. 하지만 문자열과 숫자처럼 서로 다른 자료형을 ===로 비교하려고 하면 항상 false가 반환됩니다.

이중 등호

이제 조금 더 복잡한 내용을 배워봅시다. 자바스크립트에는 '비슷한 값이다(equal-ish)'라는 뜻의 ==(이중 등호) 연산자도 있습니다. 이 연산자로는 자료형 유형이 다른 두 값이 같은지 비교할 수 있습니다. 모든 값은 특정한 자료형 유형에 속합니다. 즉 숫자 5와 문자열 "5"가 비슷하게 보일 수는 있으나 태생적으로 서로 다릅니다. 여러분이 숫자 5와 문자열 "5"를 === 로 비교한다면 그 둘은 같지 않다는 답이 나옵니다. 그러나 이 둘을 ==로 비교하면 이 둘이 같다는 답이 나올 것입니다.

```
var 문자열숫자 = "5";
var 진짜숫자 = 5;
문자열숫자 === 진짜숫자;
false
문자열숫자 == 진짜숫자;
true
```

지금쯤 여러분은 '그러면 삼중 등호보다 이중 등호를 쓰는 게 더 쉬운 거 아닌가?'라고 생각하실지 모르겠습니다. 그렇지만 조심해서 사용하는 게 좋습니다. 이중 등호를 쓰면 헷갈릴 때가 많기 때문입니다. 예를 들어볼까요? 0이 false라고 생각하시나요? 문자열 "false"는 요? 0과 false를 이중 등호로 비교하면 같다고 나오는 반면 0과 문자열 "false"를 이중 등호로 비교하면 같지 않다고 나옵니다.

```
0 == false;
true
"false" == false;
false
```

이중 등호로 두 값을 비교할 때 자바스크립트가 가장 먼저 하는 일은 두 값을 같은 유형으로 만드는 것입니다. 앞의 예의 경우에는 불리언 값을 숫자로 바꾸는 일을 먼저 하게 되죠. 불리언을 숫자로 바꿀 때 false는 0이 되고, true는 1이 됩니다. 그래서 0 == false를 입력했을 때 true가 반환됩니다.

이렇게 특이한 예들이 존재하므로 ===를 사용하는 편이 안전합니다.

Undefined와 null

마지막으로 어디에도 맞지 않는 두 가지 값에 대해서 배워봅시다. undefined와 null이 여기에 해당합니다. 이 두 가지 모두 '아무것도 아니다(nothing)'라는 뜻입니다. 하지만 의미하는 바가 약간 다릅니다.

undefined는 무언가를 위해 쓸 값이 없을 때 쓰는 값입니다. 새로운 변수를 만들었는데 = 연산자를 사용해서 어떠한 값도 입력하거나 할당하지 않았다면 이 변수의 값은 undefined가 됩니다.

```
var 새변수;
새변수;
undefined
```

null은 값을 비워두었다는 의도를 명확히 알리고 싶을 때 쓰는 값입니다.

```
var 새변수 = null;
새변수;
null
```

여러분이 undefined나 null을 쓸 일이 자주 있지는 않을 것입니다. undefined는 변수를 만들고 값을 설정하지 않았을 때 보게 됩니다. 자바스크립트는 주어진 값이 없을 때 항상 undefined를 반환하기 때문입니다. 일부러 undefined 값을 넣어야 하는 경우는 흔치 않습니다. 변수에 아무것도 넣지 않아야 할 때는 null을 넣으세요.

아무것도 넣지 않았다는 사실을 명확히 알리고 싶을 때 null을 사용합니다. 가끔 이 코드는 매우 유용하게 사용됩니다. 어떤 채소를 가장 좋아하는지 기록을 남겨보기로 했다고 생각해 봅시다. 그런데 채소를 싫어해서 좋아한다고 꼽을 만한 채소가 하나도 없는 분이라면 좋아하는 채소라는 변수에 null 값을 넣으면 됩니다.

null 값을 넣어두면 그 코드를 보는 사람에게 여러분이 좋아하는 채소가 없다는 사실을 명확하게 알릴 수 있습니다. 하지만 undefined 값이 있다면 실수로 값을 입력하지 않은 것으로 오해할 수도 있습니다.

정리해봅시다

여러분은 숫자부터 문자열, 불리언까지 자바스크립트의 모든 기본 자료형을 익혔습니다. 특수 값인 undefined와 null도 배웠습니다. 숫자는 수학적인 문제를, 문자열은 글자를, 불리언은 예/아니오 질문을 다룰 때 사용합니다. undefined와 null은 존재하지 않는 값을 다룰 때 활용합니다.

3장과 4장을 통해 배열과 객체에 대해 살펴보겠습니다. 두 개념 모두 기본 자료형을 조합하여 더 복잡한 집합을 만들 때 사용하는 방법입니다.

3장
배열

지금까지 여러분은 프로그램을 만들 때 저장하고 쓸 수 있는 자료형인 숫자와 문자열에 대해 배웠습니다. 하지만 좀 지루한 감이 있었죠? 문자열을 가지고 할 수 있는 일은 무궁무진합니다. 자바스크립트에서는 **배열**을 쓰면 데이터를 하나로 묶어서 재미있게 활용할 수 있습니다. 배열은 간단히 말해 다른 자바스크립트 데이터 값을 하나의 목록으로 만든 것입니다.

가장 좋아하는 공룡 세 가지만 말해달라고 하는 친구가 있다고 가정해봅시다. 그러면 다음과 같이 가장 좋아하는 순서대로 배열을 만들어서 알려줄 수 있습니다.

```
var 공룡TOP3 = ["티라노사우루스", "벨로키랍토르", "스데고사우루스"];
```

문자열 3개를 작성하지 않고 **공룡TOP3**라는 배열 하나만 만들면 되는 것이죠.

배열을 배워야 하는 이유

공룡 이야기로 다시 돌아가 볼까요? 여러분이 알고 있는 여러 종류의 공룡에 대해 기록하는 프로그램을 만든다고 상상해봅시다. 다음과 같이 공룡별 변수를 만들 수 있습니다.

```
var 공룡1 = "티라노사우루스"
var 공룡2 = "벨로키랍토르"
var 공룡3 = "스테고사우루스"
var 공룡4 = "트리케라톱스"
var 공룡5 = "브라키오사우루스"
var 공룡6 = "프테라노돈"
var 공룡7 = "어파토사우루스"
var 공룡8 = "디플로도쿠스"
var 공룡9 = "콤프소그나투스"
```

1개로 합칠 수 있는데 굳이 9개로 나눠서 쓸 필요는 없겠죠. 1,000가지 종류의 공룡을 관리해야 한다고 상상해보세요. 그러면 변수 1,000개를 만들어야 할 텐데 1,000개를 어떻게 관리하겠어요.

변수 1,000개를 따로 만든다는 건 장보기 목록을 만드는 데 종이 한 장에 한 가지 품목만 적는 것과 비슷한 것입니다. 즉 '달걀', '빵', '오렌지' 등 필요한 물품이 각기 하나씩 적힌 수십 장의 종이를 들고 장을 보러 가는 것이죠. 사실 보통은 한 장의 종이에 여러 품목을 적어서 들고 갑니다. 공룡도 마찬가지입니다. 이왕이면 아홉 가지 공룡을 하나의 그룹으로 묶어서 관리하는 게 편할 것입니다.

바로 이럴 때 배열을 활용하면 됩니다.

배열 만들기

배열을 만들 때는 각괄호 []를 사용합니다. 빈 배열은 다음과 같이 한 쌍의 각괄호로 이루어 집니다.

```
[];
[]
```

하지만 비어있는 배열은 쓸모가 없습니다. 이제 그 안을 공룡으로 채워볼까요?

배열 안에 값을 넣으려면 각괄호 안에 값을 입력하되 각각을 쉼표로 나눠주면 됩니다. 배열에 들어간 개별 값은 **원소**(element)라고 부릅니다. 이 예에 쓰인 원소는 좋아하는 공룡의 이름이 담긴 문자열이므로 따옴표 안에 넣었습니다. **공룡**이라는 이름의 변수 안에 이 배열을 저장해봅시다.

```
var 공룡 = ["티라노사우루스", "벨로키랍토르", "스테고사우루스", ↵
"트리케라톱스", "브라키오사우루스", "프테라노돈", "어파토사우루스", ↵
"디플로도쿠스", "콤프소그나투스"];
```

> **노트**   지면의 한계 때문에 배열 하나를 한 줄에 표시할 수 없습니다. ↵은 지면 부족 때문에 코드 줄을 바꾼 위치를 표시하기 위해 넣은 기호입니다. 컴퓨터에서 실제 코딩 연습을 할 때는 이를 무시하고 한 줄로 넣으면 됩니다.

배열 내 목록을 한 줄로 길게 적으면 아무래도 한눈에 읽기 어려워집니다. 이런 문제를 피하려면 다음과 같이 배열을 다른 방법으로 구성해도 좋습니다. 첫 번째 줄에 각괄호를 열어두고 그 아래로 원소를 한 줄에 하나씩 적은 후 맨 아랫줄에서 각괄호를 닫으면 됩니다.

```
var 공룡 = [
  "티라노사우루스",
  "벨로키랍토르",
  "스테고사우루스",
  "트리케라톱스",
  "브라키오사우루스",
  "프테라노돈",
  "어파토사우루스",
  "디플로도쿠스",
  "콤프소그나투스"
];
```

브라우저의 자바스크립트 콘솔에 이렇게 입력하려면 줄 끝에서 시프트 키를 누른 채 엔터 키를 누르면 됩니다. 시프트 키 없이 엔터 키만 누르면 미완성 상태의 코드를 실행하라고 명령하는 셈입니다. 그러므로 해석기에서 작업할 때는 배열을 한 줄로 작성하는 게 더 편할 수도 있습니다.

한 줄로 작성하든 여러 줄로 작성하든 자바스크립트는 똑같이 인식합니다. 하지만 여러분이 줄을 아무리 나눠서 쓰더라도 자바스크립트는 이를 하나의 배열로 인식합니다. 그래서 이 예는 9개의 문자열이 포함된 하나의 배열로 볼 것입니다.

배열 원소에 접근하기

배열 원소에 접근하려면 다음과 같이 원하는 원소 **색인**(index)에 각괄호를 쓰면 됩니다.

```
공룡[0];
"티라노사우루스",
공룡[3];
"트리케라톱스"
```

색인은 배열에 저장된 값에 일치하는 숫자를 가리킵니다. 문자열에서도 그러했듯이 배열 맨 처음에 있는 원소가 0번 색인이고, 두 번째 원소가 1번 색인, 세 번째 원소가 3번 색인 순으로 이어집니다. 그래서 배열 맨 앞에 있는 "티라노사우루스"를 반환하려고 할 때 0번 색인을, 네 번째 있는 "트리케라톱스"를 반환하려고 할 때 3번 색인을 넣은 것입니다.

각 원소에 접근하는 기능은 유용하게 사용할 수 있습니다. 친구에게 가장 좋아하는 공룡을 보여주고 싶다고 예를 들어봅시다. 이럴 때 여러분은 **공룡** 배열 전체를 보여줄 필요 없이 첫 번째 원소만 보여주면 됩니다.

```
공룡[0];
"티라노사우루스"
```

배열 원소 설정하기와 바꾸기

각괄호 속 색인을 변경하면 배열 원소를 설정하거나, 바꾸거나 추가할 수 있습니다. 다음과 같이 함께 **공룡** 배열 속 첫 번째 원소인 "티라노사우루스"를 "티라노사우루스 렉스"로 바꿔볼까요?

```
공룡[0] = "티라노사우루스 렉스";
```

그러면 **공룡** 배열은 다음과 같이 바뀝니다.

```
["티라노사우루스 렉스", "벨로키랍토르", "스테고사우루스", "트리케라톱스", "
브라키오사우루스", "프테라노돈", "어파토사우루스", "디플로도쿠스", "콤프소그나투스"]
```

색인과 각괄호를 사용해서 배열에 새로운 원소를 추가할 수도 있습니다. **공룡** 배열의 각 원소를 각괄호로 설정하려면 다음과 같이 하면 됩니다.

```
var 공룡 = [];
공룡[0] = "티라노사우루스";
공룡[1] = "벨로키랍토르";
공룡[2] = "스테고사우루스";
공룡[3] = "트리케라톱스";
공룡[4] = "브라키오사우루스";
공룡[5] = "프테라노돈";
공룡[6] = "어파토사우루스";
공룡[7] = "디플로도쿠스";
공룡[8] = "콤프소그나투스";

공룡;
["티라노사우루스", "벨로키랍토르", "스테고사우루스", "트리케라톱스", "
```

브라키오사우루스", "프테라노돈", "어파토사우루스", "디플로도쿠스", "콤프소그나투스"]

우선 **var 공룡 = []**로 빈 배열을 만듭니다. 그리고 **공룡[]**을 활용해서 0~8번 색인에 각각 공룡 이름을 넣어줍니다. 이렇게 각 색인을 다 채워 넣은 후에 **공룡;**이라고 입력하면 완성된 배열이 반환됩니다. 그러면 자바스크립트가 색인에 맞게 이름을 저장해둔 것을 확인할 수 있습니다.

원소는 원하는 색인 어디에나 추가할 수 있습니다. 33번 색인에 상상으로 만든 새 공룡을 넣고 싶다면 다음과 같이 코드를 입력하면 됩니다.

```
공룡[33] = "생각하는 공룡";

공룡;
["티라노사우루스", "벨로키랍토르", "스테고사우루스", "트리케라톱스", "
브라키오사우루스", "프테라노돈", "어파토사우루스", "디플로도쿠스", "콤프소그나투스",
undefined × 24, "생각하는 공룡"]
```

8번~33번 사이의 색인에 해당하는 원소는 **undefined**입니다. 크롬은 친절하게도 목록 전체를 보여주지 않고 **undefined** 원소의 개수를 알려줍니다.

한 배열에서 여러 자료형 사용하기

배열 원소들의 자료형을 통일할 필요는 없습니다. 그러므로 다음과 같이 숫자 3, 문자열 "공룡", 배열 ["트리케라톱스", "스테고사우루스", 3627.5], 숫자 10으로 구성된 배열도 만들 수 있습니다.

```
var 공룡과숫자 = [3, "공룡", ["트리케라톱스", "스테고사우루스", 3627.5], 10];
```

각괄호를 사용하면 배열 속에 있는 내부 배열의 개별 원소에 접근할 수 있습니다. 만약 여러분이 **공룡과숫자[2];**라는 코드를 입력한다면 내부 배열 전체가 반환됩니다. 그리고 **공룡과숫자[2][0];**을 입력하면 내부 배열의 첫 번째 원소인 **"트리케라톱스"**만 반환됩니다.

```
공룡과숫자[2];
["트리케라톱스", "스테고사우루스", 3627.5]
공룡과숫자[2][0];
"트리케라톱스"
```

공룡과숫자[2][0]을 입력하면 자바스크립트는 배열 **공룡과숫자**의 2번 색인인 배열 ["트리케라톱스", "스테고사우루스", 3627.5]로 가서 그 배열의 0번 색인에 해당하는 값을 반환합니다. 여기서 말하는 0번 색인은 2차 배열의 첫 번째 값인 "트리케라톱스"를 가리킵니다. 그림 3-1은 이 배열의 색인 위치를 보여줍니다.

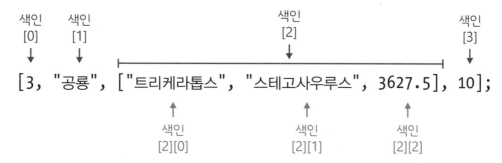

[그림 3-1]: 메인 배열의 색인 위치는 빨간색으로, 2차 배열의 색인 위치는 파란색으로 표시했습니다.

배열 다루기

배열은 **프로퍼티**(property)와 **메서드**(method)로 다룹니다. 프로퍼티는 보통 배열에 대한 정보를 알려주고, 메서드는 배열을 변경하거나 새로운 배열을 반환합니다. 한번 직접 살펴볼까요?

배열의 길이 확인하기

배열에 포함된 원소의 개수를 알고 있는 게 가끔 유용할 때가 있습니다. **공룡** 배열에 꾸준히 공룡을 추가하고 있다고 가정해봅시다. 그러다 보면 어느 순간 지금까지 총 몇 개의 공룡을 넣었는지 헷갈릴 수 있습니다.

`length` 프로퍼티는 배열 내 원소의 개수를 확인할 때 사용합니다. 사용법은 간단합니다. 배열의 이름 뒤에 `.length`를 붙이기만 하면 됩니다. 직접 해볼까요? 우선 원소 3개가 포함된 배열을 만들어봅시다.

```
var 엑스맨 = ["울버린, "미스틱", "비스트"]
엑스맨[0];
"울버린"
엑스맨[1];
"미스틱"
```

```
엑스맨[2];
"비스트"
```

이 배열의 길이를 구하려면 엑스맨 뒤에 `.length`를 덧붙이면 됩니다.

```
엑스맨.length;
3
```

자바스크립트는 배열 내에 3개의 원소가 있다는 사실을 알려줍니다. 그리고 여러분은 색인 위치 0, 1, 2가 존재한다는 사실을 알고 있습니다. 즉 배열 길이에서 1을 뺀 값이 마지막 색인 번호가 됩니다. 그러므로 이를 활용하면 배열이 매우 길더라도 배열의 마지막 원소에 쉽게 접근할 수 있습니다.

```
엑스맨[엑스맨.length -1];
"비스트"
```

여러분은 자바스크립트를 통해 배열 속 원소를 알아내려고 합니다. 단, 각괄호 안에 색인 번호를 직접 넣는 대신 '배열 길이 – 1'이라는 간단한 수식을 넣었습니다. 자바스크립트는 엑스맨.length의 값 3에서 1을 빼 2라는 값을 얻습니다. 그러면 2번 색인에 해당하는 원소이자 배열의 마지막 원소인 "비스트"가 반환됩니다.

배열에 원소 추가하기

`push` 메서드를 사용하면 배열 끝에 원소를 추가할 수 있습니다. 다음과 같이 배열 이름 뒤에 `.push`라고 입력하고 그 뒤에 괄호를 붙인 후 그 안에 원소 이름을 넣으면 됩니다.

```
var 동물 = [];
동물.push("고양이");
1
동물.push("강아지");
2
동물.push("라마");
3
동물;
["고양이", "강아지", "라마"]
동물.length;
3
```

앞의 예에서 여러분은 var 동물 = [];이라는 빈 배열을 만든 후 push 메서드를 사용해서 "고양이", "강아지", "라마"를 차례로 배열에 추가했습니다. 여러분이 동물;을 표시해달라고 요청하면 배열에 "고양이", "강아지", "라마"가 순서대로 추가된 것을 확인할 수 있습니다.

컴퓨터 언어로 어떤 동작을 실행하는 행위 메서드를 **호출**(call)한다고 합니다. 여러분이 push 메서드를 호출하면, 첫째, 괄호의 한 원소가 배열에 추가되고, 둘째, 배열의 길이가 반환됩니다. 그래서 여러분이 push를 호출할 때마다 숫자가 출력되었던 것입니다.

다음과 같이 .unshift(원소)를 사용하면 배열의 시작 부분에 원소를 추가할 수 있습니다.

```
동물;
["고양이", "강아지", "라마"]
❶ 동물[0];
"고양이"
동물.unshift("원숭이");
4
동물;
["원숭이", "고양이", "강아지", "라마"]
동물.unshift("북극곰");
5
동물;
["북극곰", "원숭이", "고양이", "강아지", "라마"]
동물[0];
"북극곰"
❷ 동물[2];
"고양이"
```

앞서 만든 배열 ["고양이", "강아지", "라마"]부터 살펴봅시다. unshift를 사용해서 배열 앞부분에 "원숭이"와 "북극곰"을 하나씩 추가할 때마다 색인이 1씩 뒤로 밀립니다. 그래서 시작할 때는 ❶에서 보는 것처럼 0번 색인이었던 "고양이"가 지금은 ❷에서 볼 수 있듯 2번 색인이 되었습니다.

push를 썼을 때처럼 unshift를 입력할 때도 배열의 새로운 길이가 반환됩니다.

배열에서 원소 제거하기

배열 이름 뒤에 .pop()을 더하면 해당 배열의 마지막 원소가 없어집니다. pop 메서드는 마지막 원소를 제거한 후 제거된 원소를 값으로 반환하는 두 가지 역할을 동시에 수행하므로 매우 유용합니다. 앞서 만들었던 ["북극곰", "원숭이", "고양이", "강아지", "라마"] 배열을 예로 들어볼까요? 우선 마지막동물이라는 새 변수를 만들고 동물.pop()을 호출하여 마지막 동물을 저장해봅시다.

```
    동물;
    ["북극곰", "원숭이", "고양이", "강아지", "라마"]
❶  var 마지막동물 = 동물.pop();
    마지막동물;
    "라마"
    동물;
    ["북극곰", "원숭이", "고양이", "강아지"]
❷  동물.pop();
    "강아지"
    동물;
    ["북극곰", "원숭이", "고양이"]
❸  동물.unshift(마지막동물);
    4
    동물;
    ["라마", "북극곰", "원숭이", "고양이"]
```

---

❶에서 동물.pop()을 호출했을 때 동물 배열의 마지막 원소인 "라마"가 반환되어 새 변수 마지막동물에 저장됩니다. 그리고 "라마"는 배열에서 제거됩니다. 그러면 배열에는 네 가지 동물만 남습니다. 그 후 ❷에서 다시 동물.pop()을 호출하면 "강아지"라는 값이 제거됨과 동시에 반환됩니다. 그러면 배열에는 세 가지 동물만 남습니다.

"강아지"에 동물.pop()을 사용했을 때 마지막동물이라는 변수에 값을 따로 저장하지 않았습니다. 즉 "강아지"라는 값은 어디에도 저장되어 있지 않습니다. 하지만 "라마"라는 값은 앞서 마지막동물이라는 변수에 저장한 바 있습니다. 그러므로 언제든 원할 때 다시 사용할 수 있습니다. ❸에서 확인할 수 있듯이 unshift(마지막동물)를 사용해서 배열 맨 앞에 다시 "라마"를 추가할 수 있습니다. 그렇게 완성된 최종 배열이 ["라마", "북극곰", "원숭이", "고양이"]입니다.

push와 pop을 적절히 사용하면 배열의 마지막 부분을 자유자재로 다룰 수 있습니다. 이 두 메서드를 사용하면 필요한 순간에 배열에 새로운 원소를 더하고 제거할 수 있기 때문입니다. 이 장의 뒷부분에서 push와 pop 활용법에 대해 더 자세히 살펴보도록 하겠습니다.

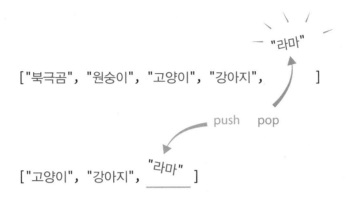

.shift()를 사용하면 배열의 첫 번째 원소를 제거하거나 반환할 수 있습니다.

```
동물;
["라마", "북극곰", "원숭이", "고양이"]
var 첫번째동물 = 동물.shift()
첫번째동물;
"라마"
동물;
["북극곰", "원숭이", "고양이"]
```

원소를 제거한다는 면에서 **동물.shift()**와 **동물.pop()**은 공통점이 있습니다. 하지만 **동물.shift()**는 배열 맨 앞에 있는 원소를 제거합니다. 배열 ["라마", "북극곰", "원숭이", "고양이"]에 .shift()를 호출하면 첫 번째 원소인 "라마"가 제거됨과 동시에 반환되어 **첫번째동물**에 저장됩니다. 그러므로 최후에 **동물** 배열에 남는 동물은 ["북극곰", "원숭이", "고양이"]뿐입니다.

push와 pop으로 배열의 마지막 원소를 다룰 수 있는 것처럼, unshift와 shift를 사용하면 배열의 첫 번째 원소를 다룰 수 있습니다.

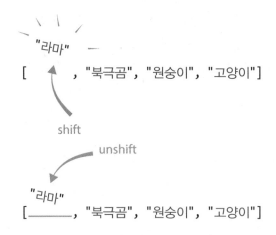

"라마"

[↑   , "북극곰", "원숭이", "고양이"]

shift

unshift

"라마"

[————, "북극곰", "원숭이", "고양이"]

배열 결합하기

배열 두 개를 결합해서 하나의 배열로 만들려면 **첫번째배열**.concat(**두번째배열**) 메서드를 쓰면 됩니다. concat이라는 용어는 '두 개의 값을 하나로 연결한다'는 뜻이 있는 컴퓨터 과학 용어 'concatenate'의 준말입니다. concat 메서드는 첫 번째 배열에 속한 값 뒤에 두 번째 배열에 속한 값을 더하는 방식으로 두 배열을 결합합니다.

포유류와 파충류의 목록을 각각 만들고 보니 이 둘을 합치고 싶다는 생각이 들었다고 가정해봅시다. 포유류는 **포유류**라는 이름의 배열에, 파충류는 **파충류**라는 이름의 배열에 넣었습니다. 그 후 **포유류**.concat(**파충류**)라고 입력하면, 포유류 배열에 속한 값 뒤에 파충류 배열에 속한 값이 이어집니다.

```
var 포유류 = ["알파카", "알락꼬리원숭이", "설인"];
var 파충류 = ["보아뱀", "고질라"];
var 포유류파충류 = 포유류.concat(파충류);
포유류파충류;
["알파카", "알락꼬리원숭이", "설인", "보아뱀", "고질라"]
포유류;
["알파카", "알락꼬리원숭이", "설인"]
파충류;
["보아뱀", "고질라"]
```

첫번째배열.concat(**두번째배열**)을 입력했을 때 첫 번째 배열과 두 번째 배열의 모든 요소가 담긴 새로운 배열이 반환된다고 해서 원래 배열이 변하지는 않습니다. **포유류**와 **파충류**를 호출해보면 처음에 만든 그대로 남아있는 것을 확인할 수 있습니다.

여러 배열 결합하기

concat을 활용하면 두 개 이상의 배열도 결합할 수 있습니다. 결합하고자 하는 배열을 차례로 괄호 안에 넣고 쉼표로 구분해주기만 하면 됩니다.

```
var 포유류 = ["알파카", "알락꼬리원숭이", "설인"];
var 파충류 = ["보아뱀", "고질라"];
var 조류 = ["앵무새", "도도새"];
var 모든동물 = 포유류.concat(파충류, 조류);
모든동물;
["알파카", "알락꼬리원숭이", "설인", "보아뱀", "고질라", "앵무새", "도도새"]
```

concat 괄호 안의 마지막에 있던 조류 변수에 속한 값이 새 배열의 맨 뒤에 더해졌습니다.

여러 배열을 모아서 하나의 배열을 만들려고 할 때 concat은 유용하게 쓰입니다. 지금 여러분이 친구와 함께 각자가 좋아하는 도서 목록을 만든 후에 이 두 가지 목록에 담긴 책을 살 수 있을지 확인하고 싶어한다고 가정해봅시다. 이럴 때는 두 목록을 하나의 목록으로 만들면 간편하겠죠? 바로 그때 **concat** 메서드를 사용하면 두 목록이 하나로 합쳐집니다.

배열 원소 색인 찾기

.indexOf(원소)를 사용하면 배열 원소 색인을 찾을 수 있습니다. 색상.indexOf("파랑"), 색상.indexOf("초록")으로 배열의 색상을 정의하고 "파랑", "초록" 색인의 위치를 찾을 수 있습니다. 배열 내에서 "파랑"의 색인은 2번이므로 색상.indexOf("파랑")은 2를 반환합니다. "초록"의 색인은 1번이므로 색상.indexOf("초록")은 1을 반환합니다.

```
var 색상 = ["빨강", "초록", "파랑"];
색상.indexOf("파랑");
2
색상.indexOf("초록");
1
```

indexOf는 각괄호를 써서 특정 색인의 값을 얻었던 것과는 반대의 역할을 합니다. 즉 색상[2]를 입력하면 "파랑"이 나왔던 것과 반대로, 색상.indexOf("파랑")을 입력하면 2가 나옵니다.

```
색상[2];
"파랑"
색상.indexOf("파랑");
2
```

배열 내에서 **"파랑"**의 순서가 세 번째에 있긴 하지만 색인 위치는 **2**입니다. 색인 값은 **0**부터 시작하기 때문입니다. **"초록"**의 색인 값도 마찬가지 이유로 **1**이 됩니다.

배열에 포함되지 않은 원소의 값을 물어보면 **-1**이 반환됩니다.

```
색상.indexOf("보라");
-1
```

자바스크립트는 "배열 안에 존재하지 않는다."라는 뜻으로 **-1**을 반환하는 것입니다.

indexOf 메서드를 통해 배열 안에 여러 번 등장하는 원소의 색인을 요청하면, 그중 맨 처음에 나오는 값을 알려줍니다.

```
var 곤충 = ["꿀벌", "개미", "꿀벌", "꿀벌", "개미"];
곤충.indexOf("꿀벌");
0
```

배열을 문자열로 만들기

.join() 메서드를 사용하면 배열에 포함된 모든 원소를 하나의 큰 문자열로 만들 수 있습니다.

```
var 착한동물 = ["원숭이", "고양이", "물고기", "도마뱀"];
착한동물.join();
"원숭이,고양이,물고기,도마뱀"
```

배열의 **join** 메서드를 호출하면 모든 원소를 쉼표로 구분해 넣은 문자열이 반환됩니다. 하지만 쉼표를 구분자로 사용하고 싶지 않다면 어떻게 해야 할까요?

.join(separator)을 사용하면 각 값 사이에 여러분이 원하는 구분자를 넣어서 똑같은 동작을 실행할 수 있습니

다. 또 괄호 안에 원하는 문자열을 무엇이든 넣어서 구분자로 쓸 수 있습니다. 첫 번째는 양쪽에 빈칸을 넣은 하이픈, 두 번째는 별표, 세 번째는 양쪽에 빈칸을 넣은 **보다**라는 단어까지 각기 다른 세 가지 구분자를 넣어서 직접 해보도록 합시다.

```
var 착한동물 = ["원숭이", "고양이", "물고기", "도마뱀"];
착한동물.join(" - ");
"원숭이 - 고양이 - 물고기 - 도마뱀"
착한동물.join("*")
"원숭이*고양이*물고기*도마뱀"
착한동물.join(" 보다 ")
"원숭이 보다 고양이 보다 물고기 보다 도마뱀"
```

문자열로 바꾸고 싶은 배열이 있을 때 유용한 메서드입니다. 여러분이 주소를 배열에 넣어두었다고 해봅시다. 누군가 정확한 주소를 알려달라고 부탁할 때 join에 구분자로 빈칸 한 개를 써서 하나의 문자열로 만들 수 있습니다.

```
var 내주소 = ["서울시", "종로구", "세종로", "경복궁"];
내주소.join(" ");
"서울시 종로구 세종로 경복궁"
```

join을 모른다면 다음과 같이 복잡하게 코드를 작성해야 할 것입니다. 무척 귀찮겠죠?

```
내주소[0] + " " + 내주소[1] + " " + 내주소[2] + " " + 내주소[3];
"서울시 종로구 세종로 경복궁"
```

게다가 이는 주소가 네 단어로 이루어져 있을 경우에만 해당합니다. 주소가 이보다 길다면 더 많은 코드를 넣어야 합니다. 하지만 join을 쓸 때는 더 넣을 필요가 없습니다. 배열이 아무리 길어도 그 안에 들어있는 모든 원소를 문자열에 그대로 출력합니다.

문자열이 아니었던 배열 내부의 값도 자바스크립트가 문자열로 바꾼 후 하나의 문자열로 만듭니다.

```
var 나이 = [11, 14, 79];
나이.join(" ");
"11 14 79"
```

유용하게 배열 활용하기

지금까지 배열을 만들어서 여러 가지 간단한 실습을 해보았습니다. 이제 프로퍼티와 메서드를 제대로 활용할 방법을 알려드리도록 하겠습니다. 지금부터 배열을 유용하게 활용하는 간단한 프로그램 몇 가지를 작성해봅시다.

집으로 오는 길 찾기

한 친구가 여러분 집에 놀러 온 적이 있다고 상상해보세요. 이제 그 친구가 여러분을 본인의 집으로 초대하고 싶어합니다. 하지만 아직 그 친구네 집에 가본 적이 없으므로 나중에 길을 잘 찾아서 집으로 돌아와야 한다는 점이 문제입니다.

그래도 다행히 여러분에게는 이 문제에 도움이 될 만한 좋은 아이디어가 있습니다. 친구네 가는 길에 있는 큰 건물을 모두 적어두는 것이죠. 돌아오는 길에는 목록에 적힌 건물의 이름을 하나씩 반대로 지워나가면 집까지 길을 잘 찾아올 수 있을 것입니다.

push로 배열 만들기

이제 이 기능을 그대로 구현할 코드를 작성해봅시다. 먼저 빈 배열을 만듭니다. 처음에 비워두는 이유는 친구네 집에 도착하기까지 어떤 건물을 보게 될지 아직 모르기 때문입니다. 친구네 가는 길에 큰 건물을 발견할 때마다 배열 맨 뒤에 추가해두었다가 집으로 돌아올 때 배열 맨 뒤에서 하나씩 지울 것입니다.

```
var 건물 = [];
건물.push("우리 집");
건물.push("집 앞 도로");
건물.push("깜빡이는 가로등");
건물.push("물 새는 소화전");
건물.push("소방서");
건물.push("고양이 구출 센터");
건물.push("우리 모교");
건물.push("친구네 집");
```

건물이라는 이름의 빈 배열을 만들고, 친구네 집에 도착할 때까지 본 큰 건물을 모두 추가했습니다.

pop으로 하나씩 지우기

친구네 집에 도착하면 건물 배열을 확인해봅시다. 당연하게도 첫 번째 원소는 "우리 집"이고,

두 번째 "집 앞 도로"를 거쳐서 마지막까지 가면 "친구네 집"까지 이어집니다. 집으로 돌아가면서 원소를 하나씩 지우면 돌아가는 길을 알 수 있습니다.

```
건물.pop();
"친구네 집"
건물.pop();
"우리 모교"
건물.pop();
"고양이 구출 센터"
건물.pop();
"소방서"
건물.pop();
"물 새는 소화전"
건물.pop();
"깜빡이는 가로등"
건물.pop();
"집 앞 도로"
건물.pop();
"우리 집"
```

휴, 드디어 집에 도착했습니다!

맨 처음에 넣은 건물이 맨 마지막에 제거된다는 것을 눈치채셨나요? 반대로, 맨 마지막에 넣은 건물은 맨 처음에 없어졌죠? 먼저 넣은 원소부터 없어지는 게 좋을 것이라고 생각했을지도 모릅니다. 하지만 가끔 순서를 뒤집었을 때 유용할 수 있다는 사실을 이번 예를 통해 확인했습니다.

더 복잡한 프로그램에서도 이러한 절차가 자주 활용되곤 합니다. 그래서 자바스크립트에서는 원소를 편하게 추가하고 제거할 수 있게 해두었습니다.

> **노트** 이러한 기법을 컴퓨터 언어로 **스택**(stack)이라고 부릅니다. 스택은 팬케이크를 쌓아놓는 것과 비슷합니다. 새로운 팬케이크가 완성되면 push처럼 맨 위에 올립니다. 한 장씩 먹으면 pop처럼 맨 위에서부터 하나씩 사라집니다. 스택에서 원소를 하나씩 제거해나가는 작업은 시간을 거꾸로 돌리는 것과 비슷합니다. 맨 처음에 추가한 원소가 맨 마지막에 제거됩니다. 팬케이크와 똑같죠? 마지막에 먹은 팬케이크가 맨 처음에 구운 것입니다. 프로그래밍 분야에는 맨 마지막에 추가된 것을 가장 먼저 제거한다는 뜻으로 'LIFO(Last In, First Out)'라는 용어를 사용합니다. 맨 처음에 추가된 것을 가장 먼저 제거한다는 뜻의 'FIFO(First In, First Out)'라는 용어도 있습니다. 이 용어는 다른 말로 큐(queue)라고 부

르기도 합니다. 이는 사람들이 줄 서서 순서를 기다리고 있을 때 맨 처음 줄을 선 사람에게
우선권이 돌아가는 모습과 비슷합니다.

의사 결정기

정하기 어려운 일이 있다면 자바스크립트 프로그램에 의사 결정을 맡길 수도 있습니다. 먼
저 무작위로 숫자를 선택하는 방법부터 알아봅시다.

Math.random() 사용하기

Math.random()이라는 특별한 메서드를 사용하면 호출할 때마다 0과 1 사이의 숫자 하나를
무작위로 선택해서 반환합니다. 다음의 예를 함께 살펴봅시다.

```
Math.random();
0.8945409457664937
Math.random();
0.3697543195448816
Math.random();
0.48314980138093233
```

Math.random()은 늘 1 **미만**의 숫자만 반환한다는 점을 기억하세요. 1도 나오지 않습니다.

더 큰 숫자가 나오길 원한다면 Math.random()이 반환한 값에 곱셈을 하면 됩니다. 예를 들
어, 0~10 사이의 숫자를 원한다면 Math.random()에 10을 곱하면 됩니다.

```
Math.random() * 10;
7.648027329705656
Math.random() * 10;
9.7565904534421861
Math.random() * 10;
0.21483442978933454
```

Math.floor()로 소수점 이하 버리기

이러한 숫자는 배열 색인으로 활용할 수 없습니다. 색인은 소수점 이하의 숫자가 아무것도
붙지 않은 정수여야 하기 때문입니다. Math.floor() 메서드를 활용하면 이런 문제를 해결
할 수 있습니다. 이 메서드를 사용하면 소수점 이하의 숫자를 없애서 정수로 만들어줍니다.

```
Math.floor(3.7463463);
3
Math.floor(9.9999);
9
Math.floor(0.793423451963426);
0
```

이 두 가지를 동시에 활용하면 무작위로 색인을 만들 수 있습니다. `Math.random()`을 통해 나온 값에 배열 길이에 맞게 곱셈을 한 후 `Math.floor()`를 호출하면 됩니다. 만약 배열의 길이가 4라면 다음과 같이 하면 됩니다.

```
Math.floor(Math.random() * 4);
2 // could be 0, 1, 2, or 3
```

이 코드를 호출하면 0, 1, 2, 3 중 하나의 숫자가 무작위로 나옵니다. `Math.random()`은 1 미만의 값을 반환하고 여기에 4를 곱했으므로 4를 포함해서 그 이상의 숫자는 나오지 않습니다.

이제 색인 숫자를 무작위로 받게 되었으니 배열 원소를 무작위로 선택할 수 있게 되었습니다.

```
var 무작위단어 = ["폭발", "동굴", "공주", "펜"];
var 무작위색인 = Math.floor(Math.random() * 4);
무작위단어[무작위색인];
"동굴"
```

`Math.floor(Math.random() * 4)`를 쓰면 0~3 사이의 무작위 숫자가 나옵니다. 이렇게 나온 숫자가 변수 무작위색인에 저장됩니다. 이를 색인으로 사용해서 배열 무작위단어의 문자열을 묻습니다.

사실 무작위색인까지 한 번에 넣어서 이렇게 줄일 수도 있습니다.

```
무작위단어[Math.floor(Math.random()*4)];
"공주"
```

완성된 의사 결정기

자, 이제 여러분이 넣은 문장들을 무작위로 골라주는 프로그램을 만들어봅시다. 다음과 같이 컴퓨터에게 물어볼만한 질문을 임의로 골라봤습니다.

```javascript
var 답변 = [
    "좋은 생각이에요.",
    "네, 꼭 해보세요.",
    "별로 좋은 생각 같지 않아요.",
    "오늘은 안 해도 되지 않을까요?",
    "컴퓨터는 하지 말라고 하네요."
];
// 밀크셰이크 한 잔 더 마셔도 될까요?
답변[Math.floor(Math.random() * 5)];
"별로 좋은 생각 같지 않아요."
// 숙제를 해야 할까요?
답변[Math.floor(Math.random() * 5)];
"오늘은 안 해도 되지 않을까요?"
```

다양한 조언이 담긴 **답변**이라는 배열을 만들었습니다. 이제 묻고 싶은 게 생길 때마다 무작위 값을 물어보세요. 여러분이 편하게 결정을 내리도록 도와줄 것입니다.

5개의 문장을 넣었으므로 5를 곱했다는 사실을 기억하세요. 그러면 항상 0, 1, 2, 3, 4 중 하나의 색인 위치를 반환할 것입니다.

인디언 이름 제조기 만들기

결정을 대신 내려주는 프로그램의 예를 조금만 확장하면 인디언 이름을 자동으로 만들어주는 프로그램도 작성할 수 있습니다.

```javascript
var 색상목록 = ["푸른", "붉은", "검은", "하얀"];
var 자연목록 = ["늑대", "태양", "독수리", "바람"];
var 단어목록 = ["눈물", "환생", "기상", "일격", "유령"];

// 색상목록 배열에서 무작위 단어를 하나 고릅니다.
❶ var 색상 = 색상목록[Math.floor(Math.random() * 4)];
// 자연목록 배열에서 무작위 단어를 하나 고릅니다.
❷ var 자연 = 자연목록[Math.floor(Math.random() * 4)];
// 단어목록 배열에서 무작위 단어를 하나 고릅니다.
```

```
❸  var 단어 = 단어목록[Math.floor(Math.random() * 5)];
    // 무작위로 고른 문자열을 한 문장으로 조합합니다.
    var 인디언이름 = 색상 + " " + 자연 + "의 " + 단어 + "!!";
    인디언이름;
    "푸른 태양의 일격!!"
```

앞의 예에서는 세 개의 배열을 만들었습니다. ❶, ❷, ❸번 줄의
각 배열에서 세 가지 색인을 활용해 무작위로 각 배열에서 단어
를 추출했습니다. 이렇게 추출한 단어를 변수 인디언이름에 모아
인디언 이름을 완성했습니다. ❶과 ❷에 4를 곱한 이유는 색상목록
과 **자연목록**의 원소가 각각 4개이기 때문입니다. ❸에서 5를 곱한
이유도 이와 마찬가지로 단어목록이라는 변수 안에 5개의 원소가
들어 있기 때문입니다. 이 코드를 몇 번 실행해보면 다양한 인디
언 이름이 만들어집니다.

연습문제

❸번 줄을 다음과 같이 바꾸면 더 편리해집니다.

```
var 단어목록 = 단어목록[Math.floor(Math.random() * 단어목록.length)];
```

앞서 배운 대로 `Math.random()`에는 배열 길이를 곱해야 하는데, 단어목록.length를
사용하면 배열 길이가 바뀔 때마다 일일이 코드를 바꾸지 않아도 됩니다.

인디언 이름을 자동으로 만드는 프로그램은 다음의 방법으로도 만들 수 있습니다.

```
var 인디언이름 = [색상, 자연, "의", 단어 + "!!"].join(" ");
인디언이름;
"푸른 태양의 일격!!"
```

이 예제에서는 인디언 이름을 만들 때 사용한 단어를 배열의 원소로 만들고, `join`을 사용해
단어 사이에 공백을 두어 하나로 합쳤습니다. 단어와 "!!"는 띄어 쓰지 않아도 되기 때문에
빈칸이 생기지 않도록 두 단어 사이에 + 연산자를 넣었습니다.

정리해봅시다

지금까지 배운 것처럼 자바스크립트 배열은 값으로 이루어진 목록을 저장하는 하나의 방법입니다. 이제 여러분은 배열을 만들고 활용하는 방법을 압니다. 또 원소에 접근할 다양한 방법도 알고 있습니다.

배열을 활용하면 자바스크립에서 여러 값을 통합할 수 있게 됩니다. 다음 장에서는 객체에 대해 살펴볼 것입니다. 객체는 배열처럼 여러 값을 한 묶음으로 저장하는 방법입니다. 객체는 숫자 색인이 아닌 **문자열 키**를 사용해서 원소에 접근합니다.

프로그래밍 과제

다음의 과제를 풀면서 이 장에서 배운 내용을 복습해봅시다.

#1. 새로운 방식의 인디언 이름 제조기

여러분 스스로 생각해낸 코드로 새로운 인디언 이름 제조기를 만들어보세요.

#2. 더 복잡하게 만들기

인디언 이름 제조기를 확장해서 "[감정]보다 [색상], [자연]의 [단어]"처럼·만들 수 있도록 하세요. 예를 들어 "슬픔보다 검은 태양의 눈물"처럼 만들어져야 할 것입니다. (힌트: 새로운 배열을 만들어야 합니다.)

#3. + 연산자나 join 사용하기

두 가지 종류의 인디언 이름 제조기를 만들어보세요. 하나는 + 연산자를 사용해 문자열을 만들고 다른 하나는 배열을 만든 후 " "로 조합하는 방식으로 만드세요. 둘 중에 어떤 방식이 더 마음에 드나요? 이유도 알려주세요.

#4. 숫자 조합하기

배열 [3, 2, 1]을 join 메서드를 사용해서 "3 is bigger than 2 is bigger than 1"이라는 문자열을 만들어보세요.

4장
객체

자바스크립트 객체는 배열과 매우 비슷합니다. 하지만 서로 다른 원소에 접근할 때, 배열에서는 숫자를 사용하는 것과 달리 객체에서는 문자열을 사용합니다. 이러한 문자열을 **키**(key) 또는 **프로퍼티**(property)라 부르고, 이들이 가리키는 원소를 **값**이라고 부릅니다. 이러한 정보 조각이 함께 있으면 이를 **키-값 쌍**(key-value pair)이라고 부릅니다. 배열은 여러 개체를 표현할 때 사용하는 반면, 객체는 다양한 **특성**이나 속성이 있는 하나의 개체를 표현할 때 사용합니다. 예를 들어볼까요? 3장에서 여러 동물의 이름이 나열된 배열을 여러 개 만들었습니다. 그런데 이제 한 가지 동물과 관련된 여러 정보 조각을 저장하고 싶다면 어떻게 해야 할까요?

객체 만들기

자바스크립트 객체를 만들면 한 가지 동물에 관한 여러 정보를 저장할 수 있습니다. 다리가 세 개인 고양이 '야옹이'에 대한 정보가 저장된 객체를 예로 들어봅시다.

```
var 고양이 = {
    "다리": 3,
    "이름": "야옹이",
    "색깔": "얼룩무늬"
};
```

고양이라는 이름의 변수를 만들고 세 가지 키-값 쌍이 들어있는 객체를 할당했습니다. 객체를 만들 때는 배열을 만들 때 쓴 각괄호 말고 중괄호 {}를 써야 합니다. 중괄호 사이에 키-값 쌍을 입력합니다. 중괄호와 그 사이에 있는 모든 것을 가리켜 **객체 리터럴**(object literal)이라고 부릅니다. 객체 리터럴은 모든 객체를 한 번에 작성해서 객체를 만드는 방법입니다.

> **노트** 여러분은 이미 배열 리터럴(["a", "b", "c"]), 숫자 리터럴(37), 문자열 리터럴("사슴"), 불리언 리터럴(참과 거짓)을 접했습니다. 리터럴이라는 말은 여러 단계를 거치지 않고 모든 값을 한 번에 작성한다는 뜻입니다.
>
> 여러분이 1~3까지 숫자로 배열을 만들고 싶다고 가정해봅시다. 우선 배열 리터럴 [1, 2, 3]으로 만들 수 있습니다. 아니면 빈 배열을 만들고 push 메서드를 써서 1, 2, 3을 차례로 배열에 넣을 수도 있습니다. 배열이나 객체에 어떤 값이 들어갈지 처음부터 정확하게 알 수 없을 때도 있습니다. 그래서 리터럴 외에 다른 방법으로 배열이나 객체를 만들기도 하는 것입니다.

객체를 만드는 기본 문법을 그림 4-1에 표현해두었습니다.

객체를 만들 때는 키, 콜론(:), 값을 순서대로 씁니다. 여기서 콜론은 등호와 비슷한 역할을 합니다. 쉽게 말해, 오른쪽에 있는 값이 왼쪽에 있는 이름에 할당됩니다. 변수를 만들 때와 비슷하죠? 키-값 쌍을 구분할 때는 쉼표를 넣습니다. 앞의 예에서는 각 줄 끝에 쉼표가 왔습니다. 마지막에 나온 **색깔**: **"얼룩무늬"** 키-값 쌍 뒤에는 쉼표를 넣지 않았는데, 이 부분이 마지막 키-값 쌍이므로 그 뒤에는 쉼표 대신 중괄호를 쓰면 됩니다.

```
{ "키1": 99 }
```

키.
문자열이어야
합니다.

값.
어떤 자료형을 써도
괜찮습니다.

[그림 4-1]: 객체를 만드는 기본 문법

따옴표가 없는 키

첫 번째 객체에서 각 키에 따옴표를 사용했습니다. 하지만 키 앞뒤로는 따옴표를 쓰지 않아도 됩니다. 그러므로 다음의 고양이 객체 리터럴도 유효합니다.

```
var 고양이 = {
  다리: 3,
  이름: "야옹이",
  색깔: "얼룩무늬"
};
```

자바스크립트는 이미 키가 문자열이어야 한다는 사실을 알고 있기 때문에 따옴표를 생략할 수 있습니다. 키 앞뒤로 따옴표를 넣지 않았을 때는 변수 이름과 똑같은 규칙이 적용됩니다. 예를 들어, 키에 빈칸을 넣을 수 없습니다. 키 앞뒤로 따옴표를 두면 빈칸을 포함할 수 있습니다.

```
var 고양이 = {
  다리: 3,
  "진짜 이름": "꼭 끌어안기 좋은 귀여운 야옹이",
  색깔: "얼룩무늬"
};
```

따옴표를 넣든 빼든, 키에는 항상 문자열을 써야 하는 것과 달리 값에는 어떤 자료형의 값을 넣어도 괜찮습니다. 심지어 값이 포함된 변수를 쓸 수도 있습니다.

객체 전체를 한 줄에 써도 괜찮습니다. 하지만 그러면 다음의 예처럼 읽기 어렵습니다.

```
var 고양이 = { 다리: 3, 이름: "야옹이", 색깔: "얼룩무늬" };
```

객체 안의 값에 접근하기

객체도 배열처럼 각괄호를 써서 객체 안의 값에 접근할 수 있습니다. 숫자로 이루어졌던 색인 대신에 문자열로 이루어진 키를 쓴다는 것이 유일한 차이점입니다.

```
고양이["이름"];
"야옹이"
```

객체 리터럴을 만들 때 키 앞뒤로 따옴표를 쓸지 쓰지 않을지 선택할 수 있었던 것처럼 객체 키에 접근할 때도 따옴표 넣을지 말지 선택할 수 있습니다. 따옴표를 넣지 않으면 다음과 같이 코드의 모양이 약간 달라집니다.

```
고양이.이름;
"야옹이"
```

이 방법을 **점 표기법**(dot notation)이라고 부릅니다. 키 이름을 객체 이름 뒤에 오는 각괄호 속 따옴표 안에 입력하는 대신, 마침표를 넣고 따옴표 없이 키를 넣습니다. 객체 리터럴에서 키를 따옴표 없이 썼을 때 그러했듯이 빈칸 같은 특수 문자를 입력하면 작동하지 않습니다.

키를 입력해서 값을 찾으려는 게 아니라 객체에 들어있는 모든 키의 목록을 원한다고 가정해봅시다. 자바스크립트에서는 `Object.keys()`를 활용해서 쉽게 받을 수 있습니다.

```
var 강아지 = { 이름: "멍멍이", 나이: 6, 색깔: "흰색", 울음소리: "멍멍 왈왈 멍멍!" };
var 고양이 = { 이름: "야옹이", 나이: 8, 색깔: "얼룩무늬" };
Object.keys(강아지);
["이름", "나이", "색깔", "울음소리"]
Object.keys(고양이);
["이름", "나이", "색깔"]
```

`Object.keys(어떤객체)`를 입력하면 어떤객체에 포함된 모든 키가 반환됩니다.

객체에 값 추가하기

빈 객체는 빈 배열과 비슷합니다. 단 각괄호 대신 중괄호를 씁니다.

```
var 객체 = {};
```

배열에 원소를 넣었던 것처럼 객체에도 원소를 추가할 수 있습니다. 숫자 대신 문자열을 사용하면 됩니다.

```
var 고양이 = {};
고양이["다리"] = 3;
고양이["이름"] = "야옹이";
고양이["색깔"] = "얼룩무늬";
고양이;
{ 다리: 3, 이름: "야옹이", 색깔: "얼룩무늬" }
```

처음에는 고양이라는 빈 객체를 만들고, 그 객체에 세 종류의 키-값 쌍을 차례로 넣었습니다. 그다음에 고양이;라고 입력하면 브라우저가 객체에 담긴 내용을 보여줍니다. 결과를 보여주는 방법은 브라우저마다 다릅니다. 예를 들어, 크롬 브라우저에서는 고양이 객체를 다음과 같이 보여줍니다.

Object {다리: 3, 이름: "야옹이", 색깔: "얼룩무늬"}

크롬 브라우저는 키를 다리, 이름, 색깔 순으로 보여주었지만 다른 브라우저는 다른 순서로 보여줄 수도 있습니다. 자바스크립트는 키를 순서에 맞춰 저장하지 않습니다.

배열에는 순서가 있습니다. 0번 색인은 1번 색인 앞에 오고, 3번 색인은 2번 색인 뒤에 옵니다. 하지만 이와 달리 객체는 순서를 기억하지 않습니다. 색깔이 다리 앞에 와야 할까요, 뒤에 와야 할까요? 이 질문에는 "정답"이 없습니다. 객체는 키에 순서를 매기지 않고 저장하기 때문입니다. 그 결과 브라우저가 달라지면 키가 나오는 순서도 달라집니다. 그러므로 키의 순서가 중요할 때는 객체를 사용해서 프로그램을 만들지 않는 게 좋습니다.

점 표기법 활용해서 키 추가하기

점 표기법을 써서 새로운 키를 추가할 수 있습니다. 비어있는 객체를 만들어서 키를 추가했던 앞의 예를 다시 살펴보면서 이번에는 점 표기법을 활용해봅시다.

```
var 고양이 = {};
고양이.다리 = 3;
고양이.이름 = "야옹이";
고양이.색깔 = "얼룩무늬";
```

자바스크립트는 잘 모르는 프로퍼티를 물어보면 undefined 값을 반환합니다. undefined는 "아무것도 들어 있지 않습니다!"라는 뜻입니다. 예를 들어볼까요?

```
var 강아지 = {
  이름: "멍멍이",
  다리: 4,
  귀여운가: true
};
강아지.갈색인가;
undefined
```

강아지에서 정의한 속성은 이름, 다리, 귀여운가, 세 가지뿐입니다. 갈색인가는 정의하지 않았으므로 강아지.갈색인가를 입력했을 때 undefined를 반환합니다.

배열과 객체 결합하기

지금까지는 숫자와 문자열처럼 단순한 자료형이 포함된 배열과 객체를 살펴보았습니다. 하지만 배열이나 객체를 값으로 쓰는 배열이나 객체를 써도 상관없습니다.

다음과 같이 공룡 객체로 만든 배열을 예로 들어보겠습니다.

```
var 공룡 = [
  { 이름: "티라노사우루스 렉스", 연대: "백악기 후기" },
  { 이름: "스테고사우루스", 연대: "쥐라기 후기" },
  { 이름: "플라테오사우루스", 연대: "트라이아스기" }
];
```

첫 번째로, 공룡에 관한 모든 정보를 얻으려면 앞서 했던 것처럼 각괄호 안에 색인을 입력하면 됩니다.

```
공룡[0];
{이름: "티라노사우루스 렉스", 연대: "백악기 후기"}
```

첫 번째 공룡의 이름만 얻고 싶다면 배열 색인 뒤에 오는 각괄호 안에 객체 키를 넣으면 됩니다.

```
공룡[0]["이름"];
"티라노사우루스 렉스"
```

아니면 다음과 같이 점 표기법을 쓸 수도 있습니다.

```
공룡[1].연대;
"쥐라기 후기"
```

노트 점 표기법은 배열 말고 객체에만 쓸 수 있습니다.

친구 배열

조금 더 복잡한 예를 들어보겠습니다. 친구 객체로 이루어진 배열을 만들되, 각 객체에 배열을 넣어봅시다. 우선 객체를 만들고 이를 배열에 넣습니다.

```
var 민지 = { 이름: "민지", 나이: 11, 행운의숫자: [2, 4, 8, 16] };
var 지훈 = { 이름: "지훈", 나이: 5, 행운의숫자: [3, 9, 40] };
var 서연 = { 이름: "서연", 나이: 9, 행운의숫자: [1, 2, 3] };
```

우선 세 가지 객체를 만들고 각 객체에는 민지, 지훈, 서연이라는 변수를 저장했습니다. 그리고 각 객체에는 이름, 나이, 행운의숫자라는 세 가지 키를 넣었습니다. 각 이름 키에는 문자열 값을, 나이 키에는 숫자 값을, 행운의숫자 키에는 각기 다른 몇 개의 숫자로 구성된 배열 값을 할당했습니다.

이제 친구 배열을 만들어봅시다.

```
var 친구 = [민지, 지훈, 서연];
```

이제 친구라는 변수에 민지, 지훈, 서연이라는 세 가지 원소를 저장합니다. 각 원소는 해당하는 친구의 객체를 참조합니다. 이제 배열 색인을 활용해서 이 객체 중 하나를 가져올 수 있습니다.

```
친구[1];
{이름: "지훈", 나이: 5, 행운의숫자: Array[3]}
```

이렇게 하면 배열의 두 번째 객체인 1번 색인에 해당하는 **지훈**이 반환됩니다. 크롬은 **행운의숫**
자 배열을 **Array[3]**이라고 보여줍니다. 이는 "원소가 3개 들어있는 배열입니다."라는 뜻입니
다. 크롬을 통해 배열 안에 무엇이 있는지 확인하는 방법에 대해서는 아래 "콘솔에서 객
체 탐색하기"절에서 확인하세요. 객체에 들어있는 값은 객체 색인을 원하는 키 뒤에 각괄
호를 써서 얻을 수 있습니다.

```
친구[2].이름;
"서연"
```

이는 2번 색인에 있는 원소를 묻는 코드입니다. 해당 변수의 이름은 서연입니다. 그리고 그
객체의 "이름" 키에 해당하는 속성을 물었습니다. 그 답은 "서연"이 됩니다. 이처럼 **친구** 배
열에 속한 객체 중 하나의 내부에 있는 배열의 값까지도 가져올 수 있습니다.

```
친구[0].행운의숫자[1];
4
```

그림 4-2는 각 색인을 보여줍니다. **친구[0]**은 친구 배열 0번 색인에 해당하는 원소입니다. 이
는 객체 민지에 해당합니다. **친구[0]**.행운의숫자는 민지라는 이름의 객체의 **[2, 4, 8, 16]** 배
열에 해당합니다. 그러므로 **친구[0]**.행운의숫자[1]은 그 배열의 1번 색인이 됩니다. 그 값은
숫자 4입니다.

콘솔에서 객체 탐색하기

크롬을 통해 콘솔에 출력하는 객체 내부를 탐색할 수 있습니다. 예를 들어, 다음과 같이 입
력해봅시다.

```
친구[1];
```

크롬에서는 그림 4-3처럼 보일 것입니다.

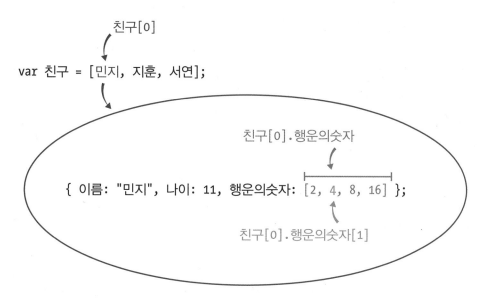

친구[0]

var 친구 = [민지, 지훈, 서연];

친구[0].행운의숫자

{ 이름: "민지", 나이: 11, 행운의숫자: [2, 4, 8, 16] };

친구[0].행운의숫자[1]

[그림 4-2]: 중첩된 값에 접근하기

```
친구[1];
▶ Object {이름: "지훈", 나이: 5, 행운의숫자: Array[3]}
```

[그림 4-3]: 객체가 크롬 콘솔에 표시되는 방식

맨 왼쪽에 있는 작은 삼각형을 누르면 객체를 펼쳐볼 수 있는데, 펼치면 그림 4-4처럼 보입니다.

```
친구[1];
▼ Object {이름: "지훈", 나이: 5, 행운의숫자: Array[3]} ⓘ
      나이: 5
      이름: "지훈"
   ▶ 행운의숫자: Array[3]
   ▶ __proto__: Object
```

[그림 4-4]: 객체 펼쳐보기

당연히 행운의숫자도 클릭하면 그림 4-5처럼 펼쳐서 볼 수 있습니다.

```
친구[1];
▼ Object {이름: "지훈", 나이: 5, 행운의숫자: Array[3]} ℹ
    나이: 5
    이름: "지훈"
    ▼ 행운의숫자: Array[3]
        0: 3
        1: 9
        2: 40
        length: 3
        ▶ __proto__: Array[0]
    ▶ __proto__: Object
```

[그림 4-5]: 객체 내부 배열 확장하기

__proto__ 속성은 신경 쓰지 않아도 괜찮습니다. 객체의 **프로토타입**(prototype)과 관련이 있는 부분인데, 이에 대해서는 12장에서 다룰 예정입니다. 콘솔에는 배열의 길이를 의미하는 length 속성의 값도 표시됐습니다.

그림 4-6은 전체 친구 배열을 표현하고, 배열의 각 원소도 펼쳐서 표시한 화면입니다.

```
친구;
[▼ Object ℹ          , ▼ Object ℹ          , ▼ Object ℹ          ]
    나이: 11              나이: 5               나이: 9
    이름: "민지"           이름: "지훈"           이름: "서연"
    ▶ 행운의숫자: Array[4]  ▶ 행운의숫자: Array[3]  ▶ 행운의숫자: Array[3]
    ▶ __proto__: Object  ▶ __proto__: Object   ▶ __proto__: Object
```

[그림 4-6]: 친구 배열에 속한 객체 세 가지를 크롬 콘솔에서 확인한 모습

객체를 유용하게 활용하는 방법

여러분은 지금까지 객체를 만들고 속성을 추가하는 방법을 몇 가지 배웠습니다. 이제 배운 내용을 활용해서 간단한 프로그램을 작성해봅시다.

빌려준 돈 기록하기

여러분이 은행을 열기로 했다고 가정해봅시다. 친구들에게 돈을 빌려준 후, 친구들이 각각 얼마나 빌려 갔는지 기록해둘 방법이 필요할 것입니다.

객체를 활용하면 문자열과 값을 연결할 수 있습니다. 친구 이름이 문자열이 되고 친구가 빌린 금액이 값이 됩니다. 자, 직접 한번 해봅시다.

```
❶ var 빌려준돈 = {};
❷ 빌려준돈["지훈"] = 5000;
❸ 빌려준돈["민지"] = 7000;
❹ 빌려준돈["지훈"];
   5000
❺ 빌려준돈["진영"];
   undefined
```

여러분은 ❶에서 **빌려준돈**이라는 이름의 빈 객체를 만들었습니다. ❷에서는 **"지훈"**이라는 키에 5000이라는 값을 할당했습니다. ❸에서도 이와 똑같은 방법으로 **"민지"**라는 키에 7000이라는 값을 할당했습니다. ❹에서는 **"지훈"**이라는 키에 어떤 값이 있는지 물었고 5000이라는 답을 얻었습니다. ❺에서는 **"진영"**이라는 키와 관련된 값이 무엇인지 물었는데, 설정한 값이 없으므로 undefined라는 답이 반환되었습니다.

지훈이가 여기서 3000원을 더 빌렸습니다. 그러면 지훈이가 빌린 돈에 2장에서 배운 += 연산자를 써서 3000을 더해야 합니다.

```
빌려준돈["지훈"] += 3000;
빌려준돈["지훈"];
8000
```

이는 **빌려준돈["지훈"] = 빌려준돈["지훈"] + 3000**이라는 뜻입니다. 각 친구가 얼마를 빌렸는지 확인하려면 전체 객체를 보면 됩니다.

```
빌려준돈;
{ 지훈: 8000, 민지: 7000 }
```

영화 관련 정보 저장하기

여러분이 다량의 영화 DVD와 블루레이를 소장하고 있다고 해봅시다. 컴퓨터에 여러분이 소장하고 있는 작품에 대한 정보를 저장해두고 원하는 작품을 쉽게 찾을 수 있다면 편리할 것입니다.

영화 제목이 키가 되고, 영화에 대한 정보를 담고 있는 객체가 값이 되도록 하나의 객체 안에 영화에 대한 정보를 저장해둘 수 있습니다. 심지어 객체에는 자기 자신의 객체도 포함할 수 있습니다!

```
var 영화 = {
    "니모를 찾아서": {
        개봉연도: 2003,
        상영시간: 100,
        출연진: ["앨버트 브룩스", "엘런 드제너러스", "알렉산더 굴드"],
        형식: "DVD"
    },
    "스타 워즈 에피소드 6 - 제다이의 귀환": {
        개봉연도: 1983,
        상영시간: 134,
        출연진: ["마크 해밀", "해리슨 포드", "캐리 피셔"],
        형식: "DVD"
    },
    "해리 포터와 불의 잔": {
        개봉연도: 2005,
        상영시간: 157,
        출연진: ["다니엘 레드클리프", "엠마 왓슨", "루퍼트 그린트"],
        형식: "블루레이"
    }
};
```

외부 객체의 키인 영화 제목은 쌍따옴표 안에 넣고, 내부 객체의 키는 쌍따옴표 안에 넣지 않았다는 사실을 눈치채셨나요? 영화 제목에는 빈칸을 넣어야 하므로 그렇게 했습니다. 쌍따옴표를 쓰지 않으면 영화 제목을 스타워즈에피소드6제다이의귀환처럼 모두 붙여 써야 하는데, 그러면 알아보기 어렵겠죠! 내부 객체에 있는 키에는 쌍따옴표가 필요 없으므로 쓰지 않았습니다. 불필요한 구두점이 없으면 코드가 한결 더 깔끔해집니다.

이제 필요한 영화 정보를 쉽게 찾을 수 있습니다.

```
var 니모를찾아서 = 영화["니모를 찾아서"];
니모를찾아서.상영시간;
100
니모를찾아서.형식;
"DVD"
```

영화 〈니모를 찾아서〉에 대한 정보를 니모를찾아서라는 변수에 저장해두었습니다. 그러면 영화 정보가 필요할 때 상영시간이나 형식 등 객체의 속성을 살펴보면 됩니다. 새로운 영화에 대한 정보도 쉽게 추가할 수 있습니다.

```
var 카= {
    개봉연도: 2006,
    상영시간: 117,
    출연진: ["오웬 윌슨", "보니 헌트", "폴 뉴먼"],
    형식: "블루레이"
    };
영화["카"] = 카;
```

만화영화 〈카(Cars)〉의 정보로 새로운 객체를 만들었습니다. 이를 영화 객체에 "카"라는 키로 넣습니다.

여러분이 모아둔 좋아하는 영화 제목 목록을 보고 싶다면 Object.keys를 활용하면 됩니다.

```
Object.keys(영화);
["니모를 찾아서", "스타 워즈 에피소드 6 - 제다이의 귀환", "해리 포터와 불의 잔", "카"]
```

정리해봅시다

지금까지 여러분은 자바스크립트의 객체가 어떻게 작동하는지 배웠습니다. 객체는 많은 정보 조각을 하나의 묶음으로 다룰 수 있게 해주는 면에서 배열과 비슷합니다. 원소 접근 방식이 다르다는 점이 배열과 객체의 가장 큰 차이점 중 하나입니다. 배열에서는 숫자를 활용해 접근하는 반면, 객체에서는 문자열을 활용해서 접근합니다. 이 말은 배열의 원소는 순서대로 정렬되어 있고 객체의 원소는 그렇지 않다는 뜻입니다.

이 책을 통해 자바스크립트의 기능을 더 익히면, 뒷부분에서 객체를 더욱 다양하게 활용할 방법도 배우게 됩니다. 6장에서는 구조를 더해 프로그램을 더 똑똑하게 만들어주는 **조건문**(conditionals)과 **반복문**(loop)을 배우도록 하겠습니다.

프로그래밍 과제

다음의 과제를 풀면서 객체 다루는 법을 연습해봅시다.

#1. 점수 기록하기

친구랑 게임을 할 때 점수를 기록해보고 싶을 때가 있을 것입니다. 이때 점수라는 객체를 만들고 친구 이름을 키로 넣고, 점수를 값으로 넣으면 됩니다. 점수는 0부터 시작합니다. 친구들이 점수를 얻을 때마다 점수를 올려주어야 합니다. 점수 객체의 점수를 어떻게 올리면 될까요?

#2. 객체와 배열에 대해 탐구하기

다음과 같이 객체를 만들었다고 생각해봅시다.

```
var 재미있는사물 = {
  "이름": "웃기는 물건"
  "배열": [7, 9, { 목적: "장난", 숫자: 123 }, 3.3],
  "무작위동물": "바나나 상어"
);
```

이 객체에서 자바스크립트 코드 한 줄로 숫자 123을 얻으려면 어떻게 해야 할까요? 제대로 코드를 작성했는지 콘솔에서 확인해보세요.

5장
HTML 기초

지금까지 사용했던 브라우저 기반의 자바스크립트 콘솔은 작은 코드를 실행해보기에는 좋지만, 진짜 프로그램을 만들려면 자바스크립트가 포함된 웹 페이지처럼 조금 더 유연한 무언가가 필요합니다. 이 장에서는 간단한 HTML 웹 페이지 만드는 방법을 배우겠습니다.

HTML(하이퍼텍스트 마크업 언어, HyperText Markup Language)은 웹 페이지를 만드는 언어입니다. **하이퍼텍스트**(HyperText)라는 말은 **하이퍼링크**(hyperlink)로 연결되어 있는 텍스트라는 뜻입니다. 하이퍼링크는 웹 페이지에 있는 링크를 말합니다. **마크업 언어**(markup language)는 내용 이외의 것을 문서에 표시할 때 사용합니다. 마크업은 웹 브라우저 같은 소프트웨어가 텍스트를 어떻게 표시해야 하는지, 텍스트를 어떻게 사용할 것인지 알려줍니다.

이 장에서는 **텍스트 편집기**를 사용해 HTML 문서를 만드는 법에 대해 설명합니다. 텍스트 편집기는 마이크로소프트 워드와 같은 워드 프로세서처럼 글자에 서식을 입히지 않고, 텍스트 자체만 수정하도록 만들어진, 상대적으로 단순한 프로그램을 의미합니다. 워드 프로세서의 문서에는 글꼴, 색상, 글자 크기 등 여러 서식이 존재하고, 워드 프로세서는 텍스트의 서식을 쉽게 바꿀 수 있도록 만들어졌습니다. 또한 워드 프로세서는 대체로 이미지 같은 그래픽 요소를 삽입하기도 편리합니다.

평범한 텍스트 파일에는 텍스트만 있을 뿐 글꼴, 색상, 글자 크기 등에 대한 정보가 없습니다. 이미지를 옆에 있는 고양이와 같이 텍스트로 만들지 않는 한, 평범한 텍스트 파일에는 이미지를 삽입할 수 없습니다.

```
 /\_/\
=( °w° )=
 )   (  //
(__ __)//
```

텍스트 편집기

이 책에서는 **크로스 플랫폼**(cross-platform)을 지원하는(윈도우즈, 맥, 리눅스에서 사용할 수 있다는 뜻) Sublime Text라는 편집기를 사용해 HTML을 작성합니다. Sublime Text는 무료로 다운로드해서 사용해볼 수 있으며 이후 유료로 사용권을 구매하면 됩니다. 이 장에서는 Sublime Text로 내용을 진행하지만, 텍스트 편집기는 상대적으로 단순하기 때문에 다른 텍스트 편집기를 사용해도 무리 없이 진행할 수 있을 것입니다.

- Gedit는 GNOME 프로젝트에서 나온 크로스 플랫폼 텍스트 편집기입니다(https://wiki.gnome.org/Apps/Gedit/).
- 윈도우즈에서는 Notepad++(http://notepad-plus-plus.org/)도 좋습니다.
- 맥에서는 TextWrangler(http://www.barebones.com/products/textwrangler/)도 좋습니다.*

Sublime Text는 사이트 http://www.sublimetext.com/에서 받을 수 있습니다. 각 운영체제마다 설치하는 방법은 조금씩 다르지만 어렵지 않게 설치할 수 있을 것입니다. Sublime Text가 잘 실행되지 않는다면 공식 웹 사이트의 지원(Support) 항목을 사용해보세요.**

---

* 옮긴이: 맥의 앱 스토어에서 "TextWrangler"를 검색하면 쉽게 설치할 수 있습니다.
** 옮긴이: Sublime Text의 설치 및 사용법은 생활코딩 웹 사이트(https://opentutorials.org/course/671/3595)를 참고하세요.

첫 번째 HTML 문서

Sublime Text를 설치했다면 프로그램을 실행하고 [File] ▶ [New File]를 클릭하여 새 파일을 만드세요. 그다음에는 [File] ▶ [Save]를 클릭해서 새로 만든 빈 파일을 page.html이라는 이름으로 저장합니다. 파일은 바탕화면(맥에서는 데스크톱)에 저장하세요.

이제 HTML 코드를 조금 작성해봅시다. page.html 파일에 다음 내용을 입력하세요.

```html
<h1>안녕하세요!</h1>
<p>첫 번째 웹 페이지</p>
```

[File] ▶ [Save]를 통해 page.html 파일을 저장하세요. 이제 이 페이지가 웹 브라우저에서는 어떻게 보이는지 확인해봅시다. 크롬 브라우저를 열고 [File] ▶ [Open File]을 클릭한 후 바탕화면(맥에서는 데스크톱)에서 page.html 파일을 선택하세요. 그림 5-1과 같은 화면을 볼 수 있을 것입니다.

[그림 5-1]: 크롬에서 본 첫 번째 HTML 페이지

방금 HTML 문서를 만들었습니다! 웹 브라우저를 사용해서 보고 있기는 하지만, 이 페이지는 인터넷에 있지 않습니다. 크롬이 지금 사용 중인 컴퓨터에 있는 파일을 열어서 그 안에 있는 마크업을 읽은 후 그에 따라 텍스트를 표시했을 뿐입니다.

태그와 엘리먼트

HTML 문서는 여러 **엘리먼트**(element)로 이루어져 있습니다. 엘리먼트는 **시작 태그**(start tag)로 시작하여 **종료 태그**(end tag)로 끝납니다. 앞서 우리가 작성했던 문서에는 엘리먼트가 두 개 있었습니다. h1 엘리먼트는 <h1> 시작 태그로 시작하여 </h1> 종료 태그로 끝나고, p 엘리먼트는 <p> 시작 태그로 시작하여 </p> 종료 태그로 끝납니다. 여는 태그와 닫는 태그 사이에 있는 것은 모두 엘리먼트의 **콘텐츠**(content)가 됩니다.

시작 태그는 엘리먼트의 이름과 이를 둘러싼 각괄호 <와 >로 이루어집니다. 종료 태그도 마찬가지지만, 엘리먼트 이름 앞에 슬래시(/)가 붙는다는 점이 다릅니다.

제목 엘리먼트

엘리먼트는 저마다 고유한 의미와 용도가 있습니다. 예를 들어, h1 엘리먼트는 "이것은 최상위 제목입니다."라는 의미입니다. 웹 브라우저는 여닫는 <h1> 사이에 위치한 엘리먼트의 콘텐츠를 크고 굵은 글씨로 표시하며, 제목 엘리먼트 바로 앞과 뒤에서 줄을 바꿉니다.

HTML에는 h1, h2, h3, h4, h5, h6이라는 6단계의 제목이 있습니다. 이 엘리먼트는 다음과 같습니다.

```
<h1>1단계 제목</h1>
<h2>2단계 제목</h2>
<h3>3단계 제목</h3>
<h4>4단계 제목</h4>
<h5>5단계 제목</h5>
<h6>6단계 제목</h6>
```

그림 5-2는 위 코드를 표현한 웹 페이지입니다.

[그림 5-2]: 여러 종류의 제목 엘리먼트

P 엘리먼트

p 엘리먼트는 텍스트 문단을 작성할 때 사용합니다. `<p>` 태그 사이에 입력한 텍스트는 하나의 문단으로 표시되며, 이 문단의 상단과 하단에는 약간의 공백이 생깁니다. p 엘리먼트를 여러 개 작성해봅시다. page.html 문서에 새 줄을 추가하고(기존 코드는 회색으로 표시) 다음과 같이 코드를 입력합니다.

```
<h1>안녕하세요!</h1>
<p>첫 번째 웹 페이지</p>
<p>다른 문단을 추가해봅시다.</p>
```

그림 5-3은 문단을 새로 추가한 웹 페이지입니다.

[그림 5-3]: 문단을 새로 추가한 웹 페이지

새로 추가한 문단은 다른 줄에 표시되고 문단 사이에는 약간 공백이 있어 두 문단을 구분해 줍니다. 이런 형태는 모두 <p> 태그 덕분에 만들어집니다.

블록 수준 엘리먼트의 공백

만약 태그가 없다면 이 페이지는 어떻게 보일까요? 한번 살펴봅시다.

안녕하세요!
첫 번째 웹 페이지
다른 문단을 추가해봅시다.

그림 5-4는 태그가 없는 웹 페이지입니다.

[그림 5-4]: 태그가 없는 똑같은 페이지

이런! 서식이 사라졌을 뿐만 아니라 그냥 긴 한 줄이 되어 버렸습니다. 이렇게 된 이유는 HTML에서 모든 **공백 문자**(whitespace)는 빈칸 하나로 바뀌기 때문입니다. 공백 문자는 웹 페이지에서 빈칸으로 표현될 수 있는 문자를 말합니다. 공백 문자의 예로는 스페이스 문자, 탭 문자, 줄바꿈 문자(엔터 키를 누를 때 입력되는 문자)가 있습니다. HTML에서는 텍스트 사이에 빈 줄을 여러 개 입력하더라도 빈칸 1개로 표현됩니다.

p와 h1 엘리먼트는 항상 줄바꿈으로 시작하여 새 줄에 콘텐츠를 표현하기 때문에 **블록 수준**(block-level) 엘리먼트라고 부릅니다.

인라인 엘리먼트

문서에 다음과 같이 em과 strong이라는 엘리먼트 두 개를 추가해봅시다.

```
<h1>안녕하세요!</h1>
<p><em>첫 번째</em> <strong>웹 페이지</strong></p>
<p><strong><em>다른 문단</em></strong>을 추가해봅시다.</p>
```

그림 5-5는 태그를 새로 추가한 웹 페이지입니다.

[그림 5-5]: em과 strong 엘리먼트

em 엘리먼트는 엘리먼트 내부의 콘텐츠를 기울게 표현하고, strong 엘리먼트는 내부 콘텐츠를 굵게 표현합니다. em와 strong 엘리먼트는 둘 다 **인라인 엘리먼트**(inline element)라고 부르는데, 블록 수준 엘리먼트와 달리 새 줄에 콘텐츠를 표시하지 않기 때문입니다.

콘텐츠를 굵고 기울게 표현하려면 두 가지 태그로 콘텐츠를 감싸면 됩니다. 앞 예제에서 우리는 굵고 기운 텍스트를 `<strong><em>다른 문단</em></strong>`처럼 작성했습니다. 엘리먼트를 올바르게 **중첩**(nest)하는 것은 중요합니다. 태그 안에 다른 태그를 포함하는 것을 가리켜 '중첩한다'라고 표현하는데, 다시 말해 부모 엘리먼트 안에 자식 엘리먼트의 열고 닫는 태그가 모두 포함되어 있다는 뜻입니다. 예를 들어, 다음과 같이 사용할 수는 없습니다.

```
<strong><em>문단</strong></em>
```

이 코드에서 닫는 `</strong>` 태그는 닫는 `</em>` 태그 앞에 있습니다. 웹 브라우저는 여러분이 이런 실수를 하더라도 문제가 있다고 잘 알려주지 않습니다. 하지만 잘못된 중첩 때문에 페이지가 이상하게 보일 수도 있습니다.

완전한 HTML 문서

지금까지 우리가 살펴본 것은 HTML의 일부일 뿐입니다. 완전한 HTML 문서를 만들려면 몇 가지 엘리먼트를 더 추가해야 합니다. 먼저 완전한 HTML 문서의 예를 살펴보고 각 엘리먼트의 의미를 배워보겠습니다. page.html 파일을 다음과 같이 작성해봅시다.

```html
<!DOCTYPE html>
<html>
<head>
    <title>처음 만든 완전한 HTML 페이지</title>
</head>

<body>
    <h1>안녕하세요!</h1>
    <p><em>첫 번째</em> <strong>웹 페이지</strong></p>
    <p><strong><em>다른 문단</em></strong>을 추가해봅시다.</p>
</body>
</html>
```

> **노트** Sublime Text로 코드를 작성하다 보면 이 예제처럼 어떤 줄은 자동으로 들여쓰기를 해줍니다. 각 줄은 태그에 따라(<html>, h1 등) 정해지고, 들여쓰기는 엘리먼트의 중첩 단계에 따라 정해집니다. Sublime Text는 <head>와 <body>를 들여 쓰지 않는데, 일부 다른 편집기에서는 들여쓰기도 합니다.

그림 5-6은 완성된 HTML 문서입니다.*

[그림 5-6]: 완성된 HTML 문서

---

* 옮긴이: 만약 그림과 달리 이상한 글자만 가득 나타난다면 title 앞에 〈meta charset="utf-8"〉을 추가해보세요. 컴퓨터에서 문자를 나타내는 방법을 의미하는 문자셋(charset)을 정해주는 것인데, 한국어 환경에서는 일부러 설정해주지 않으면 문제가 생길 수도 있습니다.

이제 page.html 파일에 있는 엘리먼트를 하나씩 살펴봅시다. `<!DOCTYPE html>` 태그는 단순한 선언입니다. 이 선언은 "이건 HTML 문서입니다."라고 말하는 것과 같습니다. 그 뒤에 있는 것은 여는 `<html>` 태그입니다. 이 태그는 파일 가장 끝에 있는 닫는 `</html>` 태그와 한 쌍입니다. 모든 HTML 문서는 반드시 html 엘리먼트를 가장 바깥에 두어야 합니다.

html 엘리먼트 안에는 head와 body라는 두 개의 엘리먼트가 있습니다. head 엘리먼트는 HTML 문서에 대한 여러 가지 정보를 담고 있습니다. 문서 제목을 표시하는 title 엘리먼트도 head 엘리먼트에 포함됩니다. 그림 5-6을 보면 브라우저 탭에 "처음 만든 완전한 HTML 페이지"라는 제목이 표시된 것을 볼 수 있는데, 이 텍스트는 우리가 title 엘리먼트에 입력한 내용입니다. title 엘리먼트는 head 엘리먼트 안에 있고, head 엘리먼트는 html 엘리먼트 안에 있습니다.

body 엘리먼트는 브라우저에서 표시할 내용을 담고 있습니다. 이 예제에서는 앞서 작성했던 HTML을 그대로 복사해서 사용했습니다.

HTML 계층구조

HTML 엘리먼트는 거꾸로 뒤집힌 나무와 같은 계층 구조로 구성되어 있습니다. 그림 5-7은 HTML 문서의 계층 구조를 나무에 비유해서 보여주고 있습니다.

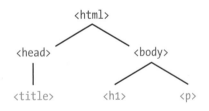

[그림 5-7]: 그림 5-6의 엘리먼트를 나무처럼 표현한 그림

가장 위에 있는 엘리먼트는 html 엘리먼트입니다. html 엘리먼트는 head와 body 엘리먼트를 포함하고 있으며, head는 title 엘리먼트를 포함하고, body는 h1과 p 엘리먼트를 포함하고 있습니다. 브라우저는 HTML을 이러한 계층 구조에 따라 해석합니다. 문서의 구조를 바꾸는 방법에 대해서는 나중에 9장에서 배우게 될 것입니다.

그림 5-8은 HTML 계층 구조를 보여주고 있는데, 이번에는 중첩된 상자를 사용해 표시했습니다.

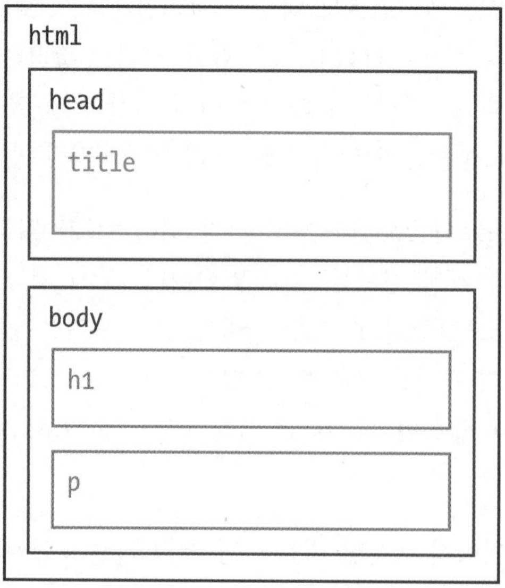

[그림 5-8]: 중첩된 상자로 표시한 HTML 계층 구조

HTML에 링크 추가하기

앞서 우리는 HTML의 HT가 하이퍼텍스트(HyperText) 또는 링크 텍스트를 의미한다고 배웠습니다. HTML 문서에는 다른 웹 페이지로 이어지는 **하이퍼링크**(hyperlink)가 있는데, 하이퍼링크는 짧게 **링크**(link)라고 부르기도 합니다. 링크는 **앵커**(anchor)*를 의미하는 **a** 엘리먼트로 만들 수 있습니다.

HTML 문서를 다음과 같이 수정해봅시다. 두 번째 **p** 엘리먼트와 **<em>**, **<strong>** 태그를 지운 다음 http://xkcd.com/으로 향하는 링크를 만들어서 추가하세요.

```
<!DOCTYPE html>
<html>
<head>
    <title>처음 만든 완전한 HTML 페이지</title>
</head>

<body>
    <h1>안녕하세요!</h1>
```

---

* 옮긴이:　anchor는 '닻'이라는 뜻의 영어 단어입니다. 문서 내에서 위치를 표시할 때 사용하기 때문에 붙여진 이름인데, 본문에서 보듯이 다른 앵커나 페이지로 향하는 링크를 만들 때도 사용됩니다.

```
<p>첫 번째 웹 페이지</p>
<p><a href="http://xkcd.com">여기를 클릭</a>하면 재밌는 만화를 볼 수
있습니다.</p>
</body>
</html>
```

페이지를 저장한 후 웹 브라우저에서 확인하면 그림 5-9와 같은 화면을 볼 수 있습니다.

[그림 5-9]: http://xkcd.com/으로 향하는 링크를 포함한 웹 페이지

이 링크를 클릭하면 웹 브라우저는 xkcd 웹 사이트(http:/xkcd.com/)로 이동합니다. 재미있는 만화를 봤으면 뒤로 가기 버튼을 눌러서 원래 페이지로 돌아오세요.

Link 속성

HTML 링크 만드는 과정을 자세히 살펴봅시다. 우리는 a 엘리먼트를 클릭하면 이동할 곳을 웹 브라우저에게 알려주기 위해서 **속성**(attribute)이라는 것을 앵커 엘리먼트에 추가했습니다. HTML 엘리먼트의 속성은 자바스크립트 객체의 키-값 쌍과 같습니다. 속성마다 이름과 값이 있습니다. 이 예제의 링크를 다시 살펴봅시다.

```
<a href="http://xkcd.com">여기를 클릭</a>
```

여기서 속성의 이름은 href이며, 속성의 값은 **"http://xkcd.com"**입니다. href라는 이름은 **하이퍼텍스트 참조**(hypertext reference)라는 뜻입니다. 조금 더 그럴듯한 말로 바꾸면 "웹 주소"가 될 것입니다.

그림 5-10은 링크의 각 부분에 대해 설명하고 있습니다.

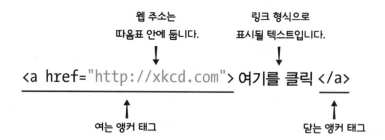

```
<a href="http://xkcd.com"> 여기를 클릭 </a>
```

여는 앵커 태그

닫는 앵커 태그

[그림 5-10]: 하이퍼링크를 작성하는 기본 문법

링크를 사용하면 href 속성에 값으로 입력된 웹 주소로 이동할 수 있습니다.

Title 속성

링크에는 title 속성도 추가할 수 있습니다. 이 속성은 링크 위에 마우스를 올렸을 때 표시할 텍스트를 설정합니다. 예를 들어, 앞서 작성한 링크의 여는 <a> 태그를 다음과 같이 수정해봅시다.

```
<a href="http://xkcd.com" title="xkcd: 개발자를 위한 만화 창고!">여기를 클릭</a>
```

페이지를 다시 읽어들이세요. 링크 위에 마우스를 올리면 그림 5-11처럼 페이지 위에 떠있는 "xkcd: 개발자를 위한 만화 창고!"라는 글자를 볼 수 있습니다.

[그림 5-11]: http://xkcd.com 링크에 title 속성을 추가한 웹 페이지

정리해봅시다

이 장에서는 웹 페이지를 만드는 HTML이라는 언어의 기초를 배웠습니다. 그리고 다른 페이지로 향하는 링크가 있는 간단한 페이지도 만들었습니다.

다음 장에서는 웹 페이지에 자바스크립트를 추가하는 방법에 대해 살펴보겠습니다. 자바스크립트 학습을 계속하면서 자바스크립트의 기능을 점점 더 많이 사용함에 따라 프로그램의 크기가 커지는데, 자바스크립트를 웹 페이지에 추가하는 방법을 알고 있으면 훨씬 더 쉽게 작업할 수 있습니다.

이 책은 자바스크립트에 대해 다루는 책이기 때문에 HTML에 대해서는 아주 간단하게만 다루었습니다. HTML에 대해 더 배우고 싶다면 다음 문서를 확인해보세요.

- 모질라 개발자 네트워크의 HTML 소개: https://developer.mozilla.org/ko/docs/Web/HTML/Introduction
- 코드카데미의 HTML과 CSS 과정(영문): http://www.codecademy.com/tracks/web/
- 모질라 웹 메이커: https://webmaker.org/

6장
조건문과 반복문

자바스크립트에서 가장 중요한 두 가지는 조건문과 반복문입니다. **조건문**(conditional)은 "만약 어떤 내용이 참(true)이라면 이걸 실행해. 참이 아니라면 저걸 실행해."라고 말하는 것과 같습니다. 주머니에 돈이 있는 경우를 예로 들어봅시다. 주머니에 돈이 있으면 과자를 사먹을 수 있지만, 돈이 없으면 과자를 사먹을 수 없습니다. **반복문**(loop)은 "어떤 내용이 참(true)인 동안은 계속 이걸 실행해."라고 말하는 셈입니다. 목이 마르다면 마르지 않을 때까지 물을 마시는 것처럼요.

조건문과 반복문은 프로그램을 정교하게 만들 때 중요한 핵심 개념입니다. 이들은 여러분이 정한 조건에 따라 코드를 실행할지 말지 또는 몇 번이나 실행할 것인지 제어할 수 있기 때문에 **제어 구조**(control structures)라고 부르기도 합니다.

우선은 지금까지 우리가 작성했던 것보다 더 큰 프로그램을 조금 더 쉽게 만들 수 있도록, HTML 파일에 자바스크립트를 포함하는 방법에 대해 배워보겠습니다.

HTML에 자바스크립트 포함하기

다음은 5장에서 만들었던 HTML 파일입니다. 기존 코드는 회색으로 표시하고 추가된 코드는 색상을 입혀 표시했습니다. (예제를 조금 더 단순하게 만들기 위해 xkcd로 향하는 링크는 지웠습니다.)

```
<!DOCTYPE html>
<html>
<head>
    <title>처음 만든 완전한 HTML 페이지</title>
</head>

<body>
    <h1>안녕하세요!</h1>
    <p>첫 번째 웹 페이지</p>
    <script>
    var 메시지 = "안녕하세요!";
    console.log(메시지);
    </script>
</body>
</html>
```

이 예제에서는 **script**라는 엘리먼트를 새로 추가했습니다. 이 엘리먼트는 HTML에서 조금 특별합니다. 대부분의 HTML 엘리먼트는 여는 태그와 닫는 태그 사이의 내용을 페이지에 표시하는 데 반해, **script**는 태그 사이에 있는 내용을 자바스크립트 코드로 인식하고 자바스크립트 해석기가 이 코드를 실행합니다.

이제 **script** 엘리먼트 안에 있는 코드를 살펴봅시다.

```
    var 메시지 = "안녕하세요!";
❶   console.log(메시지);
```

HTML 파일 안에서 자바스크립트를 실행하는 것은 콘솔에서 실행하는 것과 상당히 다릅니다. 자바스크립트 콘솔에서 실행할 때는 한 줄 입력하고 엔터 키를 누를 때마다 코드가 즉시 실행되고 결과가 출력됩니다. 웹 페이지에서는 자바스크립트를 문서 처음부터 끝까지 한 번에 실행하고, 일부러 명령을 내리기 전까

지는 콘솔에 결과를 자동으로 출력하지 않습니다. 콘솔에 결과를 출력할 때는 `console.log`를 사용합니다. 이 명령을 사용하면 프로그램을 실행하는 도중에 무슨 일이 일어나는지 쉽게 확인할 수 있습니다. `console.log` 메서드는 인수로 전달받은 값이 무엇이든 콘솔에 출력합니다. 이때 콘솔에 내용을 **로그**(log)라고 부릅니다. 예를 들어, 자바스크립트 콘솔을 열어두고 바로 앞에서 작성한 HTML 파일을 읽어들이면 다음과 같은 내용이 출력됩니다.

안녕하세요!

❶에서 `console.log`(메시지)를 호출하면 문자열 "안녕하세요!"가 콘솔에 출력됩니다.

이제 더 긴 자바스크립트 프로그램을 작성할 수 있게 되었으니 조건문에 대해서 배워보겠습니다.

조건문

자바스크립트의 조건문은 두 종류가 있습니다. 바로 `if`문과 `if...else`문입니다. `if`문은 어떤 내용이 참(true)일 때, 특정 코드 조각을 실행할 때 사용합니다. 예를 들어, **만약**(if) 시험을 잘 봤다면 상을 받게 됩니다. `if...else`문은 어떤 내용이 참(true)이라면 특정 코드 조각을 실행하고, 만약 참이 아니라면 다른 코드 조각을 실행할 때 사용합니다. 예를 들어, **만약**(if) 시험을 잘 봤다면 상을 받게 되겠지만, **그렇지 않다면**(else) 불이익을 받을 것입니다.

If문

`if`문은 자바스크립트에서 가장 단순한 제어 구조이며, 주어진 조건이 참(true)인 경우 특정 코드를 실행할 때 사용합니다. 이제 HTML 파일로 가서 다음과 같이 **script** 엘리먼트 안에 코드를 두 줄 더 추가해봅시다.

```
❶   var 이름 = "레오나르도 디카프리오";
❷   console.log("안녕하세요 " + 이름 + "님");
❸   if (이름.length > 7) {
❹     console.log("우와, 정말 긴 이름이네요!");
    }
```

먼저 ❶에서는 이름이라는 변수를 만들고 "레오나르도 디카프리오"라는 문자열을 변수의 값으로 저장했습니다. 그 후 ❷에서는 `console.log`를 사용해 "안녕하세요 레오나르도 디카프리오님"이라는 문자열을 출력했습니다.

❸에서는 if문을 사용해 이름이 7글자보다 긴지 확인합니다. 만약 7글자보다 길다면 ❹에서 console.log를 사용해서 콘솔에 "우와, 정말 긴 이름이네요!"를 출력합니다.

그림 6-1에서 볼 수 있듯이 if문은 조건과 실행할 코드라는 두 부분으로 이루어져 있습니다. **조건**(condition)은 불리언(Boolean) 값이어야 하며, **실행할 코드**(body)는 한 줄 이상의 자바스크립트 코드로 이루어져 있으며, 조건이 참(true)일 때 실행됩니다.

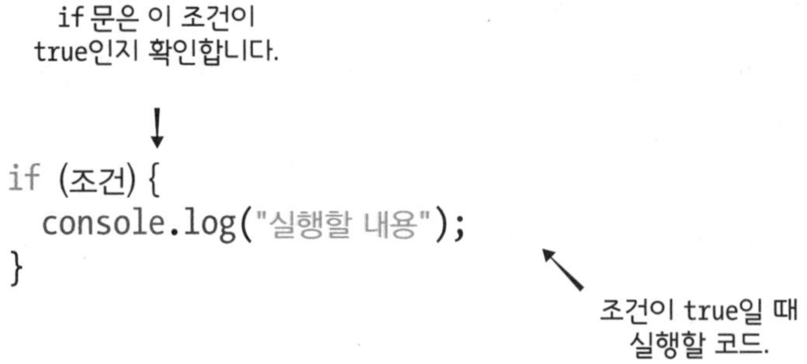

```
if 문은 이 조건이
true인지 확인합니다.
        ↓
if (조건) {
    console.log("실행할 내용");
}
                            ↖
                     조건이 true일 때
                     실행할 코드.
```

[그림 6-1]: if문의 일반적인 구조

이 자바스크립트가 있는 HTML 페이지를 읽어들이면 콘솔에서 다음과 같은 텍스트를 볼 수 있습니다.

안녕하세요 레오나르도 디카프리오님
우와, 정말 긴 이름이네요!

레오나르도 디카프리오는 공백까지 포함하여 11글자이기 때문에 이름.length는 11을 반환합니다. 따라서 name.legnth > 7는 true이므로 if문 중괄호 안에 있는 코드가 실행되어 조금 요란한 메시지가 콘솔에 출력됩니다. 만약 레오나르도 디카프리오 대신 레오나르도를 이름으로 사용한다면 if 조건이 실행되지 않을 것입니다.

---
var 이름 = "레오나르도";

파일을 저장하고 페이지를 다시 읽도록 만드세요. 이번에는 이름.length의 값이 5이고 따라서 이름.length > 7은 true가 아닙니다. 즉 if문 안의 코드는 실행되지 않으며, 콘솔에는 다음과 같은 내용만 출력됩니다.

안녕하세요 레오나르도님
---

if문의 실행 코드는 조건이 true일 때만 실행됩니다. 조건이 false라면 자바스크립트 해석기는 if문을 건너 뛰고 다음 줄로 이동합니다.

If...else문

앞서 말했듯이 if문은 조건이 true일 때만 내부 코드를 실행합니다. 조건이 false일 때도 어떤 동작을 하고 싶다면 if...else문을 사용해야 합니다.

앞에서 작성했던 코드를 조금 더 확장해봅시다.

```
var 이름 = "레오나르도 디카프리오";
    console.log("안녕하세요 " + 이름 + "님");
if (이름.length > 7) {
    console.log("우와, 정말 긴 이름이네요!");
} else {
    console.log("대단히 긴 이름은 아니네요.");
}
```

이 코드는 앞서 작성한 것과 똑같지만, 이름이 7글자보다 길지 않을 때는 다른 메시지를 보여준다는 점이 다릅니다.

그림 6-2에서 보듯이 if...else문은 if문과 비슷하지만 실행할 코드가 두 개입니다. 두 실행 코드 사이에는 else 키워드를 둡니다. if...else문에서 첫 번째 실행 코드는 조건이 true일 때 실행되고, 두 번째 실행 코드는 조건이 false일 때 실행됩니다.

```
          true나 false이
          되는 조건
              ↓
if (조건) {                      조건이 true일 때
    console.log("실행할 내용");      실행할 코드
} else {
    console.log("다른 조건에서 실행할 내용");
}
                                 조건이 false일 때
                                 실행할 코드
```

[그림 6-2]: if...else문의 일반적인 구조

If...else문 연결하기

때로는 여러 조건을 순서대로 비교하여 그중 하나가 true일 때 특정 코드를 실행하도록 만드는 것도 필요합니다. 예를 들어, 먹고 싶은 중국 음식을 주문한다고 생각해봅시다. 깐풍기를 가장 좋아하기 때문에 깐풍기가 메뉴에 있으면 주문하는 것입니다. 만약 깐풍기가 메뉴에 없다면 두 번째로 좋아하는 팔보채를 주문합니다. 팔보채도 메뉴에 없다면 탕수육을 주문합니다. 세 가지가 전부 다 없는 경우는 거의 없겠지만, 만에 하나 탕수육이 메뉴에 없다면 마지막 선택으로 볶음밥을 주문합니다. 볶음밥이 없는 중국 음식점은 없으니까요. 이 과정을 코드로 표현하면 다음과 같습니다.

```javascript
var 깐풍기 = false;
var 팔보채 = true;
var 탕수육 = true;

if (깐풍기) {
  console.log("좋아! 깐풍기를 주문하겠어!");
} else if (팔보채) {
  console.log("팔보채를 주문해야지");
} else if (탕수육) {
  console.log("탕수육은 먹을 수 있겠구나");
} else {
  console.log("음, 그럼 볶음밥이나 먹어야겠다.");
}
```

if...else문을 연결해서 작성할 때는 먼저 평범한 if문으로 시작하고, 여닫는 중괄호 안에 실행 코드를 둔 다음, else if 키워드를 입력한 후 조건과 실행 코드를 입력합니다. 이런 식으로 원하는 조건을 전부 다 이어붙이면 됩니다. 이어붙이는 개수에는 제한이 없습니다. 만약 true인 조건이 하나도 없을 때도 무언가 실행하고 싶다면 else문을 작성합니다. 그림 6-3은 if...else문의 일반적인 연결 구조입니다.

```
if (조건1) {
    console.log("조건1이 true일 때 실행합니다");
} else if (조건2) {
    console.log("조건2가 true일 때 실행합니다");
} else if (조건3) {
    console.log("조건3이 true일 때 실행합니다");
} else {
    console.log("그 밖의 경우에 실행합니다");
}
```

모든 조건이 false일 때
실행할 코드입니다.

[그림 6-3]: if...else문 여러 개 연결하기

이 코드는 다음과 같이 읽습니다.

1. 첫 번째 조건이 true라면 첫 번째 실행 코드를 실행한다.

2. 그 밖에, 두 번째 조건이 true라면 두 번째 실행 코드를 실행한다.

3. 그 밖에, 세 번째 조건이 true라면 세 번째 실행 코드를 실행한다.

4. 그 밖의 경우에는 else의 실행 코드를 실행한다.

예제처럼 if...else문을 이어서 작성하면서 끝에 else절까지 둔다면 실행 코드 중 하나는
(정확히 말하면 한 개만) 무조건 실행됩니다. 이 코드에서
는 true인 조건을 찾자마자 해당하는 실행 코드가 실행되
고 그 밖의 조건은 확인하지 않습니다. 앞서 보았던 중국
음식 예제를 실행하면 하나로 연결된 if...else에서 true
가 되는 첫 번째 조건은 팔보채이므로 팔보채를 주문해야지가
콘솔에 출력될 것입니다. 그 밖의 조건들은 설령 조건이 true
이더라도 실행되지 않으며 else도 마찬가지입니다.

여기서 주의할 점이 하나 있습니다. 마지막 else는 없어도
된다는 것입니다. 만약 else를 추가하지 않으면 true인 조건이 하나도 없을 때 if...else
문의 코드는 아무것도 실행되지 않을 것입니다.

```
var 깐풍기 = false;
var 팔보채 = false;
```

```
var 탕수육 = false;

if (깐풍기) {
  console.log("좋아! 깐풍기를 주문하겠어!");
} else if (팔보채) {
  console.log("팔보채를 주문해야지");
} else if (탕수육) {
  console.log("탕수육은 먹을 수 있겠구나");
}
```

이 예제에서는 마지막 else절을 지웠습니다. 좋아하는 음식 중 주문할 수 있는 것이 하나도 없으므로 콘솔에는 아무것도 출력되지 않습니다. 배는 고프겠지만 어쩔 수 없죠.

연습문제

이름 변수를 사용하는 프로그램을 작성하세요. 이름에 저장된 값이 여러분의 이름과 같다면 나잖아!를 출력하고 그렇지 않다면 누구세요?를 출력합니다. (힌트: 이름 변수가 여러분의 이름과 같은지 비교할 때는 ===를 사용하세요.)

다음으로는 프로그램을 조금 수정하여 이름이 아빠 이름이나 엄마 이름과 같다면 아빠 사랑해요 또는 엄마 사랑해요를 출력하세요. 이름이 무엇과도 같지 않다면 전과 같이 누구세요?를 출력합니다.

반복문

앞서 우리가 살펴본 조건문은 조건이 **true**일 때 특정 코드를 한 번 실행합니다. 반면 반복문은 주어진 조건이 **true**인 동안 특정 코드를 여러 번 실행합니다. 밥그릇에 밥이 있는 동안 (=없어질 때까지) 계속 밥을 먹는 동작이나, 손에 지저분한 게 묻어있는 동안(=지저분한 게 없어질 때까지) 계속 손을 씻는 동작을 예로 들 수 있습니다.

While 반복문

가장 간단한 반복문은 while 반복문입니다. while 반복문은 주어진 조건이 true로 있는 동안은 실행 코드를 반복해서 실행합니다. while 반복문을 작성한다는 것은 "이 조건이 true인 동안은 하던 일을 계속해줘. 조건이 false가 되면 하던 일을 중단해."라고 말하는 셈입니다.

그림 6-4에서 보듯이 while 반복문은 while 키워드로 시작하고 뒤이어 나타난 괄호 사이에 조건을 입력한 다음, 실행 코드를 중괄호 사이에 둡니다.

이 조건은 반복할 때마다 확인합니다.

```
while (조건) {
  console.log("실행할 코드");
  i++;
}
```

조건이 **true**인 동안은
계속 이 코드를 실행하고 반복합니다.
여기에는 결국은 조건이 **false**로 변하게 만드는 코드를 입력합니다.

[그림 6-4]: while 반복문의 일반적인 구조

if문처럼 while 반복문의 실행 코드도 조건이 true일 때만 실행됩니다. if문과 다른 점이 있다면, 실행 코드를 한 번 실행한 후에도 조건을 다시 확인하여 조건이 true인 동안은 반복해서 코드를 실행한다는 것입니다. 이 과정은 조건이 false가 될 때까지 반복됩니다.

While 반복문을 사용한 양 세기

잠이 안 와서 마음 속으로 양을 센다고 생각해봅시다. 하지만 우리는 프로그래머니까 프로그램을 사용해서 양을 세보겠습니다.

```
  var 양의숫자 = 0;
❶ while (양의숫자 < 10) {
❷ console.log("양을 " + 양의숫자 + "마리까지 셌어요!");
    양의숫자++;
  }
  console.log("Zzzzzzzzz");
```

여기서 우리는 양의숫자라는 변수를 만들고 0으로 값을 설정했습니다. while 반복문 ❶에 처음 도착하면 양의숫자가 10보다 작은지 확인합니다. 0은 10보다 작기 때문에 중괄호 내부의 코드(반복문의 실행 코드)가 ❷에서 실행되고, "양을 " + 양의숫자 + "마리까지 셌어요!"를 통해 만들어진 "양을 0마리까지 셌어요!"와 같은 텍스트가 콘솔에 출력됩니다. 그다음에는 양의숫자 ++을 사용해 양의숫자의 값에 1을 더했습니다. 그 뒤에는 다시 반복문의 첫 부분, 조건을 확인하는 곳으로 돌아가고 이런 식으로 계속 코드를 실행합니다.

양을 0마리까지 셌어요!
양을 1마리까지 셌어요!
양을 2마리까지 셌어요!
양을 3마리까지 셌어요!
양을 4마리까지 셌어요!
양을 5마리까지 셌어요!
양을 6마리까지 셌어요!
양을 7마리까지 셌어요!
양을 8마리까지 셌어요!
양을 9마리까지 셌어요!
Zzzzzzzzz

이 예제는 조건이 false가 되는 시점인 양의숫자가 10이 될 때까지 반복됩니다. 그 뒤에는 반복문이 종료되고 반복문 다음 코드로 이동합니다. 여기서는 Zzzzzzzzz를 출력하도록 했습니다.

무한 반복문 주의하기

반복문을 사용할 때는 반드시 명심해야 할 사항이 있습니다. 반복문의 조건이 false로 바뀌지 않는다면 반복문은 영원히 반복될 것입니다(물론 브라우저를 꺼버리면 종료됩니다). 앞서 보았던 예제에서 양의숫자++를 지우면 양의숫자는 계속 0이 되므로 출력 결과가 다음과 같이 달라질 것입니다.

```
양을 0마리까지 셌어요!
양을 0마리까지 셌어요!
양을 0마리까지 셌어요!
양을 0마리까지 셌어요!
...
```

반복문을 멈출 수 있는 조건이 아무것도 없기 때문에 이 프로그램은 계속 똑같은 코드를 반복합니다. 이를 가리켜 **무한 반복문**(infinite loop) 또는 **무한 루프**라고 부릅니다.

For 반복문

for 반복문을 사용하면 반복문에 사용할 변수를 만들고 조건이 false가 될 때까지 계속 반복합니다. 그러면 반복할 때마다 마지막에 변수의 값을 업데이트하는 작업이 편해집니다. for 반복문을 작성할 때는 변수를 먼저 만들고, 조건을 설정한 다음, 반복 주기마다 변수를 어떻게 변경시킬 것인지 정해야 하고, 이 모든 것을 반복문의 실행 코드 앞에 입력합니다. 다음은 for 반복문을 사용해 양을 세는 프로그램 예제입니다.

```
for (var 양의숫자 = 0; 양의숫자 < 10; 양의숫자++) {
  console.log("양을 " + 양의숫자 + "마리까지 셌어요!");
}
console.log("Zzzzzzzzz");
```

그림 6-5에서 보듯이 for 반복문은 초기 설정, 조건식, 증가식이라는 세 부분으로 나누어져 있으며 각 부분 사이는 쉼표로 구분합니다.

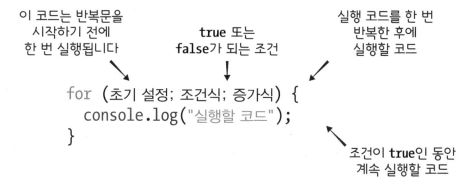

[그림 6-5]: for 반복문의 일반적인 구조

초기 설정(var 양의숫자 = 0)은 반복문을 시작하기 전에 한 번 실행됩니다. 보통 이 부분에서는 반복 횟수를 나타내는 변수를 선언합니다. 예제에서는 양의숫자라는 변수를 만들고 초기 값을 0으로 설정했습니다.

조건식(양의숫자 < 10)은 실행 코드를 반복할 때마다 확인됩니다. 조건이 **true**라면 실행 코드가 실행되고, **false**라면 반복문을 중단합니다. 이 예제에서는 양의숫자가 10보다 작지 않을 때 반복문이 중단됩니다.

증가식(양의숫자++)은 실행 코드를 반복할 때마다 마지막에 실행됩니다. 보통 반복 횟수를 나타내는 변수를 업데이트할 때 사용합니다. 이 예제에서는 반복할 때마다 양의숫자에 1씩 더 했습니다.

for 반복문은 반복 횟수가 정해진 작업에 자주 사용됩니다. 다음 프로그램은 안녕하세요!를 세 번 반복하는 예제입니다.

```
var 인사횟수 = 3;
for (var i = 0; i < 인사횟수; i++) {
  console.log("안녕하세요!");
}
```

이 코드를 실행한 결과는 다음과 같습니다.

```
안녕하세요!
안녕하세요!
안녕하세요!
```

스스로를 자바스크립트 해석기라고 생각해봅시다. 우리는 처음 인사횟수라는 변수를 만들 때, 이 값을 3으로 설정했습니다. for 반복문에 도착한 뒤에는 초기 설정을 수행하여 i 변수를 선언하고 변수의 값을 0으로 설정했습니다. 그 후에는 조건을 확인합니다. 이때 i는 0이고 인사횟수는 3이기 때문에 조건은 **true**가 되어 실행 코드로 진입하여 안녕하세요!를 콘솔에 출력합니다. 그 뒤에는 증감식을 실행하여 i의 값을 1만큼 늘립니다.

이제 조건을 다시 확인해봅시다. 아직도 조건은 **true**이므로 실행 코드를 실행하고 i의 값도 다시 1만큼 증가합니다. 이 과정은 i가 3일 때까지 계속됩니다. i가 3이 되면 조건은 **false**가 되고 따라서 반복문을 종료합니다.

For 반복문을 배열이나 문자열과 함께 사용하기

for 반복문은 배열에 있는 원소나 문자열에 있는 글자를 하나씩 훑을 때 자주 사용됩니다.
다음은 동물원에 있는 동물 종류를 출력하는 for 반복문 예제입니다.

```
var 동물 = ["사자", "홍학", "북극곰", "보아뱀"];

for (var i = 0; i < 동물.length; i++) {
  console.log("이 동물원에는 이런 동물이 삽니다: " + 동물[i] + ".");
}
```

이 반복문에서 i는 0으로 시작해서 동물.length에서 1만
큼 뺀 값, 즉 3까지 반복합니다. 숫자 0, 1, 2, 3은 동물 배열
에서 각 동물을 가리키는 색인 번호입니다. 반복할 때마다
i는 다른 색인 번호가 되기 때문에 animals[i]이 동물 배
열에서 가리키는 동물은 계속 달라집니다. i가 0일 때 동물
[i]의 값은 "사자"가 되며, i가 1일 때 동물[i]의 값은 "홍학"
이 되는 식입니다.

이 코드를 실행한 결과는 다음과 같습니다.

```
이 동물원에는 이런 동물이 삽니다: 사자
이 동물원에는 이런 동물이 삽니다: 홍학
이 동물원에는 이런 동물이 삽니다: 북극곰
이 동물원에는 이런 동물이 삽니다: 보아뱀
```

2장에서 봤듯이 문자열 안의 각 글자에는 대괄호를 사용해 마치 배열의 원소에 접근하듯이
접근할 수 있습니다. 다음 예제는 for 반복문을 사용해 이름에 있는 글자를 출력합니다.

```
var 이름 = "박신혜";

for (var i = 0; i < 이름.length; i++) {
  console.log("제 이름에는 다음 글자가 포함되어 있습니다: " + 이름[i]);
}
```

이 코드를 실행한 결과는 다음과 같습니다.

제 이름에는 다음 글자가 포함되어 있습니다: 박
제 이름에는 다음 글자가 포함되어 있습니다: 신
제 이름에는 다음 글자가 포함되어 있습니다: 혜

For 반복문을 사용하는 또 다른 방법

예상했겠지만 항상 0부터 반복을 시작할 필요도 없고 1씩 증가시켜야 할 필요도 없습니다. 다음은 10,000 미만의 숫자 중 2의 제곱수(두 제곱, 세 제곱 등 포함)를 출력하는 예제입니다.

```
for (var x = 2; x < 10000; x = x * 2) {
  console.log(x);
}
```

우리는 x를 2로 설정하고 반복할 때마다 x의 값을 두 배로 만드는 x = x * 2를 사용해 x의 값을 증가시켰습니다. 덕분에 다음과 같은 결과를 빠르게 얻을 수 있었습니다.

2
4
8
16
32
64
128
256
512
1024
2048
4096
8192

짜잔! 우리가 작성한 for 반복문은 10,000 미만의 숫자 중 2의 제곱수만 출력했습니다.

정리해봅시다

이 장에서는 조건문과 반복문에 대해서 배웠습니다. 조건문은 특정 조건이 true일 때만 코드를 실행하기 위해 사용합니다. 반복문은 특정 조건이 true인 동안 코드를 계속 여러 차례 반복하기 위해 사용합니다. 조건문을 사용하면 적절한 때 적절한 코드가 동작하도록 만들 수 있고, 반복문을 사용하면 필요한 만큼 계속 실행되는 프로그램을 만들 수 있습니다. 조건문과 반복문을 잘 사용할 줄 알아야 완전히 새로운 프로그래밍의 가능성을 맛볼 수 있습니다.

다음 장에서는 조건문과 반복문을 사용하여 첫 번째 게임을 작성해보겠습니다!

프로그래밍 과제

다음 과제를 통해 조건문과 반복문을 연습해보세요.

#1: 귀여운 동물들

배열에 있는 동물들을 귀엽게 만들어주는 **for** 반복문을
작성해보세요. 예를 들어, 다음과 같은 배열이 있다고 생
각해봅시다.

```
var 동물 = ["고양이", "강아지", "도마뱀",
"원숭이"];
```

반복문을 실행하고 나면 이 배열의 내용이 다음과 같이
바뀝니다.

```
["귀여운 고양이", "귀여운 강아지", "귀여운 도마뱀", "귀여운 원숭이"];
```

힌트: 각 색인 번호에 따라 배열의 원소를 다른 값으로 다시 할당해야 할 것입니다.
배열에서 원래 있던 원소 대신 새 값을 할당하라는 뜻입니다. 예를 들어, 첫 번째 동
물을 귀엽게 만들 때는 다음과 같이 작성할 수 있습니다.

```
동물[0] = "귀여운 " + 동물[0];
```

#2: 무작위 문자열 생성기

아무 문자열이나 만들어내는 무작위 문자열 생성기를 만드세요. 이때 다음과 같이 영
문 알파벳이 모두 들어있는 문자열을 사용하세요.

```
var 알파벳 = "abcdefghijklmnopqrstuvwxyz";
```

이 문자열에서 아무 글자나 고를 때는 3장에서 인디언 이름을 만들 때 사용했던 코드
를 `Math.floor(Math.random() * 알파벳.length);`와 같이 업데이트하여 사용하세
요. 이 코드는 문자열 안에 있는 글자에 해당하는 번호를 아무거나 만들어냅니다. 이
렇게 만들어진 색인 번호는 문자열 뒤에 대괄호와 함께 사용할 수 있습니다.

무작위 문자열을 만들 때는 먼저 빈 문자열을 만듭니다(var 무작위문자열 = ""). 그다음에는 while 반복문을 사용해서 6글자가 될 때까지 무작위문자열에 아무렇게나 고른 글자를 추가합니다. 글자 수는 원하는 대로 수정해도 좋습니다. 문자열에 새로운 글자를 추가할 때는 += 연사자를 사용할 수 있습니다. 반복문이 끝나면 결과를 콘솔에 출력해보세요.

#3: H4CK3R SP34K

텍스트를 h4ck3r sp34k처럼 바꿔보세요! 많은 인터넷 사용자들이 재미 삼아 특정 글자를 숫자로 바꿔서 사용하곤 합니다. 즉 A 대신 4, I 대신 1, O 대신 1을 사용하는 것입니다. 일부 숫자들은 소문자보다는 대문자에 가깝게 보이지만, 여기서는 소문자를 숫자로 바꾸겠습니다. 평범한 텍스트를 이렇게 바꾸려면 입력 문자열과 빈 출력 문자열이 필요합니다.

```
var 입력 = "javascript is awesome";
var 출력 = "";
```

이제 for 반복문을 사용해 입력 문자열의 각 글자를 훑습니다. 글자가 "a"라면 "4"를 출력 문자열에 추가하고 "e"라면 "3", "i"라면 "1", "o"라면 "0"을 추가합니다. 그 외의 경우에는 원래 글자를 출력 문자열에 추가하세요. 앞 과제처럼 출력 문자열에 글자를 추가할 때는 += 연산자를 사용하면 됩니다.

반복문이 끝나면 출력 문자열을 콘솔에 출력하세요. 올바르게 작동했다면 "j4v4scr1pt 1s 4w3s0m3"이 콘솔에 기록되었을 것입니다.

7장
행맨 게임 제작

이 장에서는 행맨(Hangman) 게임을 만들어보겠습니다! 또한 게임을 인터랙티브하게 만들고, 게임을 하는 사용자로부터 입력을 받을 수 있도록 대화창 사용법도 배워보겠습니다.

행맨은 단어를 유추하는 게임입니다. 한 플레이어가 다른 사람에게 공개하지 않고 단어를 하나 선택하면, 다른 플레이어가 이를 추측해서 맞추는 방식으로 이루어집니다.

골랐던 단어가 TEACHER라고 생각해봅니다. 첫 번째 플레이어는 이렇게 쓸 것입니다.

_ _ _ _ _ _ _

답을 맞추는 플레이어는 이 단어 안에 어떤 글자가 있는지 생각합니다. 추측한 글자를 말할 때마다 정답 글자를 말했다면 첫 번째 플레이어가 그 글자가 있어야 할 자리의 빈칸을 채웁니다. 예를 들어, 답을 맞추는 플레이어가 말한 글자가 E라면 첫 번째 플레이어는

TEACHER에서 E가 있는 자리를 다음과 같이 채울 것입니다.

_ E _ _ _ E _

단어에 있는 글자를 맞추지 못했을 때는 점수를 잃게 되고, 잘못된 답을 말할 때마다 첫 번째 플레이어가 막대인간*을 한 부분씩 그립니다. 단어를 맞추기 전에 막대인간 그림이 완성된다면 답을 맞추는 플레이어가 지는 것입니다.

우리가 만들 행맨 게임에서는 자바스크립트 프로그램이 단어를 고르면 사용자가 글자를 추측할 것입니다. 아직 자바스크립트로 그림 그리는 법을 배우지 않았기 때문에 막대인간은 그리지 않을 것입니다. 그림 그리는 법은 13장에서 배울 예정입니다.

플레이어와 상호작용

이 게임을 만들려면 답을 맞추는 플레이어(사람)가 자신이 추측한 글자를 입력할 수 있는 방법이 있어야 합니다. 이때 플레이어가 답을 입력할 수 있는 팝업창을 여는 것도 한 가지 방법입니다. 이 팝업창을 가리켜 자바스크립트에서는 **프롬프트**(prompt)라고 부릅니다.

프롬프트 만들기

먼저 새로운 HTML 문서를 하나 작성해봅시다. [파일] ▶ [페이지를 다른 이름으로 저장] 메뉴를 사용해 5장에서 만든 page.html 파일을 prompt.html 파일로 저장합니다. 프롬프트를 만들려면 prompt.html의 `<script>` 태그 사이에 다음 코드를 입력한 후 브라우저를 다시 읽습니다.

```javascript
var name = prompt("이름이 뭐예요?");
console.log("안녕하세요, " + name + "님");
```

여기서 우리는 name이라는 새로운 변수를 만들고 prompt("이름이 뭐예요?")를 실행한 후 반

---

* 옮긴이: 사람의 얼굴을 동그라미로, 몸을 선으로 단순화해 표현한 그림. 국내에서는 "졸라맨"이라는 유사 캐릭터가 더 유명합니다.

환된 값을 이 변수에 저장했습니다. prompt가 실행되면 작은 창(또는 대화창이라고 합니다)이 열리는데, 아마 다음과 같은 모양일 것입니다.

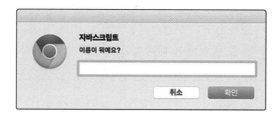

[그림 7-1]: 프롬프트 대화창

prompt("이름이 뭐예요?")를 호출하면 "이름이 뭐예요?"와 텍스트 입력 상자가 있는 창이 화면에 나타납니다. 대화창 아래에는 취소와 확인이라는 버튼 두 개가 있습니다. 대화창 제목에는 자바스크립트라고 나타나서 자바스크립트가 프롬프트를 열었다는 사실을 알 수 있습니다.

상자에 글을 입력한 후 확인 버튼을 클릭하면 입력한 글은 prompt에서 반환하는 값이 됩니다. 예를 들어, 역자가 상자에 역자의 이름을 입력한 후 확인을 클릭하면 자바스크립트는 콘솔에 다음과 같이 출력합니다.

안녕하세요, 김태곤님

글상자에 김태곤이라고 입력한 후 확인 버튼을 클릭했기 때문에 문자열 "김태곤"은 name 변수에 저장되고 console.log에서 "안녕하세요, " + "김태곤" + "님"을 출력합니다. 따라서 최종 출력 결과는 "안녕하세요, 김태곤님"이 됩니다.

> **노트** 크롬에서 대화창을 두 번 열면 대화창 아래에 "이 페이지가 추가적인 대화창을 생성하지 않도록 차단합니다."라는 안내문과 체크박스가 추가되어 있습니다. 이 옵션은 팝업창을 짜증날 정도로 많이 여는 웹 페이지에서 사용자를 보호하는 크롬의 기능입니다. 이 장에서 실습할 때는 체크하지 않은 채로 두세요.

예/아니오 질문에 대답하기

confirm 함수는 사용자가 텍스트 입력상자 없이 예 또는 아니오(불리언[Boolean])로 질문에 답하도록 만들 때 사용합니다. 다음 코드는 confirm 함수를 사용해 사용자가 고양이를 좋아하는지 묻는 예제입니다(그림 7-2 참고). 고양이를 좋아한다고 답하면 likeCats 변수의 값은 true가 되어, "고양이를 좋아하는구냥"이 출력됩니다. 만약 좋아하지 않는다고 답하면 likeCats 변수의 값은 false가 되어 "괜찮아요, 그래도 좋은 사람이니까요."를 출력합니다.

```
var likeCats = confirm("고양이를 좋아하세요?");
if (likesCats) {
  console.log("고양이를 좋아하는구냥");
} else {
  console.log("괜찮아요. 그래도 좋은 사람이니까요.");
}
```

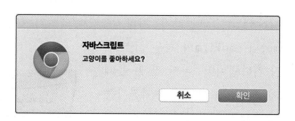

[그림 7-2]: confirm 대화창

사용자가 **confirm** 대화창에서 선택한 답은 불리언 값으로 반환됩니다. 그림 7-2처럼 보이는 대화창에서 사용자가 확인 버튼을 클릭하면 **true**가 반환되고, 취소를 클릭하면 **false**가 반환됩니다.

플레이어에게 정보 알려주기

게임을 하고 있는 플레이어에게 정보를 알려주고 싶다면 메시지와 확인 버튼이 있는 경고창(alert)을 사용하면 됩니다. 예를 들어, 자바스크립트가 멋있다고 알려주고 싶다면 다음과 같이 **alert** 함수를 사용할 수 있습니다.

```
alert("자바스크립트는 멋져요!");
```

이 코드를 실행하면 그림 7-3처럼 보이는 단순한 경고창이 나타날 것입니다.

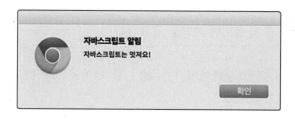

[그림 7-3]: alert 대화창

앞서 배운 다른 대화창과 달리 alert 대화창은 사용자가 확인 버튼을 클릭할 때까지 메시지를 표시하는 기능만 있습니다.

왜 console.log가 아니라 alert을 사용하나요?

게임에서 정보를 알려줄 때 왜 console.log가 아니라 alert 대화창을 사용해야 할까요? 첫 번째 이유는 게임에 방해가 되지 않기 때문입니다. 단순히 정보만 알려주는 데도 alert를 사용하면 플레이어는 게임을 멈추고 콘솔을 열어서 메시지를 봐야 합니다. 두 번째는 alert를 사용하면(prompt나 confirm도 마찬가지) 자바스크립트 해석기는 동작을 잠시 멈추고 사용자가 확인 버튼(prompt나 confirm의 경우 취소 버튼 포함)을 누를 때까지 기다립니다. 다시 말해, 플레이어에게 메시지를 읽을 수 있는 시간이 주어진다는 뜻입니다. 반면 console.log를 사용하면 자바스크립트 해석기는 텍스트를 출력하자마자 프로그램의 다음 줄을 실행합니다.

게임 설계하기

행맨 게임을 작성하기 전에 이 게임의 구조에 대해서 생각해봅시다. 이 프로그램이 해야 할 일은 다음과 같이 정리할 수 있습니다.

1. 임의의 단어를 고른다.
2. 플레이어가 추측한 글자를 가져온다.
3. 플레이어가 원하면 게임을 종료한다.
4. 플레이어가 추측한 글자가 올바른 글자인지 확인한다.
5. 플레이어가 추측한 글자를 계속 확인한다.
6. 플레이어에게 현재 진행 상황을 보여준다.
7. 플레이어가 단어를 맞췄으면 게임을 종료한다.

첫 번째 작업과 마지막 작업(플레이어가 맞춰야 할 단어를 고르는 것과 게임을 종료하는 것)을 제외한 나머지 과정은 모두 여러 번 반복해야 하지만, 반복 횟수는 플레이어의 추측 실력에 따라 달라지므로 우리는 알 수가 없습니다. 이렇게 같은 작업을 여러 번 반복해야 할 때는 반복문을 사용해야 합니다.

그런데 이렇게 단순히 해야 할 일을 늘어놓는 것만으로는 언제, 무엇이 필요한지 알기 어렵습니다. 코드의 구조를 더 잘 이해하려면 **의사 코드**(pseudocode)*를 사용하는 편이 좋습니다.

의사 코드를 사용한 게임 설계

의사(擬似) 코드는 프로그래머가 프로그램을 설계할 때 간편하게 사용하는 도구 중 하나입니다. 단어 뜻을 쉽게 풀이하면 "가짜 코드"라는 뜻인데, 프로그램이 어떻게 동작할 것인지 한국어와 코드를 조합한 듯한 형태로 기술하는 것입니다. 의사 코드에는 반복문과 조건문이 있지만 그 외에는 전부 평범한 한국어로 표현합니다** 우리가 작성할 게임을 의사 코드로 표현하면 어떻게 되는지 살펴봅시다.

임의의 단어를 하나 고른다.

단어를 맞히지 못하는 동안 계속 반복 {
　　플레이어의 현재 진행 상태를 보여준다.
　　플레이어가 추측한 글자를 가져온다.

　　만약 플레이어가 게임을 중단하고 싶어한다면 {
　　　　게임을 종료한다.
　　}
　　그렇지 않고 만약 추측한 단어가 한 글자가 아니라면 {
　　　　한 글자만 고르라고 플레이어에게 알려준다.
　　}
　　그렇지 않으면 {
　　　　만약 추측한 글자가 단어 안에 있으면 {
　　　　　　플레이어가 추측한 단어를 사용해 진행 상황을 업데이트한다.
　　　　}
　　}
}

플레이어의 정답을 축하한다.

---

* 옮긴이: 영어 발음 그대로 "수도 코드"라고도 많이 읽습니다.

** 옮긴이: 원래는 영어로 표현하는 경우가 많지만, 여기서는 이해를 돕기 위해 한국어 형태의 의사 코드를 사용했습니다.

보다시피 위에 진짜 코드는 어디에도 없고 컴퓨터도 이해할 수 없습니다. 하지만 이를 통해 실제로 코드를 작성하기 전, 그리고 임의의 단어를 고르는 방법과 같은 복잡한 세부 사항을 다루기 전에 프로그램의 구조를 이해할 수 있게 됩니다.

단어의 상태 추적하기

앞서 살펴본 의사 코드의 앞 부분에는 "플레이어의 현재 진행 상태를 보여준다."는 말이 있습니다. 행맨 게임에서 이 말은 곧 플레이어가 주어진 단어에서 추측하여 맞힌 글자를 채워넣고, 아직 맞히지 못한 부분은 빈칸으로 남겨두라는 뜻입니다. 어떻게 하면 될까요? 사실 플레이어의 현재 상태는 일반적인 행맨 게임과 비슷한 방식으로 추적할 수 있습니다. 빈칸 목록을 가지고 있다가 플레이어가 맞힌 글자로 일부를 채우는 것입니다.

이 게임에서 단어의 각 글자에 해당하는 빈칸을 배열로 관리할 것입니다. 이 배열은 정답 배열이라고 부르겠습니다. 이 정답 배열을 플레이어가 맞힌 글자로 채우겠습니다. 빈칸은 모두 문자열 "_"로 표시합니다.

정답 배열은 단어의 글자 수와 같은 양의 빈칸으로 채워져 있습니다. 예를 들어, 주어진 단어가 fish라고 한다면 배열은 다음과 같이 만들어집니다.

```
["_", "_", "_", "_"]
```

플레이어가 i라는 글자를 맞히면 두 번째 빈칸을 i로 바꿉니다.

```
["_", "i", "_", "_"]
```

플레이어가 모든 글자를 다 맞히면 완성된 배열은 다음과 같이 바뀝니다.

```
["f", "i", "s", "h"]
```

또한 플레이어가 맞혀야 할 남아있는 글자 수를 추적하는 변수도 사용할 것입니다. 정답 글자를 맞힐 때마다 이 변수의 값은 1만큼 감소하고, 0이 되면 플레이어가 모든 글자를 맞힌 것으로 볼 수 있습니다.

게임 반복문 설계하기

게임 코드 대부분은 **while** 반복문 안에 자리잡게 될 것입니다(의사 코드에서 반복문은 "단어를 맞히지 못하는 동안 계속 반복"으로 시작합니다). 이 반복문에서 우리는 맞혀야 할 단어의 현재 상태를 보여주고(처음에는 전부 빈칸으로 시작) 플레이어에게 추측한 단어를 묻고(한 글자만 입력했는지 확인해야 합니다), 입력한 글자가 단어 안에 있으면 글자를 사용해 정답 배열을 업데이트합니다.

컴퓨터 게임은 대부분 이와 같은 반복문 안에서 작성되며, 우리가 만들 행맨 게임의 반복문처럼 간단한 구조를 가지는 경우도 종종 있습니다. 게임의 반복문은 다음과 같은 역할을 합니다.

1. 플레이어로부터 입력을 받는다.
2. 게임의 상태를 업데이트한다.
3. 게임 내에서 플레이어의 현재 상태를 표시한다.

계속 상태가 달라지는 게임도 이와 비슷하게 반복됩니다. 다만 굉장히 빠를 뿐이죠. 우리가 만들 행맨 게임에서 프로그램은 플레이어가 추측한 글자를 입력받아서 추측한 글자가 맞다면 정답 배열을 업데이트하고 정답 배열의 변경 사항을 화면에 표시합니다.

플레이어가 단어에 있는 글자를 모두 맞히고 나면 완성된 단어와 함께 이겼다는 축하 메시지를 보여줍니다.

게임 코딩하기

이제 게임의 대략적인 구조를 알았으니 코드로 넘어갈 차례입니다. 이후 절에서 여러분은 게임에 필요한 모든 코드를 작업할 것입니다. 그 후 작성한 코드를 한 곳에 모은 뒤 따라서 입력하고 게임을 즐길 수 있도록 할 것입니다.

임의의 단어 고르기

먼저 임의의 단어를 고르는 것부터 시작하겠습니다. 코드는 다음과 같이 보일 것입니다.

```
❶  var words = [
      "javascript",
      "monkey",
      "amazing",
      "pancake"
    ];

❷  var word = words[Math.floor(Math.random() * words.length)];
```

우선 ❶에서는 게임에 사용될 단어(javascript, monkey, amazing, pancake)가 담긴 배열을 만들고, 이 배열을 `words` 변수에 저장했습니다. 단어는 모두 소문자로 작성되었습니다. ❷에서는 `Math.random`과 `Math.floor`를 사용해 배열에서 임의의 단어를 골랐습니다. 3장에서 배운 insult generator에서 사용한 것과 같은 방법입니다.

정답 배열 만들기

다음은 `answerArray` 변수에 빈 배열을 만들어서 배열을 단어의 글자 수만큼 언더스코어(_) 문자로 채우는 것입니다.

```
    var answerArray = [];
❶  for (var i = 0; i < word.length; i++) {
      answerArray[i] = "_";
    }

    var remainingLetters = word.length;
```

❶의 `for` 반복문은 0부터 `word.length` 바로 앞까지 반복하는 `i` 변수를 사용합니다. 한 번 반복될 때마다 `answerArray[i]` 자리에 언더스코어 문자를 채우는 방식으로 `answerArray` 배열에 새 원소를 추가합니다. 반복문이 종료되면 `answerArray` 배열의 원소 개수는 `word` 변수에 저장된 글자 수와 같아집니다. 예를 들어, `word`가 "monkey"라면, `answerArray`는 `["-", "-", "-", "-", "-", "-"]`가 되어 단어의 글자 수와 배열 원소의 개수가 똑같이 6개가 됩니다.

마지막으로 remainingLetters 변수를 만들고 단어의 글자 수를 저장해둡니다. 이 변수를 사용해 앞으로 맞혀야 할 글자가 몇 개 남았는지 확인할 것입니다. 플레이어가 글자를 맞히면 이 값은 단어에서 해당 글자가 있을 때마다 1씩 감소합니다.

게임 반복문 코딩

게임 반복문의 뼈대는 다음과 같습니다.

```
while (remainingLetters > 0) {
    // 게임 코드는 여기에 입력합니다.
    // 플레이어의 상태를 보여줍니다.
    // 플레이어의 입력을 받습니다.
    // 글자를 맞힐 때마다 answerArray와 remainingLetters를 업데이트합니다.
}
```

게임 반복문에는 remainingLEtter > 0의 값이 true인 동안에는 계속 실행되는 while 반복문을 사용합니다. 반복문 안쪽의 코드는 플레이어가 글자를 맞힐 때마다 remainingLetters의 값을 업데이트합니다. 플레이어가 글자를 모두 맞히고 나면 remainingLettes의 값은 0이 되고 반복문은 종료될 것입니다.

이후 절에서는 게임 반복문 안에 작성할 코드에 대해 설명하겠습니다.

플레이어의 상태 보여주기

게임 반복문 안에서 가장 먼저 할 일은 플레이어의 현재 상태를 보여주는 것입니다.

```
alert(answerArray.join(" "));
```

플레이어의 상태는 answerArray 배열의 원소를 모두 합쳐 문자열로 만들어 보여줄 것입니다. 이때 원소 사이에는 공백을 둡니다. 만들어진 문자열은 alert을 사용해 플레이어에게 표시됩니다. 주어진 단어가 monkey이고, 플레이어가 현재까지 m, o, e를 맞혔다고 생각해봅시다. 정답 배열은 ["m", "o", "_", "_", "e", "_"]일 것이므로 answerArray.join(" ")를 실행하면 "m o _ _ e _"이 반환됩니다. 따라서 경고창에는 그림 7-4와 같이 출력될 것입니다.

[그림 7-4]: alert을 사용한 플레이어의 진행 상태 표시

플레이어의 입력 다루기

이제 플레이어가 추측한 글자를 입력받아서 입력한 글자가 한 글자인지 확인해보겠습니다.

```
❶ var guess = prompt("글자를 입력하세요. 취소를 누르면 게임을 멈춥니다.");
❷ if (guess === null) {
     break;
❸ } else if (guess.length !== 1) {
     alert("한 글자만 입력해주세요.");
   } else {
❹   // 입력한 글자를 사용해 게임 상태 업데이트
   }
```

❶에서 prompt는 플레이어가 추측한 글자를 입력받아서 guess 변수에 저장합니다. 이 시점에서 네 가지 동작 중 하나가 실행됩니다.

첫 번째로 플레이어가 취소 버튼을 클릭하면 guess 변수에는 null이 저장됩니다. 이 상황은 ❷에서 if (guess === null)을 통해 확인하고 있습니다. 만약 조건이 true라면 break를 사용해 반복문을 종료합니다.

> **노트**   어떤 반복문에서든 break 키워드를 사용하면 프로그램이 반복문 어디에 있든, 혹은 while 반복문에서 현재 조건이 true이든 상관없이 즉시 반복문을 종료합니다.

두 번째와 세 번째 경우는 플레이어가 글자를 아예 입력하지 않았거나 두 개 이상 입력했을 때입니다. 만약 아무것도 입력하지 않고 확인 버튼을 클릭했다면 guess의 값은 빈 문자열 ""이 될 것입니다. 이때 guess.length의 값은 0이 됩니다. 만약 두 글자 이상 입력했다면 guess.length의 값은 1보다 클 것입니다.

우리는 ❸에서 else if (guess.length !== 1)을 사용해 이러한 조건을 확인하여 guess의 값이 반드시 한 글자가 되도록 했습니다. 만약 한 글자가 아니라면 경고창이 나타나 "한 글자만 입력해주세요."라는 메시지를 보여줄 것입니다.

네 번째 경우는 플레이어가 정답 한 글자를 입력했을 때입니다. 이때 ❹의 else 문에서 입력한 글자를 사용해 게임의 상태를 업데이트합니다. 이 부분은 다음 절에서 다루겠습니다.

게임 상태 업데이트하기

플레이어가 정답을 입력했다면 입력한 글자를 사용해 answerArray 배열을 업데이트해야 합니다. 이를 위해 else문에 다음 코드를 추가했습니다.

```
❶    for (var j = 0; j < word.length; j++) {
❷      if (word[j] === guess) {
         answerArray[j] = guess;
❸          remainingLetters--;
       }
     }
```

❶에서 for 반복문을 만들고 0부터 word.length 바로 앞까지 실행하는 j를 반복문 변수로 사용했습니다. 이미 앞에 있는 for 반복문에서 i를 사용했기 때문에 이 반복문에서는 다른 이름인 j를 변수로 사용했습니다. 이 반복문은 word 안에 있는 문자열의 글자를 하나씩 훑습니다. 예를 들어, 주어진 단어가 pancake라고 생각해봅시다. 첫 반복에서 j의 값은 0이므로 word[j]의 값은 "p"가 됩니다. 다음 반복에서 word[j]는 "a"가 되고 그 이후에는 순서대로 "n", "c", "a", "k"가 되다가 마지막에는 "e"가 됩니다.

❷에서 우리는 if (word[j] === guess)를 사용해 플레이어가 입력한 문자가 반복문의 현재 문자와 일치하는지 확인합니다. 만약 일치한다면 answerArray[j] = guess를 사용해 정답 배열에 현재 글자를 업데이트합니다. 단어에 있는 각 문자가 guess와 일치할 때마다 정답 배열을 업데이트하는데, 이는 반복문 변수 j가 그림 7-5에서 보는 것처럼 word의 글자색인 번호로는 물론, 정답 배열 answerArray의 색인 번호로도 사용될 수 있기에 가능한 것입니다.

```
색인번호 (j)       0   1   2   3   4   5   6
word          "p   a   n   c   a   k   e"
answerArray   ["_", "_", "_", "_", "_", "_", "_"]
```

[그림 7-5]: word와 answerArray 값은 색인 번호를 사용할 수 있다.

예를 들어, 지금 막 게임을 시작해서 ❶의 for 반복문에 왔다고 생각해봅시다. 주어진 단어가 "pancake"이고 입력한 글자가 "a"라면 answerArray는 다음과 같을 것입니다.

```
["_", "_", "_", "_", "_", "_", "_"]
```

❶에서 for 반복문이 처음 반복할 때 j는 0이므로 word[j]의 값은 "p"가 됩니다. 입력한 글자는 "a"이므로 ❷에 있는 if 문에 따라 현재 반복은 건너뜁니다("p" === "a"는 false이기 때문). 두 번째 반복에서 j의 값은 1이므로 word[j]의 값은 "a"가 됩니다. 이는 입력한 값 guess와 일치하므로 반복문 안에 있는 if 부분으로 진입합니다. answerArray[j] = guess; 는 answerArray 배열의 색인 번호 1에 있는 원소(두 번째 원소)의 값을 guess의 값으로 변경하기 때문에 answerArray는 다음과 같이 변합니다.

```
["_", "a", "_", "_", "_", "_", "_"]
```

그 다음 반복에서는 word[j]의 값이 "n"과 "c"가 되므로 guess와 일치하지 않습니다. 하지만 j의 값이 4가 되면 word[j]의 값은 다시 "a"가 됩니다. 따라서 다시 answerArray를 업데이트하는데, 이번에는 색인 번호 4에 있는 원소(다섯 번째 원소)의 값이 guess의 값으로 바뀝니다. 이제 answerArray는 다음과 같이 보일 것입니다.

```
["_", "a", "_", "_", "a", "_", "_"]
```

남은 글자는 "a"와 일치하지 않으므로 남은 두 번의 반복에서는 아무런 일도 일어나지 않습니다. 반복문이 종료되고 나면 word에서 guess와 일치하는 부분은 모두 answerArray에 업데이트되어 있을 것입니다.

정답 글자를 맞힐 때마다 answerArray를 업데이트하는 것은 물론이고, remainingLetters에서 1씩 빼야 합니다. 이를 위해 ❸에서 remainingLetters--;를 사용했습니다. guess가 word 안에 있는 글자에 일치할 때마다 remainingLetters의 값은 1씩 줄어듭니다. 플레이어가 글자를 모두 맞히고 나면 remainingLetters의 값은 0이 될 것입니다.

게임 종료하기

앞에서 보았듯이, 이 게임의 메인 반복문은 remainingLetters > 0일 때 종료되므로 모든 글자를 다 맞힐 때까지 계속 반복됩니다. remainingLetters의 값이 0이 되면 반복문이 종료됩니다. 반복문 뒤에는 다음과 같은 코드를 추가했습니다.

```
alert(answerArray.join(" "));
alert("잘하셨어요! 정답은 " + word + "입니다.");
```

첫 번째 줄에서는 alert을 사용해 마지막으로 정답 배열의 상태를 보여줍니다. 두 번째 줄에서는 다시 alert을 사용해 게임의 승리를 축하했습니다.

게임 코드

이제 게임의 모든 코드를 살펴봤습니다. 남은 것은 이를 한 곳에 묶는 것뿐입니다. 다음은 우리가 작성한 행맨 게임의 전체 코드입니다. 해당 지점에서 일어나는 일을 더 잘 이해할 수 있도록 주석도 추가해두었습니다. 여태까지 작성했던 코드보다 조금 길지만 직접 입력해본다면 자바스크립트 코드 작성에 익숙해지는 데 도움이 될 것입니다. 새 HTML 파일을 hangman.html이라는 이름으로 만들어서 다음 코드를 입력하세요.

```html
<!DOCTYPE html>
<html>
<head>
    <title>행맨!</title>
</head>

<body>
    <h1>행맨!</h1>

    <script>
    // 단어 배열을 만든다.
    var words = [
      "javascript",
```

```
    "monkey",
    "amazing",
    "pancake"
];

// 임의의 단어를 고른다.
var word = words[Math.floor(Math.random() * words.length)];

// 정답 배열을 설정한다.
var answerArray = [];
for (var i = 0; i < word.length; i++) {
  answerArray[i] = "_";
}

var remainingLetters = word.length;

// 게임 메인 반복문
while (remainingLetters > 0) {
  // 플레이어에게 현재 상태를 알려준다.
  alert(answerArray.join(" "));

  // 플레이어가 입력한 글자를 저장한다.
  var guess = prompt("글자를 입력하세요. 취소를 누르면 게임을 멈춥니다.");
  if (guess === null) {
    // 게임 메인 반복문을 빠져나간다.
    break;
  } else if (guess.length !== 1) {
    alert("한 글자만 입력해주세요.");
  } else {
    // 입력한 글자를 사용해 게임 상태를 업데이트한다.
    for (var j = 0; j < word.length; j++) {
      if (word[j] === guess) {
        answerArray[j] = guess;
        remainingLetters--;
      }
    }
  }
// 게임 메인 반복문 끝
}

// 정답을 보여주고 플레이어를 축하한다
```

```
            alert(answerArray.join(" "));
            alert("잘하셨어요! 정답은 " + word + "입니다.");
        </script>
    </body>
</html>
```

게임이 실행되지 않는다면 정확하게 입력했는지 다시 한번 확인하세요. 실수가 있다면 자바
스크립트 콘솔을 통해 에러를 확인할 수 있습니다. 예를 들어, 변수 이름을 잘못 입력했다면
그림 7-6과 같이 실수한 부분이 어디인지 알려주는 메시지를 볼 수 있습니다.

```
⊗ ▶Uncaught ReferenceError: remainingLetter is not defined          hangman.html:30
```

[그림 7-6]: 크롬 콘솔의 자바스크립트 에러

hangman.html:30을 클릭하면 에러가 발생한 지점
을 볼 수 있습니다. 여기서는 while 반복문 시작 부
분의 remainingLetters를 remainingLetter로 잘
못 입력했습니다.

게임을 몇 번 실행해보세요. 기대했던 대로 정확
하게 동작하나요? 게임을 진행하는 동안 입력했던
코드의 어느 부분이 실행되고 있는지 상상할 수
있나요?

정리해봅시다

여러분은 몇 페이지 안 되는 이번 장을 통해 첫 번째 자바스크립트 게임을 만들었습니다! 보
다시피 반복문과 조건문은 게임이나 다른 인터랙티브한 컴퓨터 프로그램을 만들 때 필수적
입니다. 제어 구조가 없다면 프로그램은 그냥 시작했다가 끝나는 것이 고작입니다.

8장에서는 함수를 사용해 코드를 묶고 프로그램의 다른 부분에서 이를 실행하는 법을 배울
것입니다.

프로그래밍 과제

이 장에서 만든 행맨 게임을 개선할 수 있는 과제가 몇 가지 더 있습니다.

#1: 더 많은 단어

words 배열에 원하는 단어를 추가하세요. 모든 단어는 소문자로 입력해야 합니다.

#2: 대문자

플레이어가 대문자를 입력하면 주어진 단어에 있는 소문자와 일치하지 않습니다. 이런 문제를 예방하기 위해 플레이어가 입력한 단어를 소문자로 변환하세요. (힌트: toLowerCase 메서드를 사용하면 문자열을 소문자로 변환할 수 있습니다.)

#3: 추측 횟수 제한

우리가 작성한 행맨 게임에는 플레이어가 추측할 수 있는 횟수에 제한이 없습니다. 추측 횟수를 확인하는 변수를 추가하여 플레이어가 추측 횟수를 다 써버리면 게임이 종료되도록 만드세요. (힌트: 이 변수는 remainingLetters > 0을 확인하는 while 반복문에서 확인하세요. 2장에서 배웠듯이 && 연산자를 사용하면 두 조건 모두 true 인지 확인할 수 있습니다.)

#4: 버그 수정

이 게임에는 버그가 있습니다. 똑같은 정답 글자만 계속 입력해도 remaining Letters 의 값이 계속 줄어듭니다. 수정할 수 있겠어요? (힌트: 입력한 값이 answerArray에서 아직 언더스코어로 남아있는지 확인하는 조건을 추가할 수 있습니다. 언더스코어가 아니라면 이미 입력됐던 글자일 것입니다.)

8장
함수

함수(function)는 다시 사용할 수 있도록 코드를 묶어두는 방법입니다. 함수를 사용하면 코드를 반복해서 복사하고 붙여 넣지 않아도 프로그램 여기저기에서 똑같은 코드를 여러 차례 사용할 수 있습니다. 또한 긴 코드를 함수 안에 감춰두고 이해하기 쉬운 이름을 붙여주면 함수를 구성하는 자잘한 코드보다 여러 함수를 구조화하는 것에 집중할 수 있어 코드를 계획적으로 작성할 수 있습니다. 코드를 더 작은 크기로 나누면 관리하기도 쉬워져서 더 큰 그림을 볼 수 있게 되고, 프로그램을 더 고차원적으로 구조화할 사고를 하게 됩니다.

프로그램 전체에 걸쳐 반복되는 계산이나 동작을 해야 할 때 함수는 매우 유용합니다. 앞서 사용했던 Math.random, Math.floor, alert, prompt, confirm도 모두 함수입니다. 이 장에서는 여러분만의 함수를 만드는 방법을 배워보겠습니다.

함수의 기본 구조

그림 8-1은 함수가 어떻게 구성되어 있는지 보여줍니다. 중괄호 사이의 코드는 **함수 몸체** (function body)이라고 부르는데 반복문에서 중괄호 사이에 있던 코드를 가리켜 **반복문 몸체** (loop body)라고 부르던 것과 비슷합니다.

```
function () {
    console.log("함수의 동작");
}
```

함수 몸체는
중괄호 사이에 둡니다.

[그림 8-1]: 함수 작성 문법

간단한 함수 작성

안녕하세요!를 출력하는 간단한 함수를 작성해봅시다. 브라우저 콘솔에 다음 코드를 입력하세요. Shift-Enter를 누르면 코드를 실행하지 않고 새 줄을 입력합니다.

```
var 처음만든함수 = function () {
  console.log("안녕하세요!");
};
```

이 코드는 함수를 하나 새로 만들고 이를 처음만든함수 변수에 저장합니다.

함수 호출하기

함수 내부에 있는 코드(함수 몸체라 부릅니다)를 실행하려면 함수를 **호출**(call)해야 합니다. 함수를 호출할 때는 다음과 같이 함수 이름 뒤에 여닫는 괄호를 입력한 후 엔터를 입력합니다.

```
처음만든함수();
안녕하세요!
```

처음만든함수를 호출하면 함수의 몸체, 다시 말해 console.log("안녕하세요!");가 실행됩니다. 따라서 콘솔에서 다음 줄에 안녕하세요!라는 텍스트가 출력됩니다.

하지만 이 함수를 브라우저에서 실행해보면 그림 8-2처럼 왼쪽 화살표로 표시된 세 번째 줄이 나타납니다. 이 줄에 출력된 내용은 함수에서 반환하는 값을 의미합니다.

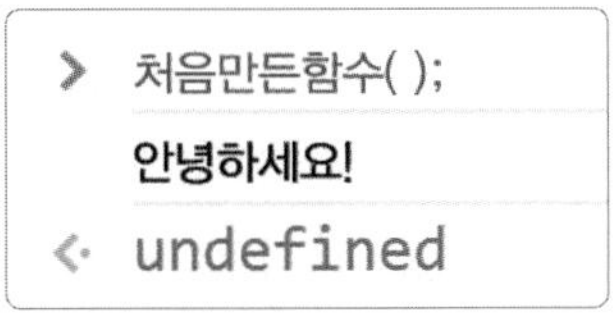

> 처음만든함수( );
  안녕하세요!
< undefined

[**그림 8-2**]: undefined 값을 반환하는 함수 호출하기

반환 값(return value)이란 함수에서 출력하여 나중에 코드의 다른 부분에서 사용할 수 있는 값입니다. 이 예제에서는 함수 몸체에서 아무런 값도 반환하지 않기 때문에 반환 값이 undefined가 됐습니다. 여기서 우리는 콘솔에 메시지를 출력하라고 명령했을 뿐, 값을 반환하라고 명령하지는 않았습니다. 반환할 값을 함수 몸체에서 정해주지 않으면 함수는 항상 undefined를 반환합니다. 값을 반환하는 방법에 대해서는 133쪽 "함수에서 값 반환하기" 절에서 배우겠습니다.

> **노트** 크롬 브라우저의 콘솔과 이 책에서 표시하는 코드에서는 항상 자료형에 따라 반환 값을 다른 색상으로 표시합니다. 원래 console.log에서 출력되는 텍스트는 항상 검은색입니다.

함수에 인수 전달하기

처음만든함수 함수는 호출할 때마다 똑같은 글자만 출력하지만, 조금만 손을 본다면 이보다 더 유연하게 사용할 수 있습니다. 함수의 **인수**(argument)를 사용하면 특정한 값을 전달하여 호출할 때마다 함수의 동작을 바꿀 수 있습니다. 인수는 함수를 만들거나 호출할 때 항상 함수의 괄호 사이에 위치해야 합니다.

다음 코드에서 인사하기 함수는 이름이라는 인수를 사용해 실행할 때마다 이름을 전달한 사람에게 인사를 합니다.

```
var 인사하기 = function (이름) {
  console.log("안녕하세요 " + 이름 + "님!");
};
```

첫 번째 줄에서는 함수를 만들고 이를 인사하기라는 변수에 할당했습니다. 이 함수를 호출하면 "안녕하세요 " + 이름 + "님!"이 출력되는데, 이때 이름 부분은 함수에 전달한 인수로 바뀝니다.

그림 8-3은 인수가 한 개인 함수의 문법을 보여주고 있습니다.

```
                    인수 이름
                       ↓
    function ( 인수 ) {
        console.log("전달한 인수의 값: " + 인수);
    }
                                    ↖
                              함수 몸체에서
                              인수를 사용할 수 있습니다.
```

[그림 8-3]: 인수가 한 개인 함수를 만드는 문법

인수가 있는 함수를 호출할 때는 인수로 사용할 값을 함수 이름 뒤에 나타나는 괄호 사이에 집어넣으면 됩니다. 예를 들어, 위에서 작성한 함수를 사용해 아이유에게 인사하고 싶다면 다음과 같이 작성합니다.

```
인사하기("아이유");
안녕하세요 아이유님!
```

다음과 같이 작성하면 수지에게도 인사할 수 있습니다.

```
인사하기("수지");
안녕하세요 수지님!
```

이 함수를 호출할 때마다 우리가 전달한 인수가 이름의 값으로 사용되어 화면에 출력됩니다. 따라서 "아이유"를 전달하면 콘솔에 "안녕하세요 아이유님!"이 출력되고 "수지"를 전달하면 "안녕하세요 수지님!"이 출력됩니다.

고양이 얼굴 출력하기

함수에 전달하는 인수는 어떤 동작을 반복해서 실행할 횟수를 정할 때도 사용됩니다. 콘솔에 고양이 얼굴(=^.^=)을 출력하는 고양이그리기라는 함수가 있다고 생각해봅시다. 이때 반복횟수라는 인수를 사용해서 출력할 횟수를 함수에게 알려줄 수 있습니다.

```
var 고양이그리기 = function (반복횟수) {
  for (var i = 0; i < 반복횟수; i++) {
    console.log(i + " =^.^=");
  }
};
```

이 함수의 몸체는 **for** 반복문으로 이루어져 있는데, 변수 **i**가 0부터 시작해서 **반복횟수**에서 1을 뺀 값이 될 때까지 1씩 증가하기 때문에 이 반복문은 횟수에서 설정한 만큼 반복합니다. 반복할 때마다 함수에는 **i** + " **=^.^=**" 문자열이 출력됩니다.

다음은 반복횟수의 값으로 5를 인수로 전달하며 함수를 실행한 결과입니다.

```
고양이그리기(5);
0 =^.^=
1 =^.^=
2 =^.^=
3 =^.^=
4 =^.^=
```

연습 삼아 반복횟수의 값을 100으로 만들어서 고양이 얼굴 100개를 출력해보세요!

함수에 인수를 여러 개 전달하기

함수에는 인수를 두 개 이상 전달할 수도 있습니다. 인수를 더 추가하려면 **function** 키워드 다음에 있는 괄호 사이에 여러 인수를 입력하면 됩니다. 이때 인수 사이에는 쉼표를 두어야 합니다. 그림 8-4는 인수 두 개를 사용하는 함수의 문법입니다.

인수 이름은
쉼표로 구분합니다.
↓

```
function (인수1, 인수2) {
    console.log("첫 번째 인수의 값: " + 인수1);
    console.log("두 번째 인수의 값: " + 인수2);
}
```

↑
함수 몸체에서는 두 가지 인수를
모두 사용할 수 있습니다.

[그림 8-4]: 인수가 두 개인 함수를 만드는 문법

다음은 고양이그리기와 비슷하지만 그릴내용이라는 두 번째 인수를 통해 출력할 내용을 설정할 수 있는 여러번출력하기 함수입니다.

```
var 여러번그리기 = function (반복횟수, 그릴내용) {
  for (var i = 0; i < 반복횟수; i++) {
    console.log(i + " " + 그릴내용);
  }
};
```

여러번그리기 함수는 그릴내용 인수에 전달한 문자열을 반복횟수 인수에 전달한 수만큼 반복해서 출력합니다. 두 번째 인수는 출력할 내용을 설정하고, 첫 번째 인수는 출력할 횟수를 설정합니다.

인수를 여러 개 사용하는 함수를 호출할 때, 인수로 전달하는 값은 함수 이름 다음에 있는 괄호 사이에 입력해야 하며 각 값은 쉼표로 구분해야 합니다.

예를 들어, 여러번그리기 함수를 사용해 앞에서 본 고양이 얼굴을 그리고 싶다면 다음과 같이 사용하면 됩니다.

```
여러번그리기(5, "=^.^=");
0 =^.^=
1 =^.^=
2 =^.^=
3 =^.^=
4 =^.^=
```

웃는 얼굴을 출력하고 싶을 때는 다음과 같이 호출합니다.

```
여러번그리기(4, "^_^");
0 ^_^
1 ^_^
2 ^_^
3 ^_^
```

여기서 여러번그리기 함수를 호출할 때 반복횟수 인수에는 4를 전달하고, 그릴내용에는 "^_^"를 전달했습니다. 그 결과 for 반복문이 4번 반복됐으며(i의 값은 0부터 3까지 증가), 반복할 때마다 i + " " + "^_^"가 출력됩니다.

만약 (>_<)와 같은 캐릭터를 두 번 출력하고 싶다면 다음과 같이 작성합니다.

```
여러번그리기(2, "(>_<)");
0 (>_<)
1 (>_<)
```

여기서는 반복횟수에 2를 전달했고, 그릴내용에는 "(>_<)"를 전달했습니다.

함수에서 값 반환하기

지금까지 살펴본 함수는 모두 console.log를 사용해 콘솔에 텍스트를 출력했습니다. 자바스크립트에서 값을 표시할 때는 꽤 유용한 방법이지만, 콘솔에 출력하는 값은 프로그램에서 다시 사용할 수 없습니다. 함수의 실행 결과를 프로그램의 다른 부분에서도 사용하고 싶다면 어떻게 해야 할까요?

이장 앞부분에서 말했듯이 함수의 실행 결과는 반환 값이라고 부릅니다. 값을 반환하는 함수를 호출하면 코드의 다른 부분에서 그 함수의 실행 결과를 사용할 수 있습니다. 반환 값은 변수에 저장해두거나 다른 함수에 전달할 수도 있으며 다른 코드와 조합해서 사용할 수도 있습니다. 다음은 Math.floor(1.2345)를 호출하고 반환된 값에 5를 더하는 코드입니다.

```
5 + Math.floor(1.2345);
6
```

Math.floor는 전달한 값을 버림*하여 가장 가까운 숫자를 반환합니다. Math.floor(1.2345) 와 같이 호출한 함수를 보게 된다면, 이 코드를 함수에서 반환한 값으로 바꿔서 생각해보세 요. 이 코드에서는 숫자 1이 될 것입니다.

이제 값을 반환하는 함수를 만들어봅시다. 우리가 만들 두배 함수는 숫자 인수를 받아서 숫자 * 2의 결과를 반환합니다. 다시 말해, 함수의 반환 값은 인수로 전달받은 값의 2배가 될 것 입니다.

```
    var 두배 = function (숫자) {
❶     return 숫자 * 2;
    };
```

함수에서 값을 반환할 때는 **return**이라는 키워드를 사용하고 이 키워드 뒤에 반환할 값을 둡니다. 우리는 ❶에서 **return** 키워드를 사용하여 숫자 * 2의 값을 두배 함수에서 반환했습 니다.

이제 두배 함수를 호출하면 두 배가 된 숫자가 반환됩니다.

```
    두배(3);
    6
```

여기서 반환 값 6은 두 번째 줄에 나타났습니다. 함수가 사용하는 인수는 여러 개일 수 있 지만, 반환할 수 있는 값은 하나뿐입니다. 함수에서 반환할 값을 정해주지 않으면 항상 **undefined**가 반환됩니다.

함수를 값으로써 사용하기

함수를 호출할 때, 함수의 반환 값은 함수가 호출된 곳에서 바로 사용될 수 있습니다. 예를 들어, 앞서 만든 두배 함수를 사용해 숫자 두 개를 두 배로 만들고 이 값을 더했다고 생각해 봅시다.

```
    두배(5) + 두배(6)
    22
```

---

* 옮긴이: 주어진 자릿수 이하의 숫자를 0으로 만들어 없애는 방법. 자바스크립트의 Math.floor 함수는 소숫점 이하의 값을 버림합니다.

이 예제에서 우리는 두배 함수를 두 번 호출하여 반환 값 두 개를 더했습니다. 이때 두배(5)는 10이라는 값으로, 두배(6)은 12라는 값으로 볼 수 있습니다.

함수 호출은 다른 함수에 인수로 전달할 수도 있는데, 이때 전달한 함수 호출은 반환 값으로 대체됩니다. 다음 예제는 두배 함수에 다른 두배 함수의 호출 코드를 인수로 전달하고 있습니다. 인수로 전달된 두배 함수에는 3을 인수로 전달했습니다. 두배(3)은 6으로 바꿀 수 있으므로 두배(두배(3))은 두배(6)으로 단순하게 만들 수 있고, 이 값을 단순하게 만들면 12가 됩니다.

```
두배(두배(3));
12
```

자바스크립트에서 이 코드를 계산하는 과정은 다음과 같습니다.

```
두배( 두배(3) );
❶    두배( 3 * 2 )
❷       두배(6)
❸        6 * 2
❹         12
```

두배 함수의 몸체는 숫자 * 2를 반환하기 때문에 ❶에서 두배(3)은 3 * 2로 바뀝니다. ❷에서는 3 * 2를 6으로 바꾸고, ❸에서는 똑같은 원리를 통해 두배(6)을 6 * 2로 바꿨습니다. 마지막으로 ❹에서는 6 * 2를 12로 바꿨습니다.

함수를 사용해 코드를 단순하게 만들기

3장에서 Math.random과 Math.floor를 사용해 배열에서 무작위로 단어를 고른 뒤 이를 활용하여 인디언 이름을 만들었습니다. 이 절에서는 함수를 사용해서 앞서 만들었던 인디언 이름 제조기를 조금 더 단순하게 다시 작성해보겠습니다.

무작위 단어를 고르는 함수

3장에서는 다음과 같은 코드를 사용해 배열에서 단어를 무작위적으로 가져왔습니다.

```
단어목록[Math.floor(Math.random() * 단어목록.length)];
```

이 코드를 함수로 바꾼다면 함수를 재사용하여 매번 같은 코드를 입력하지 않고도 배열에서 무작위 단어를 가져올 수 있습니다. 예를 들면, 다음과 같이 무작위단어선택 함수를 정의할 수 있습니다.

```
var 무작위단어선택 = function (단어목록) {
  return 단어목록[Math.floor(Math.random() * 단어목록.length)];
};
```

이 코드는 이전에 작성했던 코드를 함수로 한 겹 감싸서 만들었습니다. 이제 무작위 단어가 담긴 **무작위단어목록** 배열을 만들어봅시다.

```
var 무작위단어목록 = ["행성", "벌레", "꽃", "컴퓨터"];
```

다음과 같이 **무작위단어선택** 함수를 사용해 이 배열에서 무작위로 단어를 하나 가져오겠습니다.

```
무작위단어선택(무작위단어목록);
"꽃"
```

똑같은 함수를 다른 배열에도 사용할 수 있습니다. 예를 들어, 다음과 같이 X맨의 이름을 무작위로 가져오는 것도 가능합니다.

```
무작위단어선택(["자비에", "울버린", "매그니토", "미스틱"]);
"매그니토"
```

인디언 이름 제조기

이제 무작위 단어를 고르는 함수를 사용해 인디언 이름 제조기를 다시 만들어보겠습니다. 먼저, 기억을 돕기 위해 3장에서 작성했던 코드를 다시 살펴봅시다.

```
var 색상목록 = ["푸른", "붉은", "검은", "하얀"];
var 자연목록 = ["늑대", "태양", "독수리", "바람"];
var 단어목록 = ["눈물", "환생", "기상", "일격", "유령"];

// 색상목록 배열에서 무작위 단어를 하나 고릅니다
var 색상 =색상목록[Math.floor(Math.random() * 4)];
// 자연목록 배열에서 무작위 단어를 하나 고릅니다
var 자연 = 자연목록[Math.floor(Math.random() * 4)];
// 단어목록 배열에서 무작위 단어를 하나 고릅니다
var 단어 = 단어목록[Math.floor(Math.random() * 5)];
// 무작위로 고른 문자열을 한 문장으로 조합합니다
var 인디언이름 = 색상 + " " + 자연 + "의 " + 단어 + "!!";
인디언이름;
"푸른 태양의 일격!!"
```

이때 우리는 단어목록[Math.floor(Math.random() * 길이]와 같은 코드를 여러 번 사용했습니다. 무작위단어선택 함수를 사용하면 이 프로그램을 다음과 같이 만들 수 있습니다.

```
var 색상목록 = ["푸른", "붉은", "검은", "하얀"];
var 자연목록 = ["늑대", "태양", "독수리", "바람"];
var 단어목록 = ["눈물", "환생", "기상", "일격", "유령"];

// 무작위로 고른 문자열을 한 문장으로 조합합니다
var 인디언이름 = 무작위단어선택(색상목록) + " " + 무작위단어선택(자연목록) + "의 " +
무작위단어선택(단어목록) + "!!";

인디언이름;
"푸른 태양의 일격!!"
```

이 코드에서는 두 가지 변화가 있습니다. 첫 번째는 배열에서 무작위 단어를 고를 때 단어목록[Math.floor(Math.random() * 길이]를 매번 입력하는 대신, 무작위단어선택 함수를 사용했다는 점입니다. 두 번째는 이전에는 이름을 조합하기 전에 무작위 단어를 변수에 저장했었는데, 이번에는 함수의 반환 값을 바로 더해서 문자열로 만든 부분입니다. 함수 호출은 함수에서 반환한 값

처럼 다룰 수 있습니다. 따라서 실제로 일어나는 동작은 여러 문자열을 조합한 것입니다. 보다시피 이 프로그램은 함수를 재사용한 덕분에 기존에 작성했던 것보다 훨씬 읽기도 편하고 작성하기도 편합니다.

인디언 이름 제조기를 함수로 만들기

한 단계 더 나아가 인디언 이름을 짓는 과정을 함수로 만들어, 인디언 이름 제조기를 만들어 보겠습니다. 다음 코드를 보세요.

```
var 인디언이름작성 = function () {
    var 색상목록 = ["푸른", "붉은", "검은", "하얀"];
    var 자연목록 = ["늑대", "태양", "독수리", "바람"];
    var 단어목록 = ["눈물", "환생", "기상", "일격", "유령"];

    // 무작위로 고른 문자열을 한 문장으로 조합합니다
    var 인디언이름 = 무작위단어선택(색상목록) + " " + 무작위단어선택(자연목록) + "의 "
+ 무작위단어선택(단어목록) + "!!";

❶   return 인디언이름;
};

인디언이름작성();
"붉은 태양의 유령!!"
인디언이름작성();
"검은 늑대의 기상!!"
인디언이름작성();
"푸른 독수리의 일격!!"
```

새롭게 만든 인디언이름작성 함수는 전에 사용했던 코드를 인수가 없는 함수로 감싼 것일 뿐입니다. 추가된 부분은 ❶ 밖에 없는데, 함수 끝에서 인디언이름을 반환하기 위해 추가되었습니다. 새로 작성한 함수의 동작을 살펴볼 수 있도록 실행 예제를 몇 개 준비했습니다. 이 함수는 실행할 때마다 무작위로 인디언 이름을 만들어서 반환합니다.

Return을 사용해 함수 빨리 끝내기

자바스크립트 해석기는 함수 내에서 return을 만나면 함수 몸체에 코드가 얼마나 남아있든 상관없이 함수를 바로 끝내버립니다.

이런 특성 덕분에 return은 함수에 전달된 인수가 올바르지 않을 때 함수를 일찌감치 종료시키는 용도로도 사용합

니다. **올바르지 않다**는 것은 쉽게 말해 전달된 인수가 함수에서 필요로 하는 것과 다르다는 뜻입니다. 예를 들어, 입력된 이름의 세 번째 글자를 반환하는 함수를 생각해봅시다. 이 함수는 함수에 전달된 이름이 세 글자 미만이면 return을 사용해 함수를 즉시 종료합니다. 다시 말해 함수 끝에서 이름의 세 번째 글자를 반환하는 **return**문은 실행되지 않습니다.

```
   var 세번째글자 = function (이름) {
❶    if (이름.length < 3) {
❷       return;
     }

     return "이름의 세 번째 글자는 '" + 이름[2] + "'입니다.";
   };
```

❶에서는 입력된 이름이 세 글자 미만인지 확인하고 있습니다. 만약 세 글자 미만이라면 ❷에서 **return**을 실행하여 함수를 빨리 끝냅니다.

이 함수를 호출한 결과는 다음과 같습니다.

```
세번째글자("산타클로스");
"이름의 세 번째 글자는 '클'입니다."
```

산타클로스라는 이름은 세 글자보다 길기 때문에 세번째글자는 산타클로스의 세 번째 글자인 클을 반환합니다. 조금 더 짧은 이름을 사용해 함수를 다시 호출해보겠습니다.

```
세번째글자("곰");
undefined
```

세번째글자 함수를 곰이라는 이름과 함께 호출하면, 이 함수는 이름이 너무 짧다고 판단해 ❷에 있는 return문을 실행하여 함수를 빨리 끝냅니다. ❷에서 실행되는 **return**에는 아무런 값도 설정되어 있지 않기 때문에 이때 함수에서 반환하는 값은 **undefined**가 됩니다.

If...else 대신 return을 여러 번 사용하기

함수 내부의 여러 if문에서 return 키워드를 사용하여 입력된 값에 따라 다른 값을 반환하도록 만들 수 있습니다. 예를 들어, 플레이어가 획득한 점수에 따라 플레이어에게 메달을 준다고 생각해봅시다. 이때 3점 미만은 동메달, 3점부터 6점까지는 은메달, 7점 이상은 금메달이라고 가정합니다. 점수를 입력하면 해당하는 메달이 반환되는 점수별 메달 함수는 다음과 같이 작성할 수 있습니다.

```
    var 점수별메달 = function (점수) {
        if (점수 < 3) {
❶       return "동메달";
        }

❷       if (score < 7) {
        return "은메달";
        }

❸       return "금메달";
    };
```

점수가 3점 미만이면 ❶에서 "**동메달**"을 반환하고 함수를 바로 종료합니다. 점수가 3점 미만이면 가장 앞 조건문에 있는 **return** 키워드에 도달해 함수가 종료되었을 것이므로 ❷까지 왔다면 점수가 최소한 3점 이상이라는 뜻입니다. ❸까지 왔다면 점수가 적어도 7점이라는 뜻입니다. 여기서는 아무런 조건문도 없으므로 바로 "**금메달**"을 반환합니다.

이 함수는 여러 가지 조건을 확인하고 있지만, **if...else**문을 사용할 필요가 없습니다. **if...else**문은 여러 조건 중 하나만 실행될 때 사용합니다. 위 함수의 각 조건에는 모두 **return**문이 있고, 함수는 **return**문을 한 번 밖에 실행할 수 없기 때문에 조건 중 하나만 실행될 것입니다.

더 짧은 함수 작성법

함수를 만드는 방법은 조금 더 길게 쓰는 방법과 조금 더 짧게 쓰는 방법 두 가지가 있습니다. 지금까지 사용한 것은 길게 쓰는 방법인데, 함수가 변수에 저장되는 과정을 명확하게 보여주기 때문입니다. 그렇지만 수많은 자바스크립트 코드에서 사용하는 짧은 작성법이 어떤 것인지는 알아둘 필요가 있습니다. 함수의 동작에 익숙해졌다면 짧은 작성법을 사용해도 좋습니다.

다음은 긴 작성법을 사용한 예제입니다.

```
var 두배 = function (숫자) {
  return 숫자 * 2;
};
```

이를 짧은 작성법으로 바꾸면 다음과 같습니다.

```
function 두배(숫자) {
  return 숫자 * 2;
};
```

긴 작성법에서는 명시적으로 변수 이름을 만들고, 함수를 변수에 저장했으므로 function 키워드보다 두배가 먼저 나왔습니다. 그런데 짧은 작성법에서는 function 키워드가 먼저 나온 뒤에 함수 이름이 나왔습니다. 짧은 작성법에서 두배 변수는 자바스크립트가 자동으로 만들어냅니다.

기술적인 용어로 긴 작성법은 **함수 표현식**(function expression)이라고 부르고, 짧은 작성법은 **함수 선언**(function declaration)이라고 부릅니다.

정리해봅시다

함수를 사용하면 코드 블록을 다시 사용할 수 있습니다. 함수는 전달된 인수에 따라 다르게 동작할 수 있으며, 함수가 호출된 자리에 사용할 값을 반환할 수도 있습니다. 함수는 코드 조각에 의미 있는 이름을 붙일 때도 사용합니다. 예를 들어, 무작위단어선택 함수는 이름만 봐도 이 함수가 무작위 단어를 골라오는 역할을 하리라고 짐작할 수 있습니다.

다음 장에서는 자바스크립트를 사용해 HTML 문서를 조작하는 방법에 대해 배워보겠습니다.

프로그래밍 과제

다음의 과제를 풀면서 함수를 연습해봅시다.

#1: 함수를 사용해 계산하기

더하기와 곱하기라는 함수를 각각 하나씩 만드세요. 두 함수는 모두 인수를 두 개 전달받습니다. 더하기 함수는 전달받은 인수 두 개를 더한 결과를 반환하고, 곱하기 함수는 전달받은 인수 두 개를 곱한 결과를 반환합니다.

이 두 함수만 사용해서 다음 수식을 계산해보세요.

```
36325 * 9824 + 777
```

#2: 같은 배열인지 비교하기

인수로 전달받은 숫자 배열 두 개를 비교하는 같은배열일까 함수를 작성하세요. 이 함수는 두 배열이 같으면, 다시 말해 두 배열에 똑같은 숫자가 똑같은 순서로 들어있다면 true를 반환하고, 그렇지 않으면 false를 반환합니다. 다음 코드를 실행해서 작성한 함수가 올바르게 동작하는지 확인하세요.

```
같은배열일까([1, 2, 3], [4, 5, 6]);
false
같은배열일까([1, 2, 3], [1, 2, 3]);
true
같은배열일까([1, 2, 3], [1, 2, 3, 4]);
false
```

힌트 1: for 반복문을 사용해 첫 번째 배열의 각 원소를 훑어보며 두 번째 배열의 원소와 같은지 확인해야 할 것입니다. for 반복문에서 서로 다른 값을 발견하고 false를 반환할 수 있습니다.

힌트 2: 배열의 길이가 다르면 for 반복문을 실행하기 전에 함수를 빠르게 종료시킬 수 있습니다.

#3: 함수를 사용한 행맨

함수를 사용해 7장에서 만들었던 행맨 게임을 다시 만들어봅시다.

행맨 게임은 다음과 같이 작성할 수 있습니다. 일부 코드는 함수 호출로 바꿔냈습니다. 이 코드가 정상적으로 동작하도록 함수를 작성하세요!

```
// 함수 코드를 여기에 작성하세요.

var 단어 = 단어선택();
var 정답배열 = 정답배열만들기(단어);
var 남은글자 = 단어.length;

while (남은글자 > 0) {
  플레이어진행상황표시(정답배열);
  var 입력한답 = 정답입력();
  if (입력한답 === null) {
    break;
  } else if (입력한답.length !== 1) {
    alert("한 글자만 입력해주세요.");
  } else {
    var 정답개수 = 게임상태업데이트(입력한답, 정답, 정답배열);
    남은글자 -= 정답개수;
  }
}
  정답표시하고플레이어축하하기(정답배열);
```

함수를 사용한 이 코드는 7장에서 배웠던 의사 코드 수준으로 단순합니다. 이를 통해 코드를 이해하기 쉽게 만드는 데 함수가 얼마나 유용한지 알 수 있습니다.

여러분이 작성해야 할 함수는 다음과 같습니다.

```
var 단어선택 = function () {
  // 무작위 단어를 반환합니다
};

var 정답배열설정 = function (word) {
  // 정답 배열을 반환합니다
};

var 플레이어진행상황표시 = function (answerArray) {
  // 경고창을 사용해 플레이어게 상태를 알려줍니다
};

var 정답입력 = function () {
  // 프롬프트를 사용해 정답을 입력받습니다
};

var 게임상태업데이트 = function (입력한답, 단어, 정답배열) {
  // 정답배열을 업데이트하고 변수를 업데이트할 수 있도록
  // 단어에서 몇 글자를 맞췄는지 알려주는 숫자를 반환합니다
};

var 정답표시하고축하 = function (정답배열) {
  // alert을 사용해 정답을 표시하고 플레이어에게 축하 메시지를 보여줍니다
};
```

2부

고급 자바스크립트

9장
DOM과 jQuery

지금까지 우리는 자바스크립트를 사용해서 브라우저 콘솔에 글자를 출력하거나, 경고창이나 프롬프트창을 보여주는 비교적 단순한 작업만 했습니다. 하지만 웹 페이지에 작성했던 HTML을 조작하거나 HTML에 있는 값을 가지고 올 때도 자바스크립트를 사용할 수 있습니다. 이 장에서는 훨씬 더 강력한 자바스크립트를 작성할 수 있는 두 가지 도구, DOM과 jQuery에 대해 다뤄보겠습니다.

DOM은 **문서 객체 모델**(document object model)의 약어로 자바스크립트가 웹 페이지의 콘텐츠에 접근할 때 사용합니다. 웹 브라우저는 DOM을 사용해 문단, 제목 등 페이지에 있는 여러 엘리먼트의 정보를 알 수 있습니다. 또한 자바스크립트는 DOM 엘리먼트를 다양한 방법으로 조작할 수 있습니다. 예를 들어, 지바스크립트를 사용해서 HTML 문서의 제목을 프롬프트창에서 입력받은 글자로 바꿀 수 있습니다. 이 예제는 잠시 후에 살펴보도록 하겠습니다.

jQuery라는 유용한 도구에 대해서도 함께 배울 것입니다. jQuery는 DOM을 훨씬 쉽게 다룰 수 있도록 도와주는 도구입니다. jQuery에는 엘리먼트를 다루거나 수정할 때 사용할 수 있는 수많은 함수가 포함되어 있습니다.

이 장에서 DOM과 jQuery를 사용해 기존에 있던 DOM 엘리먼트를 수정하고 DOM 엘리먼트를 새로 만드는 법을 배울 것입니다. 이를 익히고 나면 자바스크립트로 웹 페이지의 콘텐츠를 마음껏 만들고 바꿀 수 있습니다. 또한 엘리먼트를 서서히 나타내거나 투명하게 만드는 등 jQuery를 사용한 DOM 엘리먼트 애니메이션 효과도 배울 것입니다.

DOM 엘리먼트 선택하기

웹 브라우저는 HTML 문서를 읽을 때 엘리먼트를 마치 나무와 같은 구조로 해석합니다. 이 나무 구조를 가리켜 **DOM 트리**(tree)라고 부릅니다. 그림 9-1은 간단한 DOM 트리를 보여주고 있는데, 사실 5장에서 HTML의 계층 구조를 설명할 때 사용했던 코드를 DOM 트리 형태로 표현한 것입니다. 자바스크립트 개발자들이 이 나무 구조에 접근하고 조작할 수 있도록 웹 브라우저에서 제공하는 메서드 뭉치가 바로 DOM입니다.

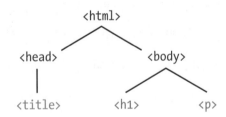

[그림 9-1]: 5장에서 다룬 간단한 HTML 문서의 DOM 트리

아이디를 사용한 엘리먼트 식별하기

HTML의 **id** 속성을 사용하면 HTML 엘리먼트에 고유한 이름을 줄 수 있습니다. 이 고유한 이름을 가리켜 **식별자**(identifier)라고도 부릅니다. 다음은 **id** 속성이 설정된 **h1** 엘리먼트의 예제입니다.

```
<h1 id="main-heading">안녕하세요!</h1>
```

이 예제에서 설정된 "main-heading"이라는 id를 사용하면 다른 엘리먼트나 다른 h1엘리먼트에 아무런 영향도 주지 않고 아이디가 설정된 h1 엘리먼트만 가져와 조작할 수 있습니다.

GetElementById를 사용한 엘리먼트 선택하기

id를 통해 고유한 이름으로 설정된 엘리먼트가 있으면(이때 각 id는 유일해야 합니다), document.getElementById라는 DOM 메서드를 사용해 "main-heading" 엘리먼트를 가져올 수 있습니다.

```
var headingElement = document.getElementById("main-heading");
```

document.getElementById("main-heading")을 실행하면 웹 브라우저는 id가 "main-heading"인 엘리먼트를 찾습니다. 그 후 해당하는 id가 설정된 DOM 객체가 반환되고 우리는 이 DOM 객체를 headingElement라는 변수에 저장했습니다.

선택한 엘리먼트는 자바스크립트를 사용해 조작할 수 있습니다. 예를 들어, innerHTML 프로퍼티를 사용하면 선택된 엘리먼트 내부에 있는 글자를 가져오거나 바꿀 수 있습니다.

```
headingElement.innerHTML;
```

이 코드는 getElementById를 통해 선택한 엘리먼트인 headingElement 내부에 있는 HTML 콘텐츠를 반환합니다. 이 예제에서 headingElement의 콘텐츠는 <h1> 태그에 입력했던 안녕하세요!라는 텍스트입니다.

DOM을 사용한 제목 텍스트 바꾸기

지금부터 DOM을 사용해 제목 텍스트를 바꾸는 법을 살펴보겠습니다. 먼저 다음과 같은 코드를 입력해 새로운 HTML 문서를 작성한 후 dom.html 파일에 저장합니다.

```
<!DOCTYPE html>
<html>
<head>
    <title>DOM 가지고 놀기</title>
</head>

<body>
    <h1 id="main-heading">안녕하세요!</h1>

    <script>
❶    var headingElement = document.getElementById("main-heading");
❷    console.log(headingElement.innerHTML);
❸    var newHeadingText = prompt("새로운 제목을 입력해주세요.");
❹    headingElement.innerHTML = newHeadingText;
    </script>
</body>
</html>
```

❶에서는 document.getElementById를 사용해 id가 "main-heading"인 h1 엘리먼트를 가져온 뒤 이 엘리먼트를 headingElement 변수에 저장했습니다. ❷에서는 headingElement.innerHTML을 사용해 문자열을 반환하고 출력했습니다. 그 결과 콘솔에는 "안녕하세요!"가 출력될 것입니다. ❸에서는 프롬프트 대화창을 통해 사용자에게 새로운 제목으로 사용할 텍스트를 요청하고 사용자가 입력한 값을 newHeadingText 변수에 저장했습니다. 끝으로 ❹에서는 newHeadingText에 저장된 텍스트를 headingElement의 innerHTML 프로퍼티에 설정했습니다.

이 페이지를 읽으면 그림 9-2와 같이 프롬프트 대화창을 보게 될 것입니다.

[그림 9-2]: 대화창이 열려있는 페이지

대화창에 "자바스크립트는 멋져"라는 텍스트를 입력한 후 [확인] 버튼을 클릭합니다. 제목은 그림 9-3에서 보는 것처럼 새로 입력한 텍스트로 바뀔 것입니다.

[그림 9-3]: 제목이 변경된 페이지

innerHTML 프로퍼티와 자바스크립트를 사용하면 DOM 엘리먼트의 콘텐츠도 바꿀 수 있습니다.

jQuery를 사용한 DOM 트리 다루기

내장된 DOM 메서드는 훌륭하지만, 사용하기에 편리하지는 않습니다. 이 때문에 많은 개발자들은 jQuery라는 도구를 사용하여 DOM 트리에 접근하고 조작합니다. jQuery는 자바스크립트 라이브러리의 일종입니다. **라이브러리**(library)란 특정한 작업을 할 때 편리하게 사용할 수 있는 연관성 있는 도구(대부분은 함수) 모음입니다. jQuery는 특히 DOM을 더 쉽게 사용하는 것에 초점을 맞추고 있습니다. 일단 웹 페이지에 라이브러리를 읽어들인 다음에는 마치 자바스크립트에 원래부터 있던 것처럼 라이브러리의 함수나 메서드를 사용할 수 있습니다.

jQuery를 HTML 페이지에 읽어들이기

jQuery 라이브러리를 사용하려면 먼저 다음과 같은 HTML 코드를 사용하여 브라우저에게 jQuery를 불러오라고 명령해야 합니다.

```
<script src="https://code.jquery.com/jquery-2.1.0.js"></script>
```

여기서 사용하는 `<script>` 태그에는 콘텐츠를 포함하지 않은 채 `src` 속성만 설정합니다. `src` 속성을 사용하면 해당 URL(웹 주소)에 있는 자바스크립트 파일을 사용할 웹 페이지로 불러옵니다. 여기서 사용한 https://code.jquery.com/jquery-2.1.0.js는 jQuery 웹 사이트에 있는 특정 버전(2.1.0)의 jQuery를 가리키는 URL입니다.

위 URL을 웹 브라우저 주소표시줄에 입력하면 jQuery 라이브러리를 볼 수 있습니다. 주소를 제대로 입력했다면 `<script>` 태그가 추가하고 나서 페이지에 읽어들여지는 자바스크립트 코드가 보일 것입니다. 전체 라이브러리는 코드가 9,000줄이 넘는 복잡한 자바스크립트이므로 이 코드를 지금 당장 전부 이해하려고 하지 마세요!

jQuery를 사용한 제목 텍스트 바꾸기

앞서 149쪽에 있는 "DOM을 사용한 제목 텍스트 바꾸기" 절에서는 내장된 DOM 메서드를 사용해 텍스트를 바꿔보았습니다. 이 절에서는 DOM 메서드 대신 jQuery를 사용해서 제목 텍스트를 바꾸도록 하겠습니다. dom.html 파일을 열고 다음과 같이 수정하세요.

```
<!DOCTYPE html>
<html>
<head>
    <title>DOM 가지고 놀기</title>
</head>

<body>
    <h1 id="main-heading">안녕하세요!</h1>
```

```
❶    <script src="https://code.jquery.com/jquery-2.1.0.js"></script>

     <script>
     var newHeadingText = prompt("새로운 제목을 입력해주세요.");
❷      $("#main-heading").text(newHeadingText);
     </script>
   </body>
   </html>
```

❶에서는 jQuery를 불러오는 **<script>** 태그를 새롭게 추가했습니다. jQuery를 읽어들인 후에는 jQuery 함수 **$**를 사용해서 HTML 엘리먼트를 선택할 것입니다.

$ 함수에는 **선택자 문자열**(selector string)이라는 인수를 하나 전달합니다. 선택자 문자열은 DOM 트리에서 jQuery가 선택할 엘리먼트를 알려주는 문자열입니다. 이 예제에서는 **"#main-heading"**을 인수로 전달했습니다. 선택자에서 **#** 문자는 아이디를 의미하므로, **"#main-heading"**는 "id가 main-heading인 엘리먼트"라는 뜻입니다.

$** 함수는 선택된 엘리먼트에 해당하는 jQuery 객체를 반환합니다. 예를 들어, **$("#main-heading")은 id가 **"main-heading"**인 h1 엘리먼트에 해당하는 jQuery 객체를 반환합니다.

이제 우리는 h1 엘리먼트에 해당하는 jQuery 객체를 얻었습니다. ❷에서는 jQuery 객체에 새로 **text** 메서드를 사용하면 h1 엘리먼트의 텍스트를 수정할 수 있습니다. 이때 **text** 메서드에는 새로 사용할 텍스트를 인수로 전달하는데, 예제에서는 사용자가 입력한 값을 **newHeadingText** 변수에 저장해두고 전달했습니다. 이 페이지를 새롭게 읽어들이면 이전과 같이 h1 엘리먼트에 새로 사용할 텍스트를 입력하라는 대화창이 나타납니다.

jQuery를 사용해 엘리먼트 새로 만들기

jQuery는 이미 있던 엘리먼트를 다루는 것은 물론 새롭게 만들어서 DOM 트리에 추가하는 것도 가능합니다. DOM 트리에 엘리먼트를 추가하려면 jQuery 객체의 **append** 메서드를 호출하면서 인수로 HTML 코드 문자열을 전달하면 됩니다. **append** 메서드는 전달받은 문자열에 있는 HTML 코드를 DOM 엘리먼트로 변환하고, 새롭게 만든 엘리먼트를 기존에 있던 엘리먼트의 맨 끝에 추가합니다.

다음은 p 엘리먼트를 페이지 맨 끝에 추가하는 코드입니다. 이 코드를 자바스크립트에 추가하면 새로운 엘리먼트가 페이지에 추가됩니다.

```
$("body").append("<p>새로 만든 문단입니다.</p>");
```

이 문장의 앞 부분에서는 "body"라는 선택자 문자열과 $ 함수를 함께 사용하여 HTML 문서의 body 엘리먼트를 선택했습니다. 선택자 문자열에는 id가 없어도 상관없습니다. $("body") 코드는 body 엘리먼트를 선택합니다. 만약 $("p")를 사용했다면 문서에 있는 p 엘리먼트를 모두 선택합니다.

뒷부분에서는 $("body")에서 반환된 객체의 append 메서드를 호출했습니다. append에 전달된 문자열은 DOM 엘리먼트로 변환되고, 이 엘리먼트는 body 엘리먼트의 닫는 태그 바로 앞에 추가됩니다. 그림 9-4는 이 코드를 실행한 결과입니다.

[그림 9-4]: 새 엘리먼트를 추가한 문서

다음과 같이 for 반복문에서 append를 사용해 엘리먼트를 여러 개 추가할 수도 있습니다.

```
for (var i = 0; i < 3; i++) {
  var hobby = prompt("취미를 입력해주세요!");
  $("body").append("<p>" + hobby + "</p>");
}
```

이 반복문은 세 번 반복됩니다. 한 번 반복될 때마다 프롬프트가 나타나서 사용자의 취미를 묻습니다. 입력된 취미는 <p> 태그로 감싸져서 append 메서드에 전달되고, body 엘리먼트 끝에 추가됩니다. 이 코드를 dom.html 문서 마지막에 추가하고, 웹 브라우저에서 다시 읽어 들인 후 실행해보세요. 실행한 결과는 그림 9-5처럼 보일 것입니다.

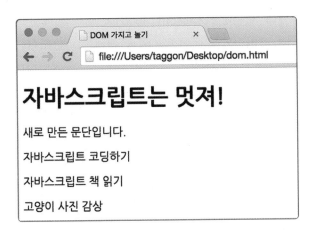

[그림 9-5]: 반복문을 사용한 엘리먼트 추가

jQuery를 사용한 애니메이션

많은 웹 사이트에서 콘텐츠를 보여주거나 숨길 때 애니메이션을 사용합니다. 페이드아웃 효과와 함께 엘리먼트를 없애고 싶다면 `fadeOut` 메서드를 사용하면 됩니다. dom.html 파일두 번째 `script`의 내용을 다음 코드로 바꾸면 페이드아웃 애니메이션을 볼 수 있습니다.

```
$("h1").fadeOut(3000);
```

이 예제에서는 $ 함수를 사용해 모든 **h1** 엘리먼트를 선택했습니다. dom.html에는 **h1** 엘리먼트가 하나 밖에 없기 때문에(안녕하세요!라는 글자를 포함하고 있는 엘리먼트) 엘리먼트 한 개에 해당하는 jQuery 객체가 반환됩니다. 이 jQuery 객체에서 `.fadeOut(3000)`을 호출하면 제목이 3초에 걸쳐 서서히 투명해지면서 사라집니다. `fadeOut`에 전달하는 인수는 밀리초, 즉 1/1000초 단위이기 때문에 3000을 인수로 전달하면 3초에 걸쳐 애니메이션을 표현합니다.

파일을 저장한 후 다시 읽어들이면 **h1** 엘리먼트가 서서히 투명하게 사라질 것입니다.

jQuery 애니메이션 연결하기

jQuery 객체에서 메서드를 호출하면, 메서드는 일반적으로 호출의 대상이 되었던 원래의 jQuery 객체를 다시 반환합니다. 예를 들어 $("h1")을 실행하면 모든 **h1** 엘리먼트를 선택한

jQuery 객체를 반환하는데, $("h1").fadeOut(3000)을 실행할 때도 똑같은 jQuery 객체를 반환합니다. 즉, 모든 h1 엘리먼트를 선택한 jQuery 객체를 반환합니다. 다음 코드는 h1 엘리먼트의 텍스트를 바꾸고 페이드아웃으로 사라지게 만드는 예제입니다.

```
$("h1").text("페이드아웃과 함께 사라질 거예요").fadeOut(3000);
```

이렇게 메서드를 한 줄에 여러 번 호출하는 것을 가리켜 **체이닝**(chaining)이라고 합니다.

똑같은 엘리먼트에 실행하는 여러 애니메이션도 체이닝으로 연결할 수 있습니다. 예를 들어, fadeOut과 fadeIn를 체이닝으로 연결하면 엘리먼트를 페이드아웃으로 사라지게 했다가 바로 페이드인으로 다시 나타나게 만들 수 있습니다.

```
$("h1").fadeOut(3000).fadeIn(2000);
```

fadeIn 애니메이션은 보이지 않던 엘리먼트를 서서히 나타나게 만듭니다. jQuery는 꽤 똑똑해서 이와 같은 방식으로 애니메이션을 연결해서 사용할 때는 순차적으로 애니메이션을 보여주려고 했음을 알아챕니다. 따라서, 이 코드는 h1 엘리먼트를 3초에 걸쳐 페이드아웃으로 사라지게 만든 뒤 바로 2초에 걸쳐 페이드인으로 나타나도록 만듭니다.

jQuery에는 fadeOut이나 fadeIn과 같은 애니메이션 메서드가 두 개 더 있습니다. 바로 slideUp과 slideDown입니다. slideUp 메서드는 엘리먼트를 미끄러지듯 접으면서 사라지게 만들고, slideDown 메서드는 미끄러지듯 펼치며 나타나게 만듭니다. dom.html 파일 두 번째 script 엘리먼트의 내용을 다음과 같이 수정하고, 페이지를 다시 읽어들여 결과를 확인해보세요.

```
$("h1").slideUp(1000).slideDown(1000);
```

이 코드는 먼저 h1 엘리먼트를 선택한 다음 1초에 걸쳐 엘리먼트를 미끄러지듯 접어서 사라지게 하고, 곧이어 1초에 걸쳐 미끄러지듯 펼치며 나타나게 합니다.

연습문제

보이지 않는 엘리먼트를 보여줄 때 `fadeIn`을 사용했습니다. 그런데 이미 잘 보이는 엘리먼트에 `fadeIn`을 사용하면 어떻게 될까요? 애니메이션 효과를 주었던 엘리먼트 바로 뒤에 있는 엘리먼트는 어떻게 될까요?

예를 들어, dom.html 문서의 제목 엘리먼트 바로 뒤에 p 엘리먼트를 새로 추가했다고 생각해봅시다. `slideUp`과 `slideDown`을 사용해 h1 엘리먼트를 숨기거나 보여주고 p 엘리먼트에 어떤 일이 일어나는지 확인해보세요. `fadeOut`과 `fadeIn`을 사용할 때는 어떤가요?

다음 예제처럼 체이닝을 사용하지 않고 똑같은 엘리먼트에 `fadeOut`과 `fadeIn`을 호출하면 어떻게 될까요?

```
$("h1").fadeOut(1000);
$("h1").fadeIn(1000);
```

`for` 반복문을 사용해 위 코드를 5번 반복해서 실행해봅시다. 무슨 일이 일어나나요?

jQuery의 `show`와 `hide`가 하는 일은 무엇일까요? 두 메서드를 사용해보고 생각한대로 동작하는지 확인해보세요. 이미 잘 보이는 엘리먼트에 페이드인 효과를 주고 싶을 때는 `hide`를 어떻게 사용하면 될까요?

정리해봅시다

이 장에서는 자바스크립트를 사용해 DOM 엘리먼트를 다루고, HTML 페이지를 업데이트하는 방법에 대해 배웠습니다. 보다시피 jQuery는 엘리먼트를 선택하고, 수정하고, 애니메이션을 보여줄 때 사용하면 훨씬 더 강력한 방법을 제공해줍니다. 또 엘리먼트에 고유한 식별자를 설정할 때 사용하는 HTML 속성 `id`도 배웠습니다.

다음 장에서는 자바스크립트를 실행하는 시점을 제어하는 방법에 대해 배울 것입니다. 사용자가 버튼을 클릭하고 1초가 지났을 때 코드를 실행하는 방법이 한 가지 예가 될 것입니다. 또한 일정한 시간 간격을 두고 똑같은 코드를 반복해서 실행하는 방법도 살펴보겠습니다. 매초 상태를 업데이트하는 시계를 떠올리면 이해가 쉽습니다.

프로그래밍 과제

다음 과제를 통해 jQuery와 DOM 엘리먼트 사용 방법을 익혀보세요.

#1: jQuery로 친구들 표시하기(그리고 바보로 만들기)

친구들 이름이 포함된 배열을 하나 만드세요. for 반복문을 사용해 친구 한 명마다 p 엘리먼트를 새로 만들고 jQuery의 append 메서드를 사용해 body 엘리먼트의 끝에 새로 만든 엘리먼트를 추가합니다. jQuery를 사용해 h1 엘리먼트의 내용을 안녕하세요! 대신 내 친구들로 바꾸세요. hide 메서드와 fadeIn 메서드를 연결해서 사용하여 친구 이름이 페이드인으로 나타나도록 하세요.

이제 p 엘리먼트를 수정하여 친구 이름 뒤에 바보라는 텍스트를 추가해보세요. 힌트: $("p")를 사용해 p 엘리먼트를 선택하고 append 메서드를 사용하면 모든 p 엘리먼트에 적용됩니다.

#2: 제목 깜빡이기

제목에 fadeOut과 fadeIn을 5번씩 번갈아가며 실행하려면 어떻게 해야 할까요? 각 애니메이션은 1초에 걸쳐 진행된다고 가정합니다. for 반복문을 사용해서도 만들어보세요. 처음 두 번은 1초에 걸쳐 깜빡이게 하고 두 번째는 2초, 세 번째는 3초와 같은 식으로 깜빡이게 반복문을 수정하세요.

#3: 애니메이션 지연하기

delay 메서드를 사용하면 애니메이션 사이의 시간을 지연시킬 수 있습니다. delay, fadeOut, fadeIn을 사용해 페이지에 있는 엘리먼트가 페이드아웃된 후 5초 지난 다음에 페이드인 되도록 코드를 작성해보세요.

#4: FadeTo 사용하기

fadeTo 메서드를 사용해보세요. 첫 번째 인수는 애니메이션 시간을 뜻하는 밀리초 단위의 숫자이며, 두 번째 인수는 0부터 1 사이의 숫자입니다. 다음 코드를 실행하면 어떻게 될까요?

```
$("h1").fadeTo(2000, 0.5);
```

두 번째 인수는 무슨 뜻일까요? 0부터 1 사이의 다른 값을 사용해보면서 두 번째 인수의 용도를 추측해보세요.

10장
인터랙티브 프로그래밍

지금까지 작성한 자바스크립트는 웹 페이지를 읽으면 바로 실행되었으며, alert나 confirm과 같은 함수를 사용할 때만 잠시 멈추었습니다. 하지만 페이지를 읽자마자 실행되는 코드만 작성해야 할 이유는 없습니다. 시간이 조금 지난 뒤에 실행되거나 사용자의 동작에 반응해서 실행되는 코드를 작성하려면 어떻게 해야 할까요?

이 장에서는 여러 가지 방법을 사용해서 코드의 실행 시기를 조작해볼 것입니다. 이런 방식의 프로그래밍을 가리켜 **인터랙티브 프로그래밍**(interactive programming)이라고 부릅니다. 이를 통해 시간이 지나면서 변하거나, 사용자의 행동에 반응해서 변하는 인터랙티브한 웹 페이지를 만들 수 있습니다.

setTimeout을 사용한 코드 지연

자바스크립트가 함수를 바로 실행하지 않고, 특정한 시간이 지난 뒤에 실행하도록 만들 수 있습니다. 이렇게 함수의 실행을 지연하는 것을 가리켜 **타임아웃을 설정한다**(settings a timeout)라고 말합니다. 이때 타임아웃은 대기 시간으로 바꿔 생각해도 좋습니다. 자바스크립트에서 타임아웃을 설정할 때는 **setTimeout** 함수를 사용합니다. 그림 10-1에서 보다시피 **setTimeout** 함수에는 인수 두 개를 전달합니다. 첫 번째 인수는 시간이 지난 뒤에 호출할 함수이고 두 번째 인수는 기다릴 시간을 밀리초 단위로 표시한 숫자입니다.

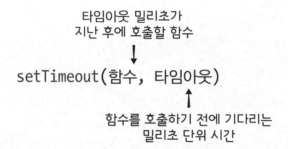

[**그림 10-1**]: setTimeout의 인수

다음은 **setTimeout**을 사용해 경고창을 표시하는 예제입니다.

```
❶ var timeUp = function () {
     alert("시간 끝!");
   };

❷ setTimeout(timeUp, 3000);
   1
```

이 코드는 ❶에서 timeUp이라는 함수를 만들었습니다. timeUp 함수가 호출되면 "시간 끝"이라고 표시하는 경고창이 나타날 것입니다. ❷에서는 인수 두 개를 전달하며 setTimeout을 호출했습니다. 시간이 흐른 뒤 호출할 함수를 뜻하는 첫 번째 인수로는 timeUp을 전달하고, 함수를 호출하기 전에 기다릴 시간을 의미하는 두 번째 인수로는 3000을 전달했습니다. 두 번째 인수는 밀리초 단위의 시간이므로 주의해야 합니다. 이 코드는 "3초만 기다렸다가 timeUp을 호출해줘."라고 말하는 것과 같습니다. setTimeout(timeUp, 3000)을 호출할 때는 아무런 일도 일어나지 않지만, 3초가 지나면 timeUp이 호출되어 경고창이 나타납니다.

예제 코드 마지막을 보면 setTimeout 함수의 실행 결과로 1이 반환되었습니다. 이 반환 값은 **타임아웃 아이디**(timeout ID)라고 부릅니다. 타임아웃 아이디는 특정한 타임아웃, 다시 말해 지연된 함수 호출을 식별할 때 사용합니다. 실제로 반환되는 숫자는 식별 용도이기 때문에 다른 숫자가 반환될 수도 있습니다. setTimeout을 다시 호출하면 이번에는 다른 타임아웃 아이디가 반환될 것입니다.

```
setTimeout(timeUp, 3000);
2
```

이 타임아웃 아이디를 clearTimeout 함수와 함께 사용하면 특정 타임아웃을 취소할 수 있습니다. 여기에 대해서는 다음 절에서 살펴보겠습니다.

타임아웃 취소하기

setTimeout을 사용해 지연된 함수 호출을 설정하고 난 후에, 이 함수를 호출하지 않아야 할 상황이 발생할 수 있습니다. 숙제할 시간에 알람을 맞춰두었는데 그 시간이 되기 전에 숙제를 이미 다 끝내버렸다고 생각해봅시다. 아마도 알람을 취소하고 싶을 것입니다. 타임아웃을 취소하려면 clearTimeout 함수를 사용하고, 인수로는 setTimeout 함수에서 반환한 타임아웃 아이디를 전달하면 됩니다. 예를 들어, 다음과 같이 숙제할 시간을 알려주는 알람을 작성했다고 생각해봅시다.

```
var doHomeworkAlarm = function () {
    alert("숙제할 시간입니다!");
};
❶ var timeoutId = setTimeout(doHomeworkAlarm, 60000);
```

doHomeworkAlarm 함수는 경고창을 표시하며 과제할 시간을 알려줍니다. setTimeout(doHomeworkAlarm, 60000)을 호출하면 자바스크립트는 60,000밀리초(60초)가 지난 후에 이 함수를 실행합니다. ❶에서는 setTimeout을 사용해 함수 호출을 예약하고 반환된 타임아웃 아이디를 timeoutId라는 변수에 저장했습니다.

이 타임아웃을 취소하려면 다음과 같이 clearTimeout 함수에 취소할 타임아웃의 타임아웃 아이디를 인수로 전달하면 됩니다.

```
clearTimeout(timeoutId);
```

이제 setTimeout은 doHomeworkAlarm를 호출하지 않습니다.

setInterval을 사용해 코드를 여러 번 호출하기

setInterval 함수는 setTimeout과 비슷하지만 일정한 **시간 간격**(interval)을 두고 주어진 함수를 반복해서 실행합니다. 자바스크립트를 사용해서 시계를 만든다고 생각해봅시다. 이 때 setInterval을 사용해서 매초마다 시간을 업데이트하게 할 수 있습니다. setInterval 함수에는 인수를 두 개 전달합니다. 첫 번째 인수는 반복해서 호출할 함수이며, 두 번째 인수는 밀리초 단위의 시간 간격입니다. 이 함수의 구조는 그림 10-2와 같습니다.

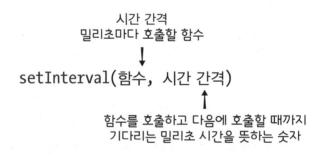

시간 간격
밀리초마다 호출할 함수

setInterval(함수, 시간 간격)

함수를 호출하고 다음에 호출할 때까지
기다리는 밀리초 시간을 뜻하는 숫자

[그림 10-2]: setInterval 함수의 인수

다음은 1초에 한 번씩 콘솔에 메시지를 출력하는 예제입니다.

```
❶ var counter = 1;

❷ var printMessage = function () {
     console.log("기록을 시작한 지 " + counter
   + " 초 지났습니다.");
❸   counter++;
   };

❹ var intervalId = setInterval(printMessage, 1000);
   기록을 시작한 지 " + counter + "초 지났습니다."
   기록을 시작한 지  1초 지났습니다.
   기록을 시작한 지  2초 지났습니다.
```

```
      기록을 시작한 지  3초 지났습니다.
      기록을 시작한 지  4초 지났습니다.
      기록을 시작한 지  5초 지났습니다.
      기록을 시작한 지  6초 지났습니다.
❺ clearInterval(intervalId);
```

❶에서는 counter라는 변수를 만들고 값을 1로 설정했습니다. 이 변수에는 경과한 시간이 저장되어 있으며, 콘솔에 텍스트를 출력할 때 사용됩니다.

❷에서는 printMessage라는 함수를 작성했습니다. 이 함수의 역할은 두 가지입니다. 첫 번째는 경과한 시간을 알려주는 메시지를 콘솔에 출력하는 것입니다. 두 번째 역할은 ❸에서 counter 변수의 값을 1만큼 증가시켰습니다.

그다음에는 ❹에서 setInterval 함수를 호출합니다. 이때 printMessage함수와 숫자 1000을 인수로 전달했습니다. 이렇게 setInterval 함수를 호출한다는 것은 "1,000밀리초마다 printMessage를 호출해줘."라고 명령하는 셈입니다. setTimeout에서 타임아웃 아이디를 반환했듯 setInterval도 **인터벌 아이디**(Interval ID)를 반환하는데, 예제에서는 인터벌 아이디를 intervalId 변수에 저장했습니다. 이렇게 저장한 인터벌 아이디는 ❺와 같이 printMessage 호출을 중단하고 싶을 때 clearInterval과 함께 사용할 수 있습니다.

연습문제

앞서 작성한 예제를 1초가 아니라 5초마다 메시지를 출력하도록 수정하세요.

---

setInterval을 사용한 엘리먼트 애니메이션

setInterval은 웹 브라우저에서 엘리먼트를 애니메이션으로 보여줄 때도 사용할 수 있습니다. 아주 조금씩 엘리먼트를 움직이는 함수를 작성해야 하고, 이 함수를 아주 짧은 시간 간격과 함께 setInterval에 인수로 전달하면 됩니다. 적절한 수준으로 조금씩 움직이고,

움직임의 시간 간격도 적절하게 짧다면 애니메이션이 꽤 부드럽게 보일 것입니다.

HTML 문서에 있는 일부 텍스트를 애니메이션 효과와 함께 가로로 움직여보겠습니다.
interactive.html 파일을 만들고 다음 HTML을 작성한 후 저장하세요.

```html
<!DOCTYPE html>
<html>
<head>
    <title>인터렉티브 프로그래밍</title>
</head>

<body>
    <h1 id="heading">안녕하세요!</h1>

    <script src="https://code.jquery.com/jquery-2.1.0.js"></script>

    <script>
    // 이 부분은 나중에 채웁니다.
    </script>
</body>
</html>
```

이제 자바스크립트를 살펴봅시다. 언제나 그렇듯이, 다음 자바스크립트 코드는 HTML 문서
의 <script> 태그 사이에 두어야 합니다.

```javascript
❶ var leftOffset = 0;

❷ var moveHeading = function () {
❸   $("#heading").offset({ left: leftOffset });

❹   leftOffset++;

❺   if (leftOffset > 200) {
     leftOffset = 0;
    }
   };

❻ setInterval(moveHeading, 30);
```

이 페이지를 열면 제목 엘리먼트가 화면을 가로질러 서서히 200픽셀만큼 이동하는 것을 볼수 있습니다. 그 후 처음 위치로 건너뛴 다음 다시 애니메이션을 반복합니다. 이 코드의 다음과 같이 동작합니다.

❶에서는 leftOffset 변수를 만들었는데, 이 변수는 나중에 #heading 엘리먼트의 위치를 정할 때 사용합니다. 이 값은 0부터 시작하는데, 바꿔 말하면 제목 엘리먼트가 웹 페이지의 왼쪽 끝에서부터 출발한다는 뜻입니다.

❷에서는 moveHeading이라는 변수를 만들었습니다. 이 함수는 setInterval에 전달될 것입니다. moveHeading 함수 안을 살펴보면 ❸에서 $("#heading")을 사용해 id가 "heading"인 엘리먼트, 즉 문서에 하나 밖에 없는 h1 엘리먼트를 선택하고 offset 메서드를 사용해 제목 엘리먼트의 왼쪽 위치를 설정합니다. **오프셋**(offset)은 엘리먼트가 화면 왼쪽 상단에서 얼마나 떨어졌는지 나타내는 값입니다.

offset 메서드에는 객체를 인수로 전달하는데, 이 객체는 엘리먼트의 왼쪽 위치를 뜻하는 left 프로퍼티나 상단으로부터의 위치를 뜻하는 top 프로퍼티를 포함할 수 있습니다. 앞서 본 예제에서 우리는 left 프로퍼티의 값을 leftOffset 변수의 값으로 설정했습니다. 오프셋 위치를 고정해두고 싶다면, 다시 말해 위치가 변하지 않도록 만들고 싶다면 프로퍼티의 값으로 변수 대신 숫자를 사용하면 됩니다. 예를 들어, $("#heading").offset({ left: 100 })을 호출하면 제목 엘리먼트는 항상 페이지 왼쪽 끝에서 100픽셀만큼 떨어진 위치에 있을 것입니다.

❹에서는 leftOffset 변수의 값을 1만큼 증가시켰습니다. ❺에서는 제목 엘리먼트가 너무 많이 움직이지 않도록 leftOffset의 값이 200보다 큰지 확인하고, 크다면 0으로 바꿔주었습니다. 끝으로 ❻에서는 setInterval을 호출하면서 moveHeading 함수와 숫자 30(30밀리초)을 인수로 전달했습니다.

이 코드는 30밀리초마다 moveHeading 함수를 호출합니다. 1초당 33번 호출한다고 볼 수도 있습니다. moveHeading 함수를 한 번 호출할 때마다 leftOffset 변수의 값은 1씩 증가하고, 이 값은 제목 엘리먼트의 위치를 설정할 때 사용됩니다. 이 함수를 한 번 호출할 때마다

leftOffset의 값이 1씩 증가하므로 제목 엘리먼트는 30밀리초마다 1픽셀씩 서서히 오른쪽
으로 이동합니다.

연습문제

moveHeading 함수를 호출할 때마다 leftOffset이 증가하는 양을 늘리거나
setInterval을 통해 설정한 moveHeading의 호출 간격을 줄여서 애니메이션을 더
빠르게 만들어보세요.

어떻게 하면 이동 속도를 두 배로 만들 수 있을까요? 두 가지 방법을 다 사용해보고
차이점을 확인해보세요.

사용자 행동에 반응하기

앞서 살펴본 대로 setTimeout과 setInterval 함수를 사용하면 코드의 실행 시기를 조작할
수 있습니다. 코드의 실행 시기를 정하는 다른 방법으로는 클릭, 키보드 입력, 마우스 이동
과 같이 사용자가 특정한 행동을 할 때만 코드를 실행하도록 하는 것이 있습니다. 이 방법을
사용하면 사용자의 행동에 따라 반응하고 변화하는 웹 페이지를 만들 수 있습니다.

웹 브라우저에서는 클릭, 키보드 입력, 마우스 이동과 같이 사용자가 어떤 행동을 할 때마
다 **이벤트**(event)가 발생합니다. 이벤트는 웹 브라우저가 "이런 일이 일어났어!"라고 말해주
는 것과 같습니다. 이벤트가 발생할 엘리먼트에 **이벤트 핸들러**(event handler)를 추가하면 이
벤트를 지켜볼 수 있습니다* 이벤트 핸들러를 추가한다는 것은 "이 엘리먼트에서 이벤트가
일어나면 이 함수를 호출해줘"라고 말하는 셈입니다. 예를 들어, 사용자가 제목 엘리먼트를
클릭할 때 어떤 함수를 호출하고 싶다면, 제목 엘리먼트의 클릭(click) 이벤트 핸들러를 추
가하면 됩니다. 이벤트 핸들러를 다루는 방법은 다음 절에서 배우겠습니다.

클릭에 반응하기

사용자가 웹 브라우저에 있는 엘리먼트를 클릭하면, 이 행동은 **클릭 이벤트**(click event)를 발
생시킵니다. jQuery를 사용하면 클릭 이벤트에 이벤트 핸들러를 쉽게 추가할 수 있습니다.

---

*   옮긴이: 원래 용어로는 "듣고 있다"(listen)로 표현합니다. 여기서는 더 쉽게 이해할 수 있도록 "지켜본다"라고 표현
      했습니다.

앞서 만들었던 interactive.html 문서를 열고 [File] ▶ [Save As]를 사용해 이 파일을 clicks.html 이라는 이름으로 저장한 후, 두 번째 **script** 엘리먼트의 코드를 다음과 같이 수정하세요.

```
❶  var clickHandler = function (event) {
❷    console.log("Click! " + event.pageX + " " + event.pageY);
   };

❸  $("h1").click(clickHandler);
```

❶에서는 **event**라는 인수를 전달하는 **clickHandler** 함수를 만들었습니다. 이 함수가 호출될 때 **event** 인수에는 클릭된 위치 등 클릭 이벤트에 관한 정보가 담긴 객체가 됩니다. 핸들러 함수 내부의 ❷에서는 **console.**log를 사용하여 **event** 객체의 **pageX**와 **pageY** 프로퍼티를 출력했습니다. 이 프로퍼티는 이벤트의 x, y 좌표, 다시 말해 웹 페이지에서 클릭된 위치를 알려줍니다.

끝으로 ❸에서는 클릭 핸들러를 엘리먼트에 추가했습니다. **$("h1")**은 **h1** 엘리먼트를 선택하고 **$("h1").click(clickHandler)**는 "누가 이 **h1** 엘리먼트를 클릭하면 이벤트 정보를 담은 **event** 객체와 함께 **clickHandler** 함수를 호출해줘"라고 브라우저에게 명령합니다. 이 예제의 클릭 핸들러는 **event** 객체에서 클릭된 위치의 x, y 좌표 정보를 가져와서 콘솔에 출력합니다.

웹 브라우저에서 수정된 페이지를 다시 읽은 후 제목 엘리먼트를 클릭해보세요. 제목을 클릭할 때마다 콘솔에는 새로운 텍스트가 한 줄 추가되어 다음과 같이 보일 것입니다. 각 줄에는 클릭된 위치의 x, y 좌표를 의미하는 숫자 두 개가 표시되어 있습니다.

```
Click! 88 43
Click! 63 53
Click! 24 53
Click! 121 46
Click! 93 55
Click! 103 48
```

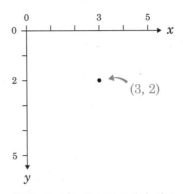
마우스 이동 이벤트

mousemove 이벤트는 마우스가 움직일 때마다 발생합니다. 이 이벤트를 확인해보려면 먼저 mousemove.html 파일을 만들고 다음 코드를 입력하세요.

```
<!DOCTYPE html>
<html>
<head>
    <title>Mousemove</title>
</head>

<body>
    <h1 id="heading">안녕하세요!</h1>

    <script src="https://code.jquery.com/jquery-2.1.0.js"></script>

    <script>
❶      $("html").mousemove(function (event) {
❷        $("#heading").offset({
          left: event.pageX,
```

```
          top: event.pageY
        });
      });
    </script>
  </body>
</html>
```

❶에서는 $("html").mousemove(핸들러)를 사용해 mousemove 이벤트에 핸들러를 추가했습니다. 이 예제에서 인수로 전달된 **핸들러**는 mousemove 바로 뒤와 </script> 바로 앞 사이에 나타난 함수 전체입니다. $("html")은 html 엘리먼트를 선택하기 때문에 웹 페이지 어느 곳에서든 마우스가 움직이면 핸들러가 호출됩니다. 우리가 mousemove 뒤 괄호 사이에 전달한 함수는 사용자가 마우스를 움직일 때마다 호출됩니다.

이 예제에서는 앞서 작성했던 clickHandler처럼 이벤트 핸들러를 따로 만든 뒤에 mousemove 메서드에 전달하지 않고 mousemove 메서드 뒤에 핸들러 함수를 직접 전달했습니다. 다소 생소할 수 있지만 이벤트 핸들러를 작성할 때 가장 많이 사용되는 방법이므로 이 문법에 익숙해지는 편이 좋습니다.

이벤트 핸들러 함수 내부의 ❷에서는 제목 엘리먼트를 선택하고 offset 메서드를 호출했습니다. 이전에 말했듯이 offset에 전달되는 객체는 left와 top 프로퍼티를 가질 수 있습니다. 이 예제에서는 event.pageX의 값을 left 프로퍼티에 할당했고, event.pageY의 값을 top 프로퍼티에 할당했습니다. 이제 마우스를 움직일 때마다 제목 엘리먼트가 그 위치로 이동할 것입니다. 즉, 제목 엘리먼트가 마우스를 따라다닐 것입니다.

정리해봅시다

이 장에서는 자바스크립트 코드를 우리가 원할 때 실행하는 방법을 배웠습니다. setTimeout과 setInterval 함수는 특정한 시간이 지난 뒤에 원하는 코드를 실행하거나, 특정한 시간 간격을 두고 원하는 코드를 반복해서 실행할 때 좋습니다. 사용자가 웹 브라우저 안에서 어떤 행동을 할 때 코드를 실행하고 싶다면 click이나 mousemove 같은 이벤트를 사용하면 됩니다. 물론 이벤트의 종류는 훨씬 더 많습니다.

다음 장에서는 지금까지 배운 내용을 사용해 게임을 만들어보겠습니다!

프로그래밍 과제

다음 과제를 통해 다양한 방식의 인터랙티브 프로그래밍을 경험해보세요.

#1: 클릭 따라다니기

제목 엘리먼트가 마우스를 따라 다니는 mousemove 프로그램을 수정하여 클릭할 때만 따라오도록 만들어보세요. 웹 페이지 어디서든 마우스 버튼을 클릭하면 제목 엘리먼트가 클릭한 위치에 있어야 합니다.

#2: 애니메이션 제작

setInterval을 사용하여 h1 엘리먼트가 정사각형을 그리며 돌아다니는 코드를 작성하세요. 이 엘리먼트는 오른쪽으로 200픽셀 움직였다가, 아래로 200픽셀, 다음엔 왼쪽으로 200픽셀, 그다음엔 위쪽으로 200픽셀만큼 움지여서 원래 위치로 돌아와야 합니다. 힌트: 이 코드를 작성하려면 현재 이동 방향(오른쪽, 아래, 왼쪽, 위)을 저장해두어야 제목의 top 또는 left 오프셋 위치를 늘릴지 줄일지 알 수 있습니다. 사각형 모서리에 닿으면 방향을 바꿔야 하는 것도 잊지 마세요.

#3: 클릭으로 애니메이션 취소하기

#2번 과제의 결과를 수정하여 움직이는 h1 엘리먼트에 이벤트를 취소하는 클릭 핸들러를 추가하세요. 힌트: clearInterval 함수를 사용하면 인터벌을 취소할 수 있습니다.

#4: "제목을 클릭하세요" 게임 만들기

#3번 과제를 수정하여 플레이어가 제목을 클릭할 때마다 제목의 이동 속도가 빨라져서 점점 클릭하기 어렵게 해보세요. 당연한 말이지만, #3번과 다르게 클릭했다고 애니메이션을 멈추지 않습니다. 제목을 몇 번 클릭했는지 저장해두고 이 숫자를 제목 텍스트에서 보여주세요. 플레이어가 10번 클릭하면 애니메이션을 멈추고 제목 엘리먼트에 "You Win."이라고 출력하세요. 힌트: 애니메이션 속도를 올리려면 현재 진행 중인 인터벌을 취소하고 시간 간격이 더 짧은 인터벌을 만들어서 실행하면 됩니다.

11장
보물 찾기 게임

지금까지 배운 내용을 활용해서 게임을 만들어봅시다! 이 게임의 목적은 숨겨진 보물을 찾는 것입니다. 이 게임에서 웹 페이지는 보물 지도를 표시합니다. 보물 지도 안에는 프로그램이 숨겨둔 1픽셀짜리 위치가 있는데, 여기가 바로 숨겨진 보물이 묻혀있는 곳입니다. 웹 페이지는 플레이어가 지도를 클릭할 때마다 보물까지 거리가 얼마나 되는지 알려줍니다. 보물이 있는 위치를 클릭하거나 매우 가까운 위치를 클릭하면 보물 찾기를 성공했다는 축하메시지와 함께 보물을 찾을 때까지 클릭한 횟수를 보여줍니다. 그림 11-1은 플레이어가 지도를 클릭한 뒤의 게임 화면입니다.

[그림 11-1]: 보물 찾기 게임

게임 설계하기

코드를 작성하기 전에 이 게임의 전체 구조를 분석해봅시다. 다음은 플레이어가 보물 지도를 클릭할 때 이에 맞춰 반응하도록 만드는 것으로 게임을 만들 때 필요한 단계입니다.

1. 메시지를 보여줄 곳과 보물 지도 이미지가 있는 웹 페이지를 만듭니다. 플레이어는 메시지를 보고 얼마나 보물에 가까워졌는지 알 수 있습니다.

2. 지도 이미지에서 아무 위치나 고릅니다. 보물이 숨겨져있는 위치가 됩니다.

3. 클릭 핸들러를 만듭니다. 플레이어가 지도를 클릭할 때마다 클릭 핸들러는 다음과 같이 동작합니다.

   a. 클릭 횟수를 세는 클릭 카운터에 1을 더한다.

   b. 보물이 묻혀있는 곳으로부터 얼마나 멀리 떨어졌는지 계산한다.

c. 떨어진 거리를 알려주는 메시지를 웹 페이지에 표시한다.

d. 플레이어가 보물을 클릭했거나 매우 근접한 위치를 클릭했다면 축하 메시지와 함께 보물을 찾기까지 클릭한 횟수를 보여준다.

지금부터 이 게임의 각 기능을 하나씩 구현하여 게임을 완성해보겠습니다.

HTML을 사용해 웹 페이지 만들기

게임에 사용할 HTML을 살펴봅시다. 이 웹 페이지에는 보물 지도를 표시할 **img** 엘리먼트가 있고, 플레이어에게 메시지를 표시할 **p** 엘리먼트가 있습니다. treasure.html 파일을 만들고 다음 코드를 입력하세요.

```
<!DOCTYPE html>
<html>
<head>
    <title>숨겨진 보물을 찾아보세요!</title>
</head>

<body>
    <h1 id="heading">숨겨진 보물을 찾아보세요!</h1>

❶    <img id="map" width=400 height=400 ↵
❷    src="http://nostarch.com/images/treasuremap.png">

❸    <p id="distance"></p>

    <script src="https://code.jquery.com/jquery-2.1.0.js"></script>

    <script>
    // 여기에 게임 코드를 입력합니다.
    </script>
</body>
</html>
```

img 엘리먼트는 HTML 문서에서 이미지를 표현할 때 사용합니다. 다른 HTML 엘리먼트와는 달리 **img**는 닫는 태그가 없습니다. 여는 태그만 입력해도 충분하며, 다른 엘리먼트와 마찬가지로 여러 속성을 추가할 수 있습니다. ❶에서는 **img** 엘리먼트를 추가하고 **id**를 "map"

으로 설정했습니다. 이 엘리먼트의 너비와 높이는 width와 height 속성을 통해 설정할 수 있는데, 여기서는 400으로 설정했습니다. 이는 이 이미지가 너비 400픽셀, 높이 400픽셀로 표현된다는 뜻입니다.

표현할 이미지를 정해주기 위해 ❷에서는 src 속성에 이미지의 웹 주소를 입력했습니다. 여기서는 No Starch Press 웹 사이트의 treasuremap.png 파일을 연결했습니다.

❸을 보면 img 엘리먼트 뒤에 id가 "distance"인 빈 p 엘리먼트가 있습니다. 이 엘리먼트는 자바스크립트가 플레이어에게 보물에 얼마나 가까워졌는지 알려줄 때 사용합니다.

보물의 위치 무작위로 고르기

이제 자바스크립트를 작성해봅시다. 먼저 보물이 숨겨진 위치로 사용할 장소를 보물 지도 안에서 골라야 합니다. 지도의 크기가 가로 세로 각각 400픽셀이므로 왼쪽 상단 모서리의 픽셀은 { x: 0, y: 0}이 되고, 오른쪽 하단 모서리의 픽셀은 { x: 399, y: 399}가 됩니다.

무작위 숫자 고르기

보물 지도 안의 위치를 무작위로 고르려면 0부터 399까지의 숫자 중 무작위 숫자 두 개를 골라서 각각 *x* 좌표와 *y* 좌표로 사용하면 됩니다. 랜덤한 숫자를 만들기 위해 size를 인수로 받아서 0부터 size 바로 앞까지의 숫자 중 하나를 무작위로 고르는 함수를 작성해보겠습니다.

```
var getRandomNumber = function (size) {
  return Math.floor(Math.random() * size);
};
```

이 코드는 우리가 앞서 인디언 이름 제조기에서 사용했던 코드와 비슷합니다. Math.random을 사용해 0부터 1사이의 무작위 숫자를 고르고 여기에 size 인수를 곱한 뒤 Math.floor를 통해 소수점 자리를 버림했습니다. 또 계산 결과를 반환하여 함수의 반환 값으로 사용했습니다. 이제 getRandomNumber(400)를 사용하면 0부터 399 사이의 숫자 중 하나가 무작위로 반환될 것입니다. 딱 우리에게 필요했던 것이죠!

보물 좌표 설정하기

이제 getRandomNumber 함수를 사용해 보물의 좌표를 설정해봅시다.

```
❶ var width = 400;
   var height = 400;

❷ var target = {
     x: getRandomNumber(width),
     y: getRandomNumber(height)
   };
```

❶에 있는 코드에서는 보물 지도를 표현하는 img 엘리먼트의 너비와 높이를 나타내는 width 변수와 height 변수를 설정했습니다. ❷에서는 target 객체를 만들었는데, 이 객체에는 숨겨진 보물의 위치를 뜻하는 x와 y 프로퍼티가 있습니다. x, y 프로퍼티의 값은 둘 다 getRandomNumber를 사용해 만들었습니다. 이 코드를 실행할 때마다 보물이 숨겨진 위치는 매번 달라지고, 좌표는 target 변수의 x, y 프로퍼티에 저장될 것입니다.

클릭 핸들러

이 게임의 클릭 핸들러는 플레이어가 지도를 클릭할 때 호출됩니다. 다음 코드를 사용해 함수를 작성해보겠습니다.

```
$("#map").click(function (event) {
  // 여기에 클릭 핸들러 코드를 입력합니다.
});
```

우선 $("#map")을 사용해 보물 지도를 선택했습니다. 보물 지도는 id가 "map"인 img 엘리먼트로 표현되었습니다. 클릭 핸들러 함수를 보면 플레이어가 지도를 클릭할 때마다 중괄호 사이에 있는 함수 몸체가 실행됩니다. 클릭 이벤트에 대한 정보는 event 인수를 통해 핸들러 함수 몸체에 객체 형태로 전달됩니다.

클릭 핸들러 함수에서 해야 할 일은 조금 많습니다. 클릭 카운터도 증가시켜야 하고, 보물에서 얼마나 떨어졌는지도 계산해야 하며, 메시지도 표시해야 합니다. 클릭 핸들러 함수에 코드를 채워 넣기 전에 이러한 작업을 도와줄 몇 가지 변수와 함수를 먼저 만들어보겠습니다.

클릭 횟수 세기

클릭 핸들러에서 제일 먼저 해야 할 일은 전체 클릭 횟수를 세는 것입니다. 클릭 횟수를 세기 위해 프로그램 제일 앞에 (클릭 핸들러 바깥에) clicks라는 변수를 만들고 0을 저장했습니다.

```
var clicks = 0;
```

클릭 핸들러 안에서는 clicks++를 추가하여 플레이어가 지도를 클릭할 때마다 clicks의 값이 1씩 증가하도록 했습니다.

클릭한 위치에서 보물까지의 거리 계산하기

플레이어가 보물에서 얼마나 가까워졌는지 알려면, 플레이어가 클릭한 위치와 보물이 숨겨진 위치 사이의 거리를 알아야 합니다. 이를 위해 다음과 같이 getDistance 함수를 만들었습니다.

```
var getDistance = function (event, target) {
  var diffX = event.offsetX - target.x;
  var diffY = event.offsetY - target.y;
  return Math.sqrt((diffX * diffX) + (diffY * diffY));
};
```

getDistance 함수에는 event와 target이라는 인수를 전달합니다. event는 클릭 핸들러에 전달되었던 객체로써 이를 통해 클릭 이벤트에 관한 꽤 많은 정보를 알 수 있습니다. 클릭한 위치를 찾을 때는 특히 클릭한 위치의 x, y 좌표를 알 수 있는 offsetX, offsetY 프로퍼티가 유용합니다.

getDistance 함수의 안을 살펴보면 diffX 변수에는 클릭된 위치와 보물 위치의 가로로 떨어진 거리를 저장하고 있습니다. 가로로 떨어진 거리는 클릭된 위치의 x 좌표를 의미하는 event.offsetX에서 보물의 x 좌표를 의미하는 target.x를 빼서 구했습니다. 마찬가지 방식을 사용하면 세로로 떨어진 거리도 구할 수 있는데, 이 값은 diffY 변수에 저장해둡니다. 그림 11-2를 보면 diffX와 diffY를 어떻게 구했는지 알 수 있습니다.

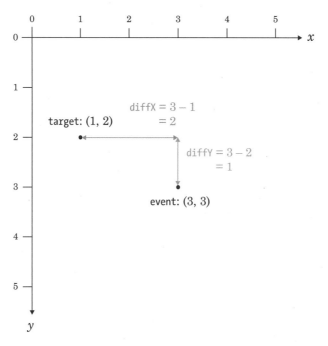

[그림 11-2]: event와 target의 가로, 세로 거리 계산

피타고라스의 정리 사용하기

그다음에 **getDistance** 함수가 한 일은 **피타고라스의 정리**(Pythagorean theorem)를 사용해 두 지점의 거리를 계산한 것입니다. 피타고라스의 정리에 따르면 직각 삼각형에서 직각을 이루는 두 변의 길이를 각각 a와 b라고 하고 나머지 빗변의 길이를 c라고 했을 때 $a^2 + b^2 = c^2$가 됩니다. 따라서 a와 b만 주어진다면 $a^2 + b^2$의 제곱근을 계산하여 c를 계산할 수 있습니다.

event와 **target**의 거리를 계산하려면 그림 11-3에서 볼 수 있듯이, 두 지점이 마치 직각 삼각형에 속해있는 것처럼 다루어야 합니다. **getDistance** 함수에서 **diffX**는 삼각형 가로변의 길이가 되고 **diffY**는 삼각형 세로변의 길이가 됩니다.

클릭된 위치와 보물 사이의 거리는 빗변의 길이와 같으므로 **diffX**와 **diffY**를 사용해 빗변의 길이를 계산하면 됩니다. 그림 11-3은 간단한 계산 예시입니다.

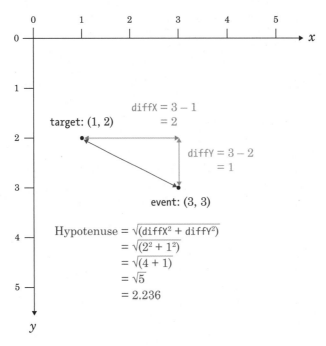

[그림 11-3]: event와 target 사이의 거리를 구하기 위한 빗변의 길이 계산

빗변의 길이를 구하려면 먼저 `diffX`와 `diffY`를 제곱해야 합니다. 그 후 제곱한 값 두 개를 더하고 자바스크립트 함수 `Math.sqrt`를 사용해서 더한 값의 제곱근을 계산합니다. 따라서 클릭한 위치와 보물 위치 사이의 거리를 구하기 위한 이 복잡한 수식을 코드로 표현하면 다음과 같습니다.

```
Math.sqrt((diffX * diffX) + (diffY * diffY))
```

`getDistance` 함수는 이 값을 계산한 뒤 결과를 반환합니다.

플레이어에게 얼마나 가까운지 말해주기

이제 플레이어가 클릭한 곳과 보물 사이의 거리를 알았으니 얼마나 보물에서 가까워졌는지 플레이어에게 알려주도록 해봅시다. 단, 아주 멀리 떨어져 있을 때는 아무런 힌트도 보여주지 않을 것입니다. 이를 위해 `getDistanceHint` 함수를 다음과 같이 작성했습니다.

```
var getDistanceHint = function (distance) {
  if (distance < 10) {
    return "바로 앞입니다!";
```

```
    } else if (distance < 20) {
      return "정말 가까워요";
    } else if (distance < 40) {
      return "가까워요";
    } else if (distance < 80) {
      return "멀지는 않아요";
    } else if (distance < 160) {
      return "멀어요";
    } else if (distance < 320) {
      return "꽤 멀어요";
    } else {
      return "너~~~~무 멀어요!";
    }
};
```

이 함수는 계산한 거리에 따라 다른 문자열을 반환합니다. 거리가 10보다 작으면 "바로 앞입니다!"를 반환합니다. 10과 20 사이라면 "정말 가까워요"를 반환하고, 거리에 따라 메시지를 달리하다가 320보다 더 멀리 떨어져있을 때는 "너~~~~무 멀어요!"를 반환합니다.

플레이어가 볼 이 메시지는 웹 페이지에 있는 p 엘리먼트에 텍스트를 추가하여 표시됩니다. 다음은 거리를 계산하고, 거리에 해당하는 문자열을 반환 받아서 이를 플레이어에게 알려주는 클릭 핸들러의 코드입니다.

```
var distance = getDistance(event, target);
var distanceHint = getDistanceHint(distance);
$("#distance").text(distanceHint);
```

보다시피 이 코드는 getDistance를 먼저 호출하고 결과를 distance 변수에 저장합니다. 그 뒤 거리를 getDistanceHint 함수에 인수로 전달하여 적당한 메시지를 구하고 이를 distanceHint에 저장합니다.

$("#distance").text(distanceHint); 코드는 id가 "distance"인 엘리먼트를 구하고 distanceHint에 저장된 텍스트를 이 엘리먼트에 표시합니다. 우리가 작성한 웹 페이지에서는 p 엘리먼트에 메시지가 표시될 것입니다. 이를 통해, 플레이어가 클릭할 때마다 보물과 클릭한 곳의 거리를 구해 얼마나 가까워졌는지 메시지로 알려줄 수 있습니다.

보물을 찾았는지 확인하기

클릭 핸들러에서 마지막으로 할 일은 플레이어가 보물을 찾았는지 확인하는 것입니다. 픽셀은 아주 작기 때문에, 플레이어가 보물을 정확하게 클릭하지 않아도 거리가 8픽셀 이내라면 찾은 것으로 합니다.

다음 코드는 보물과의 거리를 확인하여 플레이어가 보물을 찾은 경우에 축하 메시지를 보여줍니다.

```
if (distance < 8) {
  alert(clicks + "번 클릭해서 보물을 찾았습니다!");
}
```

거리가 8픽셀보다 작다면 이 코드는 **alert**를 사용해 플레이어에게 보물을 찾았다는 축하 메시지와 함께 클릭 횟수를 알려줍니다.

하나로 합치기

이제 코드 조각을 모두 모아 하나로 만들어봅시다.

```
// 0부터 size 사이의 무작위 수를 하나 고릅니다
var getRandomNumber = function (size) {
  return Math.floor(Math.random() * size);
};

// 클릭 event와 target 사이의 거리를 계산합니다
var getDistance = function (event, target) {
  var diffX = event.offsetX - target.x;
  var diffY = event.offsetY - target.y;
  return Math.sqrt((diffX * diffX) + (diffY * diffY));
};

// 거리를 나타내는 문자열을 반환합니다
var getDistanceHint = function (distance) {
  if (distance < 10) {
    return "바로 앞입니다!";
  } else if (distance < 20) {
    return "정말 가까워요";
```

```
    } else if (distance < 40) {
      return "가까워요";
    } else if (distance < 80) {
      return "멀지는 않아요";
    } else if (distance < 160) {
      return "멀어요";
    } else if (distance < 320) {
      return "꽤 멀어요";
    } else {
      return "택도 없어요!";
    }
  };
```

```
    // 변수를 설정합니다
❶  var width = 400;
    var height = 400;
    var clicks = 0;
```

```
    // 위치를 무작위로 고릅니다
❷  var target = {
      x: getRandomNumber(width),
      y: getRandomNumber(height)
    };
```

```
    // img 엘리먼트에 클릭 핸들러를 추가합니다
❸  $("#map").click(function (event) {
      clicks++;
```

```
      // 클릭 event와 target 사이의 거리를 구합니다
❹    var distance = getDistance(event, target);
      // 거리를 힌트 문자열로 바꿉니다
❺    var distanceHint = getDistanceHint(distance);
```

```
      // #distance 엘리먼트에 힌트를 표시합니다
❻    $("#distance").text(distanceHint);
```

```
      // 아주 가깝게 클릭했다면 보물을 찾았다고 말합니다
❼    if (distance < 8) {
        alert(clicks + "번 클릭해서 보물을 찾았습니다!");
      }
    });
```

우리는 먼저 앞서 살펴본 getRandomNumber, getDistance, getDistanceHint를 정의했습니다. 그 후 ❶에서 게임에 필요한 width, height, clicks라는 변수를 선언하고 ❷에서 보물의 위치를 무작위로 만들어냈습니다.

❸에서는 #map 엘리먼트에 클릭 핸들러를 추가했습니다. 이 핸들러에서 가장 먼저 하는 일은 clicks의 값을 1 증가시키는 것입니다. 그리고 ❹에서 event(클릭한 위치)와 target(보물의 위치) 사이의 거리를 계산하고 ❺에서는 이 값을 getDistanceHint 함수와 함께 사용하여 거리를 나타내는 힌트 문자열("정말 가까워요", "멀어요" 등)을 구했습니다. 힌트는 ❻에서 사용자가 볼 수 있도록 표시됩니다. 끝으로 ❼에서는 거리가 8보다 작은지 확인하여 작다면 플레이어에게 축하 메시지와 함께 클릭 횟수를 보여줍니다.

여기까지가 우리가 자바스크립트로 작성한 게임의 전체 코드입니다. 이 코드를 treasure.html의 두 번째 <script> 안에 추가하면 웹 브라우저에서 게임을 즐길 수 있습니다! 보물을 몇 번 만에 찾으셨나요?

정리해봅시다

이 장에서는 이벤트를 다루는 법을 배우고 이를 통해 게임을 만들었습니다. 그리고 웹 페이지에 이미지를 추가할 때 사용하는 img라는 새로운 엘리먼트에 대해서도 배웠습니다. 또한 자바스크립트를 사용해 두 지점 간의 거리를 계산하는 방법도 배웠습니다.

다음 장에서는 코드를 구조적으로 더 잘 작성할 수 있는 객체지향 프로그래밍에 대해 배우겠습니다.

프로그래밍 과제

몇 가지 기능을 추가해 게임을 바꿔봅시다.

#1: 게임 영역 키우기

게임 영역의 크기를 늘려서 게임을 더 어렵게 만들어봅시다. 너비와 높이를 800픽셀로 만들려면 어떻게 해야 할까요?

#2: 메시지 추가하기

"정말 정말 멀다구요!"처럼 플레이어에게 보여줄 메시지를 더 만들고 메시지에 해당하는 거리도 조금씩 수정해봅시다.

#3: 클릭 횟수 제한 추가

클릭할 수 있는 횟수에 제한을 두고 플레이어가 이 횟수를 초과하면 "GAME OVER"라는 메시지를 보여주세요.

#4: 남은 클릭 수 표시하기

힌트 문자열 뒤에 남은 클릭 수를 표시하여 플레이어에게 알려주세요.

12장
객체지향 프로그래밍

4장에서는 키-값 쌍의 묶음인 자바스크립트 객체에 대해 다루었습니다. 이 장에서는 **객체지향 프로그래밍**(object-oriented programming)에 대해 알아가며 객체를 만들고 사용하는 방법에 대해 배우겠습니다. 객체지향 프로그래밍은 프로그램을 설계하고 작성하는 방법 중에 하나로, 프로그램에서 사용되는 주요 부분을 모두 객체로 표현합니다. 예를 들어, 자동차 레이싱 게임을 만든다면 객체지향 프로그래밍 기법을 사용해 각 자동차를 하나의 객체로 표현하고 같은 프로퍼티와 기능을 가진 자동차 객체를 여러 개 만듭니다.

단순 객체

4장에서 우리는 프로퍼티로 구성된, 여러 개의 키-값 쌍으로 이루어진 객체에 대해 배웠습니다. 예를 들어, 다음 코드는 개 한 마리를 name과 legs, isAwesome이라는 프로퍼티를 가진 dog 객체로 표현합니다.

```
var dog = {
  name: "봉구",
  legs: 4,
  isAwesome: true
};
```

객체를 만들고 나면 점 표기법(66쪽 "객체 안의 값에 접근하기" 절 참고)을 통해 객체의 프로퍼티에 접근할 수 있습니다. 예를 들어, **dog** 객체의 **name** 프로퍼티에는 다음과 같이 접근합니다.

```
dog.name;
"봉구"
```

점 표기법을 사용하면 다음과 같이 자바스크립트 객체에 프로퍼티를 추가할 수도 있습니다.

```
dog.age = 6;
```

아래에서 보다시피 위 코드는 새로운 키-값 쌍(**age: 6**)을 객체에 추가합니다.

```
dog;
Object {name: "봉구", legs: 4, isAwesome: true, age: 6}
```

객체에 메서드 추가하기

앞 예제에서 우리는 여러 프로퍼티에 다양한 종류의 값을 저장했습니다. "봉구"와 같은 문자열도 저장했고, 4와 6 같은 숫자, **true** 같은 불리언 값도 저장했습니다. 문자열, 숫자, 불리언에 덧붙여 **함수**(function)도 객체의 프로퍼티로 저장할 수 있습니다. 함수를 객체의 프로퍼티로 저장할 때, 이 프로퍼티를 가리켜 **메서드**(method)라고 부릅니다. 사실 우리는 이미 앞에서 배열의 **join** 메서드나 문자열의 **toUpperCase**와 같이 자바스크립트에 내장된 메서드를 사용했습니다.

이제 우리가 직접 메서드를 만들어볼 차례입니다. 객체에 메서드를 추가하는 방법 중 하나는 점 표기법을 사용하는 것입니다. 예를 들어, **dog** 객체에는 다음과 같이 **bark**라는 메서드를 추가할 수 있습니다.

```
❶  dog.bark = function () {
❷    console.log("왈왈! 내 이름은 " + this.name + "닷!");
   };

❸  dog.bark();
   왈왈! 내 이름은 봉구닷!
```

❶에서는 dog 객체에 bark라는 프로퍼티를 추가하고 함수를 이 프로퍼티에 할당했습니다. 새 함수 내부의 ❷에서는 console.log를 사용해 왈왈! 내 이름은 봉구닷!을 출력했습니다. 이 함수에서 주목할 부분은 this.name을 사용하여 객체의 name 프로퍼티에 저장된 값을 가져온 부분입니다. this 키워드에 대해서 조금 자세히 살펴봅시다.

this 키워드 사용하기

메서드 안에서는 this 키워드를 사용해서 현재 메서드에 호출되고 있는 객체를 참조할 수 있습니다. 예를 들어, dog 객체의 bark 메서드를 호출할 때 this는 dog 객체를 참조하고, 따라서 this.name은 dog.name을 참조합니다. this 키워드 덕분에 메서드는 더 유용해집니다. 똑같은 메서드를 여러 객체에 추가한 뒤 어느 객체에서 메서드를 호출하더라도 메서드 안에서 자신이 호출된 객체의 프로퍼티에 접근할 수 있기 때문입니다.

여러 객체에서 똑같은 메서드 사용하기

speak라는 함수를 만들어 여러 종류의 동물을 의미하는 여러 객체에서 사용해보겠습니다. 어떤 객체에서 speak를 호출할 때, 이 메서드는 그 객체의 이름(this.name)을 사용하고 그 동물이 내는 소리(this.sound)를 메시지로 출력합니다.

```
var speak = function () {
  console.log(this.sound + "! 내 이름은 " + this.name + "닷!");
};
```

이제 다른 객체를 만들어서 speak를 메서드로 추가해봅시다.

```
var cat = {
  sound: "야옹",
  name: "옹디",
```

```
❶    speak: speak
   };
```

이 코드는 cat이라는 새 객체를 만들고 sound, name, speak 프로퍼티를 추가합니다. ❶에서는 speak 프로퍼티를 추가하고 미리 만들어둔 speak 함수를 이 프로퍼티에 할당했습니다. 이제 cat.speak는 메서드가 되었으므로 cat.speak()와 같이 호출할 수 있습니다. 이 메서드는 this를 사용하고 있어 cat 객체에서 호출되면, cat 객체의 프로퍼티에 접근합니다. 다음 실행 결과를 보세요.

```
cat.speak();
야옹! 내 이름은 옹디닷!
```

cat.speak 메서드를 호출하면, 이 메서드는 cat 객체에서 "야옹"이 저장되어있는 this.sound 프로퍼티와 "옹디"가 저장되어있는 this.name 프로퍼티의 값을 가져옵니다.

똑같은 speak 함수를 다른 객체에도 메서드로 추가할 수 있습니다.

```
var pig = {
  sound: "꿀꿀",
  name: "팔계",
  speak: speak
};

var horse = {
  sound: "히힝",
  name: "프린스",
  speak: speak
};

pig.speak();
꿀꿀! 내 이름은 팔계닷!

horse.speak();
히힝! 내 이름은 프린스닷!
```

메서드 안에 있는 this는 나타날 때마다 메서드를 호출한 객체를 참조합니다. 다시 말해, horse.speak()를 호출하면 this는 horse를 참조하고 pig.speak()를 호출하면 this는 pig를 참조합니다.

똑같은 메서드를 여러 객체에 사용하려면 **speak**에서 했던 것처럼 각 객체에 메서드를 추가만 하면 됩니다. 하지만 수많은 메서드와 객체를 사용해야 한다면 객체마다 일일이 똑같은 메서드를 추가하는 작업은 곤욕일 뿐만 아니라 코드도 복잡해질 것입니다. 동물원에 있는 100마리도 넘는 동물 객체에 일일이 10개나 되는 프로퍼티를 추가한다고 생각해보세요.

자바스크립트의 객체 생성자는 여러 객체에서 똑같은 메서드와 프로퍼티를 사용할 때 좋은 방법입니다. 이에 대해서는 다음 절에 다루겠습니다.

생성자를 사용한 객체 만들기

자바스크립트의 **생성자**(constructor)는 객체를 만들고 객체에 프로퍼티와 메서드를 추가하는 함수입니다. 생성자를, 객체를 만드는 데 특화된 기계 혹은 똑같은 상품을 대량으로 만들어내는 공장으로 생각해보세요. 생성자를 만들고 나면 이를 사용해 똑같은 객체를 얼마든지 대량으로 만들어낼 수 있습니다. 실습을 위해 레이싱 게임의 시작 부분을 만들어보겠습니다. 이 게임에서는 Car 생성자를 사용해서 운전, 가속 등 비슷한 프로퍼티와 메서드를 포함한 자동차 객체를 만듭니다.

생성자 살펴보기

생성자는 호출될 때마다 새로운 객체를 만들고 이 객체에 프로퍼티를 추가합니다. 일반적인 함수를 호출할 때는 함수 이름 뒤에 괄호 한 쌍을 두었는데, 생성자를 호출할 때는 new 키워드를 먼저 입력하고 그 뒤에 생성자 이름과 괄호를 둡니다. 이때 new 키워드는 자바스크립트가 이 함수를 생성자로 다루도록 해두는 표식 같은 것입니다. 그림 12-1은 생성자를 호출하는 문법입니다.

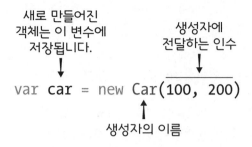

새로 만들어진
객체는 이 변수에
저장됩니다.

생성자에
전달하는 인수

var car = new Car(100, 200)

생성자의 이름

[그림 12-1]: Car 생성자를 인수 두 개와 함께 호출하는 문법

노트 대부분의 자바스크립트 프로그래머는 생성자를 다른 함수와 헷갈리지 않고 한눈에 구분할
수 있도록 생성자 이름의 첫 글자를 대문자로 시작합니다.

Car 생성자 만들기

이제 새 객체를 만들 때 x와 y 프로퍼티를 추가하는 **Car** 생성자를 만들어봅시다. 이 프로퍼
티들은 우리가 나중에 자동차를 그릴 때 사용할 자동차의 위치를 뜻합니다.

HTML 문서 만들기

생성자를 만들기에 앞서 HTML 문서를 먼저 만들어야 합니다. cars.html이라는 파일을 새로
만들어서 다음 HTML 코드를 입력하고 저장하세요.

```
<!DOCTYPE html>
<html>
<head>
    <title>Cars</title>
</head>

<body>
    <script src="https://code.jquery.com/jquery-2.1.0.js"></script>

    <script>
    // 여기에 코드를 입력합니다
    </script>
</body>
</html>
```

Car 생성자 함수

이제 다음 코드를 cars.html 안에 있는 빈 **<script>** 태그 사이에 입력하고, **//** 여기에 코드를 입력합니다는 지우세요. 이 코드는 각 자동차 객체에 좌표 프로퍼티를 설정하는 **Car** 생성자를 만듭니다.

```
<script>
var Car = function (x, y) {
  this.x = x;
  this.y = y;
};
</script>
```

새로 만든 **Car** 생성자에는 x와 y를 인수로 전달합니다. 새로 만든 객체에는 **this.x**와 **this. y**를 사용해서 **Car**에 전달된 x, y 값을 저장했습니다. 이런 방식을 통해 **Car**를 생성자로 호출할 때마다 생성자에 전달된 인수를 x, y 프로퍼티로 저장하는 새 객체를 만듭니다.

Car 생성자 호출하기

앞서 말했듯이 자바스크립트가 어떤 함수를 생성자로 다루게 하려면 **new** 키워드를 사용해야 합니다. 예를 들어, 웹 브라우저에서 cars.html을 열고 다음 코드를 크롬 자바스크립트 콘솔에 입력하면 **tesla**라는 자동차 객체가 만들어집니다.

```
var tesla = new Car(10, 20);
tesla;
Car {x: 10, y: 20}
```

new Car(10, 20)은 자바스크립트에게 **Car**를 생성자로 사용해서 새 객체를 만들라고 명령합니다. 이때 생성자에 전달된 인수 **10**과 **20**은 각각 새 객체의 x, y 프로퍼티에 저장되고 새 객체가 생성자에서 반환됩니다. 반환된 객체는 **var tesla**를 통해 **tesla** 변수에 저장했습니다.

그 후 크롬 콘솔에 **tesla**를 입력하면 **Car {x: 10, y: 20}**과 같이 생성자의 이름과 x, y 프로퍼티의 값을 볼 수 있습니다.

자동차 그리기

Car 생성자를 사용해 만든 객체를 화면에 표시해봅시다. 이 절에서는 drawCar라는 함수를 만들어서 각 자동차 객체의 위치(*x*, *y*)에 자동차 이미지를 두겠습니다. 이 함수의 작동 방법을 익힌 다음 197쪽 "Car 프로토타입에 draw 메서드 추가하기" 절에서 이 함수를 조금 더 객체지향적인 방법으로 수정하겠습니다. 다음 코드를 cars.html의 <script> 태그 사이에 추가하세요.

```
<script>
var Car = function (x, y) {
  this.x = x;
  this.y = y;
};

var drawCar = function (car) {
❶    var carHtml = '<img src="http://nostarch.com/images/car.png">';

❷    var carElement = $(carHtml);

❸    carElement.css({
       position: "absolute",
       left: car.x,
       top: car.y
     });

❹    $("body").append(carElement);
};
</script>
```

❶에서는 HTML 코드 문자열을 만듭니다. 이 HTML은 자동차 이미지를 표현하고 있는데, HTML에서 따옴표를 사용하기 때문에 작은 따옴표로 문자열을 감쌌습니다. ❷에서는 $ 함

수를 호출하면서 carHtml을 인수로 전달하여 HTML 코드 문자열을 jQuery 엘리먼트로 변환합니다. 즉, carElement 변수에는 <img> 태그가 포함된 jQuery 엘리먼트가 저장되어 있으며, 엘리먼트를 페이지에 추가하기 전에 여러 가지 조작도 할 수 있습니다.

❸에서는 carElement의 css 메서드를 호출하여 자동차 이미지의 위치를 설정했습니다. 이 코드는 이미지의 왼쪽 위치를 자동자 객체의 x 값으로 설정하고, 위쪽 위치를 자동차 객체의 y 값으로 설정합니다. 다시 말해서 이미지는 브라우저 창 왼쪽 가장자리에서 오른쪽으로 x 픽셀만큼 떨어지고, 위쪽 가장자리에서 아래로 y 픽셀만큼 떨어진 위치에 나타납니다.

> 노트 이 예제에서 css 메서드는 10장에서 엘리먼트를 옮길 때 사용했던 offset 메서드와 비슷하게 동작합니다. offset은 여러 엘리먼트를 한꺼번에 다룰 수 없기 때문에 여기서는 css를 대신 사용해서 자동차 여러 대를 그렸습니다.

끝으로 ❹에서는 jQuery를 사용하여 carElement를 body 엘리먼트에 추가했습니다. 이 과정을 거치면 carElement가 페이지에 나타납니다. append의 작동 원리가 기억나지 않으면 153쪽 "jQuery를 사용해 엘리먼트 새로 만들기" 절을 참고하세요.

drawCar 함수 테스트하기

drawCar 함수가 정확하게 동작하는지 확인해봅시다. 다음 코드를 cars.html 파일의 다른 자바스크립트 코드 뒤에 추가하여 자동차 객체를 두 개 만들고, 그려보세요.

```
    $("body").append(carElement);
};
var tesla = new Car(20, 20);
var nissan = new Car(100, 200);

drawCar(tesla);
drawCar(nissan);
```

```
</script>
```

이 코드는 **Car** 생성자를 사용하여 두 개의 자동차 객체를 만들었습니다. 첫 번째 자동차는 (20, 20)에 만들고, 두 번째 자동차는 (100, 200)에 만든 후 **drawCar**를 사용해 웹 브라우저에 자동차를 그렸습니다. 이제 cars.html 파일을 열면 그림 12-2와 같이 자동차 이미지 두 개를 볼 수 있을 것입니다.

[그림 12-2]: drawCar를 사용한 자동차 그리기

프로토타입을 사용해 객체 설정하기

자동차를 조금 더 객체지향적인 방법으로 그리기 위해 자동차 객체에 **draw** 메서드를 추가하겠습니다. 그리고 **drawCar(tesla)** 대신 **tesla.draw()**를 사용해 자동차를 그릴 것입니다. 객체지향 프로그래밍에서 객체의 고유 기능은 메서드로 두는 것이 좋습니다. 앞 예제에서 **drawCar** 함수는 자동차 객체에만 사용되므로 **drawCar**를 분리된 함수로 두는 것보다는 자동차 객체의 일부로 포함하는 편이 좋습니다.

자바스크립트의 **프로토타입**(prototype)을 사용하면 여러 객체에 똑같은 기능을 추가하기 좋습니다. 모든 생성자에는 **prototype** 프로퍼티가 있는데, 여기에 메서드를 추가할 수 있습니다. 생성자의 **prototype**에 추가된 메서드는 그 생성자로 만든 모든 객체에서 사용할 수 있습니다.

그림 12-3은 prototype 프로퍼티에 메서드를 추가하는 문법입니다.

생성자 이름   메서드 이름
  ↓   ↓
Car.prototype.draw = function () {
    // 메서드의 몸체
}

[그림 12-3]: prototype 프로퍼티에 메서드를 추가하는 문법

Car 프로토타입에 draw 메서드 추가하기

이제 Car 생성자를 통해 만들어진 모든 객체에서 draw 메서드를 사용할 수 있도록 draw 메서드를 Car.prototype에 추가해봅시다. [File] ▶ [Save As]를 사용해 cars.html 파일을 cars2.html 파일로 저장하고, cars2.html의 두 번째 <script>에 있는 자바스크립트 코드를 전부 다음과 같이 수정하세요.

```
❶ var Car = function (x, y) {
    this.x = x;
    this.y = y;
  };

❷ Car.prototype.draw = function () {
    var carHtml = '<img src="http://nostarch.com/images/car.png">';

❸    this.carElement = $(carHtml);

    this.carElement.css({
      position: "absolute",
❹    left: this.x,
      top: this.y
    });

    $("body").append(this.carElement);
  };

  var tesla = new Car(20, 20);
```

```
    var nissan = new Car(100, 200);

    tesla.draw();
    nissan.draw();
```

이 코드는 ❶에서 Car 생성자를 만든 후, ❷에서 Car.prototype에 draw라는 메서드를 새로
추가합니다. 덕분에 draw 메서드는 Car 생성자로 만들어진 모든 객체에 포함된 것처럼 사용
할 수 있습니다.

draw 메서드 안의 내용은 drawCar 함수를 조금 수정한 것입니다. 먼저 HTML 문자열을 만
들어서 carHTML에 저장합니다. ❸에서는 이 HTML을 표현하는 jQuery 엘리먼트를 만드는
데, 여기서는 이 값을 this.carElement에 할당하여 객체의 프로퍼티로 저장했습니다. ❹에
서는 this.x와 this.y를 사용해서 현재 자동차 이미지의 왼쪽 상단 모서리의 좌표를 설정
합니다. 생성자 안에서 사용하는 this는 현재 새로 만들고 있는 객체를 참조합니다.

이 코드를 실행한 결과는 그림 12-2처럼 보일 것입니다. 코드의 기능은 아무것도 달라지지
않았지만 코드의 구조는 달라졌습니다. 이런 방식을 사용하면 자동차를 그리는 코드가 분리
된 함수가 아닌, 자동차 객체의 일부가 된다는 장점이 있습니다.

moveRight 메서드 추가하기

자동차를 움직이는 메서드를 몇 가지 추가해봅시다. 가장 먼저 자동차를 현재 위치에서 5픽
셀만큼 오른쪽으로 옮기는 moveRight 메서드를 작성해보겠습니다. 다음 코드를 Car.
prototype.draw 선언 뒤에 추가하세요.

```
    this.carElement.css({
      position: "absolute",
      left: this.x,
      top: this.y
    });

    $("body").append(this.carElement);
  };

  Car.prototype.moveRight = function () {
    this.x += 5;

    this.carElement.css({
```

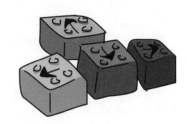

```
        left: this.x,
        top: this.y
    });
};
```

이 코드처럼 moveRight 메서드를 Car.prototype에 저장하면 Car 생성자를 사용해서 만들어진 모든 객체가 이 메서드를 호출할 수 있습니다. this.x += 5를 실행하여 자동차의 x 값에 5를 더하여 자동차를 오른쪽으로 5픽셀 이동시킵니다. 그 후 this.carElement의 css 메서드를 사용해 자동차의 위치를 바꾸세요.

웹 브라우저의 콘솔에서 moveRight 메서드를 실행해보세요. 우선 cars2.html을 다시 읽어들인 후 콘솔을 열고 다음 코드를 입력하세요.

```
tesla.moveRight();
tesla.moveRight();
tesla.moveRight();
```

tesla.moveRight를 입력할 때마다 자동차가 오른쪽으로 5픽셀만큼 움직여야 합니다. 이 메서드를 레이싱 게임에서 사용하면 자동차가 트랙을 따라 이동하도록 만들 수 있습니다.

연습문제

nissan 객체를 오른쪽으로 옮겨보세요. nissan에 moveRight를 몇 번 실행해야 tesla를 따라잡을 수 있나요?

setInterval과 moveRight를 사용해 nissan 자동차가 브라우저 창 왼쪽에서 오른쪽으로 이동하는 애니메이션을 만드세요.

다른 이동 메서드 추가하기

이제 나머지 방향에 대해서도 메서드를 추가해 화면의 어떤 방향으로든 움직일 수 있게 만들겠습니다. 새로 추가할 메서드들의 기본 원리는 moveRight와 같으므로 전부 한꺼번에 작성하겠습니다.

다음 메서드를 cars2.html의 **moveRight** 메서드 뒤에 추가하세요.

```
Car.prototype.moveRight = function () {
  this.x += 5;

  this.carElement.css({
    left: this.x,
    top: this.y
  });
};

Car.prototype.moveLeft = function () {
  this.x -= 5;

  this.carElement.css({
    left: this.x,
    top: this.y
  });
};

Car.prototype.moveUp = function () {
  this.y -= 5;

  this.carElement.css({
    left: this.x,
    top: this.y
  });
};

Car.prototype.moveDown = function () {
  this.y += 5;

  this.carElement.css({
    left: this.x,
    top: this.y
  });
};
```

각 메서드는 자동차의 x 또는 y 값에 5를 더하거나 빼서 자동차를 특정한 방향으로 5픽셀씩 옮깁니다.

정리해봅시다

이 장에서는 자바스크립트의 객체지향 프로그래밍에 대해 간단히 배웠습니다. 생성자를 만들어서 새로운 객체를 생성하는 법과 생성자의 **prototype**을 조작해서 여러 객체가 똑같은 메서드를 공유하게 하는 법도 배웠습니다.

객체지향 프로그램에서 대부분의 함수는 메서드로써 작성됩니다. 예를 들어, 자동차를 그릴 때는 자동차 객체의 **draw** 메서드를 호출하고, 자동차를 오른쪽으로 옮길 때는 **moveRight** 메서드를 호출합니다. 생성자와 프로토타입은 자바스크립트에서 똑같은 메서드를 가진 여러 객체를 만들 때 사용하는 방법이지만, 객체지향 자바스크립트를 작성할 수 있는 방법은 이 밖에도 많습니다. 객체지향 자바스크립트에 대해서는 니콜라스 C. 자카스가 작성한 『The Principles of Object-Oriented JavaScript』(No Starch Press, 2014) (『객체지향 자바스크립트의 원리』(비제이퍼블릭,2015))를 참고하면 더 자세히 알 수 있습니다.

객체지향적인 방식으로 자바스크립트를 작성하면 코드를 구성할 때 좋습니다. 코드가 잘 구성되었다면 시간이 흐른 뒤 다시 와서 코드를 고칠 때 좋습니다. 또 설령 코드가 기억나지 않더라도 프로그램의 작동 구조를 파악하기 쉽습니다. 이는 덩치가 큰 프로그램을 작성하거나 여러분이 작성한 코드를 다른 개발자와 함께 작업해야 한다면 특히 중요해지는 장점입니다. 예를 들어 이 책의 마지막 프로젝트에서는 코드가 꽤 긴 뱀 게임을 만드는데, 이때 객체와 메서드를 사용해 게임을 구성하는 한편, 수많은 중요한 기능을 다룰 것입니다.

다음 장에서는 **canvas** 엘리먼트를 사용해서 웹 페이지에 선이나 도형을 그리고 움직이게 하는 법을 배우겠습니다.

프로그래밍 과제

다음 과제를 통해 객체와 프로토타입의 사용에 익숙해지세요.

#1: Car 생성자에서 그리기

Car 생성자 안에서 draw 메서드를 호출하도록 하여 자동차 객체를 만들자마자 바로 웹 브라우저 화면에 나타나도록 하세요.

#2: 속도 프로퍼티 추가하기

Car 생성자를 수정하여 이 생성자로 만들어진 객체에 speed 프로퍼티를 추가하고, 프로퍼티의 초기 값은 5로 설정하세요. 그 후 이동 메서드 안에서는 5라는 값 대신 이 프로퍼티를 사용하도록 합니다.

이제 speed의 값을 이리저리 바꿔가며 자동차를 빠르게 혹은 느리게 움직여보세요.

#3: 자동차 경주

moveLeft, moveRight, moveUp, moveDown 메서드가 이동할 픽셀 거리를 의미하는 distance를 인수로 받아서 5픽셀이라는 고정 값 대신 사용하도록 하세요. 예를 들어, nissan을 10픽셀만큼 오른쪽으로 움직이고 싶다면 nissan.moveRight(10)을 호출하면 됩니다.

이제 setInterval를 사용해 nissan과 tesla 자동차를 30밀리초마다 오른쪽으로 옮기세요. 이때 옮기는 거리는 0부터 5까지의 무작위 숫자로 정합니다. 두 자동차가 여러 속도를 내며 화면을 가로질러 경주하는 것처럼 보여야 합니다. 어떤 자동차가 브라우저 창 끝에 가장 먼저 도달할까요?

3부

캔버스

13장
캔버스 엘리먼트

자바스크립트로 다룰 수 있는 것은 글자나 숫자만이 아닙니다. 자바스크립트를
HTML canvas 엘리먼트와 함께 사용하면 그림을 그릴 수 있습니다. 이때 HTML
canvas 엘리먼트는 빈 캔버스나 도화지라고 생각하면 됩니다. 여러분의 상상력
에 한계만 없다면 이 캔버스에는 선, 도형, 글자 등 원하는 것은 거의 모두 그릴
수 있습니다.

이 장에서 우리는 캔버스 그림의 기초를 배우고, 다음 장부터는 배웠던 지식을 사용해 캔버
스 기반 자바스크립트 게임을 만들어볼 것입니다.

간단한 캔버스 만들기

캔버스를 사용하려면 먼저 다음과 같이 canvas 엘리먼트를 둘 HTML 문서를 새로 작성해
야 합니다. 이 문서를 canvas.html로 저장합니다.

```
<!DOCTYPE html>
<html>
<head>
    <title>Canvas</title>
</head>

<body>
❶      <canvas id="canvas" width="200" height="200"></canvas>

    <script>
    // 이 부분은 잠시 후에 작성하겠습니다
    </script>
</body>
</html>
```

❶에서 본 것처럼 canvas 엘리먼트를 만들고, 이 엘리먼트의 id 속성에 "canvas"라는 값을 주었습니다. 이 아이디는 나중에 엘리먼트를 선택할 때 사용할 것입니다. width와 height 속성은 canvas 엘리먼트의 픽셀 단위 크기를 설정합니다. 여기서는 너비와 높이를 모두 200으로 설정했습니다.

캔버스에 그리기

이제 canvas 엘리먼트가 있는 페이지를 작성했으니 자바스크립트를 사용해 사각형을 그려 봅시다. 아래 자바스크립트를 canvas.html 파일의 <script> 태그 사이에 입력하세요.

```
var canvas = document.getElementById("canvas");
var ctx = canvas.getContext("2d");
ctx.fillRect(0, 0, 10, 10);
```

이 코드에 대해서는 다음 절에서 줄 단위로 설명하겠습니다.

캔버스 엘리먼트 선택하고 저장하기

이 코드는 우선 document.getElementById("canvas")를 사용하여 canvas 엘리먼트를 선택했습니다. 9장에서 배웠듯이, getElementById 메서드는 전달한 아이디를 가진 엘리먼트를 찾고 이에 해당하는 DOM 객체를 반환합니다. 우리는 앞서 var canvas = document.

getElementById("canvas")라고 코드를 작성했으므로 반환된 DOM 객체는 canvas 변수에 저장될 것입니다.

그리기 콘텍스트 가져오기

다음은 canvas 엘리먼트의 **그리기 콘텍스트**(drawing context)를 가져올 차례입니다. 그리기 콘텍스트는 캔버스에 그림을 그릴 때 필요한 모든 속성과 메서드를 포함하고 있는 자바스크립트 객체입니다. 이 객체를 가져오려면 canvas의 getContext를 호출하면서 인수로 "2d"를 전달해야 합니다. 여기서 "2d" 인수는 캔버스에 2D 이미지를 그리겠다는 의미입니다.* 코드를 var ctx = canvas.getContext("2d")와 같이 작성하여 이 그리기 콘텍스트 객체를 ctx 변수에 저장했습니다.

정사각형 그리기

세 번째 줄에서는 그리기 콘텍스트의 fillRect 메서드를 호출하여 캔버스에 사각형을 그렸습니다. fillRect 메서드에는 인수를 4개 전달하는데, 순서대로 사각형 왼쪽 상단의 x축, y축 좌표 (0, 0), 사각형의 너비와 높이(10, 10)입니다. 따라서 우리가 작성한 코드는 캔버스의 왼쪽 상단 모서리를 기준으로 "좌표 (0, 0)에 너비와 높이가 10픽셀씩인 사각형을 그려라."라는 의미입니다.

이 코드를 실행하면 그림 13-1과 같이 화면에 작은 검은색 사각형이 나타날 것입니다.

[그림 13-1]: 첫 번째 캔버스 그림

---

* 옮긴이: 3D 이미지를 그리고 싶을 때는 "3d"가 아니라 "webgl"을 사용해야 합니다. 아직은 일부 브라우저에서만 실험적으로 지원하는 기능입니다.

정사각형 여러 개 그리기

조금 더 재미있는 걸 해볼까요? 정사각형을 하나만 그리지 말고 반복문을 사용해 화면 대각선 아래 방향으로 사각형을 여러 개 그려봅시다. <script> 태그에 있는 코드를 다음과 같이 수정하세요. 이 코드를 실행하면 그림 13-2와 같은 사각형 8개를 보게 될 것입니다.

```
var canvas = document.getElementById("canvas");
var ctx = canvas.getContext("2d");
for (var i = 0; i < 8; i++) {
  ctx.fillRect(i * 10, i * 10, 10, 10);
}
```

첫 번째 줄과 두 번째 줄은 앞에서 설명한 것과 같습니다. 세 번째 줄에서는 0부터 8까지 실행하는 반복문을 만들고, 반복문 안에서 그리기 콘텍스트의 fillRect 메서드를 호출했습니다.

[그림 13-2]: for 반복문을 사용한 사각형 여러 개 그리기

각 사각형 왼쪽 상단 모서리의 위치를 의미하는 x, y 값은 반복문 변수 i에 따라 달라집니다. 처음 반복문을 실행하면 i가 0이 되는데 0 × 10 = 0이므로 좌표는 (0, 0)이 됩니다. 따라서 ctx.fillRect(i * 10, i * 10, 10, 10) 코드를 실행하면 (0, 0) 좌표에 너비와 높이가 각각 10픽셀인 사각형이 그려집니다. 이렇게 그려진 사각형이 바로 그림 13-2에서 가장 왼쪽 상단에 있는 사각형입니다.

두 번째 반복에서는 i의 값이 1이고 1 × 10 = 10이므로 좌표는 (10, 10)이 됩니다. 따라서 ctx.fillRect(i * 10, i * 10, 10, 10) 코드를 실행하면 (10, 10) 좌표에 사각형이 그려집니다. 위치는 달라졌지만 너비와 높이를 의미하는 인수의 값은 변하지 않았으므로 사각형의 너비와 높이는 여전히 10픽셀이 됩니다. 이렇게 그려진 사각형은 그림 13-2의 위에서 두 번째에 나타난 사각형입니다.

반복될 때마다 i의 값은 1씩 증가하기 때문에 이에 따라 x, y 좌표는 10픽셀씩 증가하지만, 사각형의 너비와 높이는 계속 10픽셀로 고정됩니다. 앞에서 설명한 것과 같은 원리에 따라 남은 반복 6번을 실행하면 나머지 사각형 6개가 그려집니다.

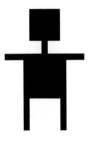

연습문제

이제 여러분은 캔버스에 사각형 그리는 방법을 배웠습니다. 배운 내용대로 fillRect 메서드를 사용해 옆에 보이는 작은 로봇을 그려보세요.

힌트: 로봇은 사각형 6개로 이루어져 있습니다. 머리의 너비와 높이는 각각 50픽셀이며 목, 팔, 다리의 굵기는 10픽셀입니다.

색상 바꾸기

아무런 설정을 하지 않은 채 fillRect를 호출하면 자바스크립트는 검은색 사각형을 그립니다. 다른 색상을 사용하려면 그리기 콘텍스트의 fillStyle 속성을 바꿔야 합니다. fillStyle에 새로운 색상을 설정하고 나면 그 뒤에 그리는 도형은 모두 바뀐 색상을 사용해서 그려집니다.

fillStyle에 색상을 설정하는 가장 쉬운 방법은 다음과 같이 색상 이름을 문자열로 전달하는 것입니다.

```
  var canvas = document.getElementById("canvas");
  var ctx = canvas.getContext("2d");
❶ ctx.fillStyle = "Red";
  ctx.fillRect(0, 0, 100, 100);
```

우리는 ❶에서, 지금부터 새로 그리는 것들은 모두 빨간색으로 그리라고 그리기 콘텍스트에 명령했습니다. 이 코드를 실행하면 그림 13-3과 같이 밝은 빨간색 사각형이 화면에 그려집니다.

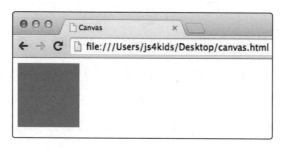

[그림 13-3]: 빨간색 사각형

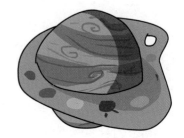

노트   자바스크립트가 아는 색상 이름은 100여 가지 정도이며 모두 영어 단어입니다. 사용할 수 있는 색상 이름으로는 Green, Blue, Orange, Red, Yellow, Purple, White, Black, Pink, Turquoise, Violet, SkyBlue, PaleGreen, Lime, Fuchsia, DeepPink, Cyan, Chocolate이 있습니다. 다른 색상 이름은 https://css-tricks.com/snippets/css/named-colors-and-hex-equivalents/ 사이트를 참고하세요.

연습문제

앞서 소개한 CSS Tricks 웹 사이트(https://css-tricks.com/snippets/css/named-colors-and-hex-equivalents/)를 살펴보고 원하는 색상 세 가지를 고르세요. 그리고 고른 색상을 사용해 사각형 3개를 그리세요. 각 사각형은 너비 50픽셀, 높이 100픽셀로 그려야 하고, 사각형 사이에는 공백이 없어야 합니다. 최종 결과는 다음과 같을 것입니다.

여러분이라면 여기서 사용했던 빨간색, 녹색, 파란색보다 더 멋있는 색상을 찾아낼 수 있을 거라고 믿습니다!

사각형 외곽선 그리기

앞서 보았듯이 **fillRect** 메서드는 속이 꽉 찬 사각형을 그립니다. 그런 사각형을 그리고 싶었던 것이라면 상관없지만 가끔은 연필로 그린 듯한 외곽선만 있는 사각형을 그리고 싶을 때도 있습니다. 사각형의 외곽선을 그리려면 **strokeRect** 메서드를 사용해야 합니다. 메서드 이름에 있는 'stroke'는 사실 외곽선을 의미하는 단어이기도 합니다. 이 메서드를 사용해 그림 13-4처럼 작은 사각형 외곽선을 그리려면 다음과 같이 코드를 작성하면 됩니다.

```
var canvas = document.getElementById("canvas");
var ctx = canvas.getContext("2d");
ctx.strokeRect(10, 10, 100, 20);
```

[그림 13-4]: strokeRect를 사용한 사각형 외곽선 그리기

strokeRect 메서드에는 **fillRect**와 똑같은 인수를 전달합니다. 즉, 순서대로 사각형 왼쪽 상단의 *x*, *y* 좌표와 사각형의 너비와 높이를 의미합니다. 이 예제에서 우리가 그린 사각형은 캔버스 왼쪽 상단에서 10픽셀만큼 떨어진 위치에 그려졌으며 사각형의 너비와 높이는 각각 100픽셀, 20픽셀입니다.

strokeStyle 프로퍼티를 사용하면 사각형 외곽선의 색상을 바꿀 수 있습니다. 선의 두께를 바꾸고 싶을 때는 **lineWidth** 속성을 사용하면 됩니다. 다음은 두 가지 속성을 사용한 예제입니다.

```
   var canvas = document.getElementById("canvas");
   var ctx = canvas.getContext("2d");
❶ ctx.strokeStyle = "DeepPink";
❷ ctx.lineWidth = 4;
   ctx.strokeRect(10, 10, 100, 20);
```

❶에서는 외곽선의 색상을 DeepPink로 바꾸고 ❷에서는 외곽선의 두께를 4픽셀로 바꿨습니다. 이 코드를 실행하면 그림 13-5와 같은 사각형이 그려집니다.

[그림 13-5]: 4픽셀 두께로 그려진 딥 핑크 색상 사각형 외곽선

직선 또는 경로 그리기

캔버스에서 모든 선은 **경로**(path)라고 부릅니다. 캔버스에서 경로를 그릴 때는 x, y 좌표를 사용해 각 직선의 시작점과 끝점을 설정합니다. 시작 좌표와 끝 좌표를 잘 사용하면 캔버스에 원하는 도형을 그릴 수도 있습니다. 예를 들어, 다음 코드는 그림 13-6과 같은 청옥색(torquoise) X를 그립니다.

```
  var canvas = document.getElementById("canvas");
  var ctx = canvas.getContext("2d");
❶ ctx.strokeStyle = "Turquoise";
❷ ctx.lineWidth = 4;
❸ ctx.beginPath();
❹ ctx.moveTo(10, 10);
❺ ctx.lineTo(60, 60);
❻ ctx.moveTo(60, 10);
❼ ctx.lineTo(10, 60);
❽ ctx.stroke();
```

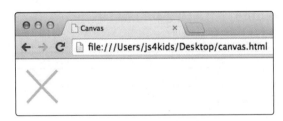

[그림 13-6]: moveTo와 lineTo를 사용해서 그린 청옥색 X

❶과 ❷에서는 선의 색상과 두께를 설정했습니다. ❸에서는 그리기 콘텍스트의 beginPath 메서드를 호출하여 지금부터 새로운 경로를 그리겠다고 캔버스에게 알려줬습니다. ❹에서는 moveTo 메서드를 x, y 좌표 인수와 함께 호출했습니다. 자바스크립트는 moveTo 메서드를 호

출하면 캔버스 종이에서 가상의 펜을 뗀 후 설정한 좌표로 펜을 옮깁니다. 이때 선을 그리지는 않습니다.

선 그리기는 먼저 ❺에서 lineTo 메서드를 x, y 좌표 인수와 함께 호출하면서 시작합니다. 이 메서드를 호출하면 가상의 펜을 캔버스 위에 놓고 새롭게 설정한 좌표까지 경로를 만들어 두는 것과 같습니다. 우리는 (10, 10) 좌표에서 (60, 60) 좌표까지 선을 그렸으므로 캔버스 오른쪽 아래에서 왼쪽 위까지 이어지는 대각선이 그려집니다. X의 첫 번째 직선 부분이 완성된 셈입니다.

❻에서는 다시 moveTo를 호출하여 직선의 시작 위치를 바꿨습니다. 그 후 ❼에서 lineTo를 다시 호출하여 (60, 10)부터 (10, 60)까지 이어지는 대각선을 그렸습니다. 이 대각선은 캔버스 오른쪽 위부터 왼쪽 아래까지 이어지는 X의 두 번째 직선 부분이 됩니다.

하지만 아직 끝나지 않았습니다! 지금까지는 우리가 어떤 그림을 그릴지 캔버스에 얘기해준 것일 뿐 실제로 그림을 그리지는 않았습니다. 이제 ❽에서 stroke 메서드를 호출하면 화면에 실제로 선이 그려집니다.

연습문제

앞서 배운 beginPath, moveTo, lineTo, stroke 메서드를 사용하여 뼈대만 있는 사람을 그려보세요. 머리는 strokeRect 메서드를 사용해서 그릴 수 있습니다. 머리는 너비와 높이가 20픽셀인 정사각형이며, 선의 두께는 4픽셀입니다.

경로 색칠하기

지금까지 우리는 strokeRect를 사용한 사각형 외곽선 그리기, fillRect를 사용한 사각형 색칠하기, stroke를 사용한 경로 선 그리기 등을 배웠습니다. 사각형을 칠하는 fillRect처럼 경로를 칠하는 메서드로는 fill이 있습니다. 닫힌 경로를 외곽선으로 그리지 않고 색상으로 칠하려면 stroke가 아니라 fill 메서드를 사용해야 합니다. 예를 들어, 그림 13-7과 같이 형태가 단순한 파란색 집을 그리고 싶다면 다음과 같이 작성합니다.

```
var canvas = document.getElementById("canvas");
var ctx = canvas.getContext("2d");

ctx.fillStyle = "SkyBlue";
ctx.beginPath();
ctx.moveTo(100, 100);
ctx.lineTo(100, 60);
ctx.lineTo(130, 30);
ctx.lineTo(160, 60);
ctx.lineTo(160, 100);
ctx.lineTo(100, 100);
❶ ctx.fill();
```

[그림 13-7]: 경로로 그리고 fill 메서드로 색칠한 파란색 집

이 코드는 다음과 같이 동작합니다. 그리기 색상을 하늘색(SkyBlue)으로 설정한 후 beginPath를 실행해 그리기를 시작하고 moveTo를 호출해 시작 위치를 (100, 100)으로 옮겼습니다. 그다음에는 좌표를 바꿔가며 lineTo를 5번 호출하여 집의 각 모서리를 그렸습니다.

그리고 lineTo를 마지막으로 호출할 때는 경로를 시작 위치인 (100, 100)으로 돌아오게 만들었습니다.

그림 13-8은 원래 그림에 좌표를 표시해둔 것입니다.

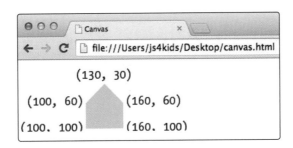

[그림 13-8]: 좌표를 표시한 그림 13-7

끝으로 ❶에서 fill 메서드를 호출하여 경로를 하늘색으로 색칠했습니다.

호와 원 그리기

지금까지는 캔버스에 직선 그리는 법을 배웠습니다. 이제 arc 메서드를 사용하면 호(弧)와 원도 그릴 수 있습니다. 원을 그릴 때는 원의 중심 좌표와 **반지름**(원의 중심부터 가장자리까지의 거리)을 정한 뒤 시작 각도와 종료 각도를 전달하여 원을 얼마나 그릴 것인지 자바스크립트에게 알려줘야 합니다. 원한다면 완전한 원을 그릴 수도 있고, 일부만 그리는 방법으로 호를 그릴 수도 있습니다.

시작 각도와 종료 각도는 **라디안**(radian) 단위로 측정됩니다. 라디안 단위에서 완전한 원은 0에서 시작(원의 오른쪽 가장 자리)하여 π × 2 라디안에 이릅니다. 따라서 완전한 원을 그리려면 0 라디안부터 π × 2까지 그려야 합니다. 그림 13-9는 원에 라디안 값과 그에 해당하는 각도를 보여주고 있습니다. 그림에 따르면 360°와 π × 2는 둘 다 완전한 원을 의미합니다.

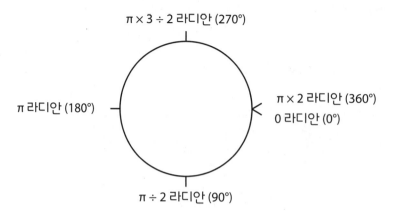

$$\pi \times 3 \div 2\ 라디안\ (270°)$$

$$\pi\ 라디안\ (180°)$$

$$\pi \times 2\ 라디안\ (360°)$$
$$0\ 라디안\ (0°)$$

$$\pi \div 2\ 라디안\ (90°)$$

[그림 13-9]: 각도와 라디안. 오른쪽 끝에서 시작하여 시계 방향으로 회전합니다.

다음 코드는 그림 13-10에서 보는 것처럼 1/4 크기의 원, 반원, 완전한 원을 그립니다.

```
ctx.lineWidth = 2;
ctx.strokeStyle = "Green";

ctx.beginPath();
❶ ctx.arc(50, 50, 20, 0, Math.PI / 2, false);
ctx.stroke();

ctx.beginPath();
❷ ctx.arc(100, 50, 20, 0, Math.PI, false);
ctx.stroke();

ctx.beginPath();
❸ ctx.arc(150, 50, 20, 0, Math.PI * 2, false);
ctx.stroke();
```

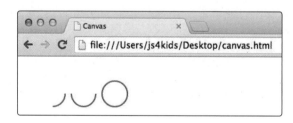

[그림 13-10]: 1/4 크기 원, 반원, 완전한 원 그리기

이 도형들에 대해서는 다음 절에서 다루겠습니다.

1/4 크기 원 또는 호 그리기

첫 번째 코드 블록은 1/4 크기의 원을 그립니다. ❶에서는 beginPath를 호출한 후에 arc 메서드를 실행했습니다. 이때 원의 중심은 (50, 50)에 두고 반지름은 20픽셀로 설정했습니다. 시작 각도는 0으로 두고(호가 원의 오른쪽 끝부터 시작한다는 뜻) 종료 각도는 Math.PI / 2 로 두었습니다. Math.PI는 자바스크립트에서 숫자 π (파이)를 표현하는 방법입니다. 완전한 원은 π × 2 라디안이므로 π 라디안은 반원, π ÷ 2 라디안은 1/4 원을 그립니다. 그림 13-11 은 이 코드에서 표현한 시작 각도와 종료 각도를 보여줍니다.

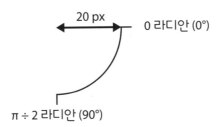

[**그림 13-11**]: 1/4 원의 시작 각도(0 라디안 또는 0°)와 종료 각도(π ÷ 2 라디안 또는 90°)

arc 메서드를 실행할 때 마지막 인수는 false로 전달했는데, 이는 시계 방향으로 호를 그리라는 뜻입니다. 만약 반시계 방향으로 호를 그리고 싶 다면 마지막 인수를 true로 전달하면 됩니다.

반원 그리기

다음은 반원 차례입니다. ❷에서 호의 중심은 (100, 50)에서 시작하도록 하여 (50, 50)에 처음 작성했던 원의 중심과는 50픽셀만큼 떨어져 있습니다. 반지름은 그대로 20픽셀로 두었으며 시작 각도도 0 라디안을 사용했습니다. 하지만 이번에는 종료 각도를 Math.PI로 설정하여 반원을 그리도록 했습니다. 그림 13-12는 이 반원의 시작 각도와 종료 각도를 보여줍니다.

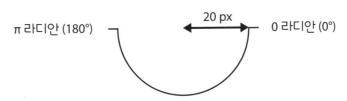

[**그림 13-12**]: 반원의 시작 각도(0 라디안 또는 0°)와 종료 각도(π 라디안 또는 180°)

완전한 원 그리기

❸에서는 완전한 원을 그립니다. 원의 중심은 (150, 50)이고 반지름은 20픽셀입니다. 이 원은 0 라디안에서 시작하여 **Math.PI * 2** 라디안까지 완전한 원 형태로 그려집니다. 그림 13-13은 이 원의 시작 각도와 종료 각도를 보여줍니다.

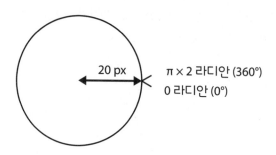

[**그림 13-13**]: 완전한 원의 시작 각도(0 라디안 또는 0°)와 종료 각도(π × 2 라디안 또는 360°)

함수를 사용해 원을 여러 개 그리기

단순히 완전한 원만 그리려고 할 때는 **arc** 메서드가 조금 복잡합니다. 원은 언제나 0에서 시작해서 π × 2 라디안에서 끝나며, 그리는 방향은 시계 방향이든 반시계 방향이든 상관없습니다. 또한 원을 그릴 때는 언제나 **ctx.beginPath**를 먼저 호출한 뒤에 **arc** 메서드를 사용하고, 그 후 **ctx.stroke** 메서드를 사용해야 합니다. 앞서 배운 내용을 응용하면 이런 귀찮은 일들을 대신 해주고 x, y 좌표와 반지름만 전달하면 원을 그려주는 함수를 만들 수 있습니다. 시작해봅시다.

```
var circle = function (x, y, radius) {
  ctx.beginPath();
  ctx.arc(x, y, radius, 0, Math.PI * 2, false);
  ctx.stroke();
};
```

arc 메서드를 사용할 때처럼 이 함수 안에서 가장 먼저 할 일은 **ctx.beginPath**를 호출하여 지금부터 경로를 그리겠다고 캔버스에 알리는 것입니다. 그다음에는 함수 인수에서 받은 x, y 반지름 값과 함께 **ctx.arc**를 호출합니다. 앞서 사용했던 것과 같이 시작 각도는 0으로, 종료 각도는 **Math.PI * 2**로 설정하고 마지막 인수는 **false**로 전달하여 시계 방향으로 원을 그립니다.

이제 원을 그리는 함수가 생겼으므로, 원의 중심 좌표와 반지름만 인수로 입력하면 간단하게 원을 그릴 수 있습니다. 다음 코드는 중심이 같은 다양한 색상의 원을 그립니다.

```
ctx.lineWidth = 4;

ctx.strokeStyle = "Red";
circle(100, 100, 10);

ctx.strokeStyle = "Orange";
circle(100, 100, 20);

ctx.strokeStyle = "Yellow";
circle(100, 100, 30);

ctx.strokeStyle = "Green";
circle(100, 100, 40);

ctx.strokeStyle = "Blue";
circle(100, 100, 50);

ctx.strokeStyle = "Purple";
circle(100, 100, 60);
```

이 코드의 실행 결과는 그림 13-14와 같습니다. 이 코드에서 우리는 우선 선의 두께를 4픽셀로 설정했습니다. 그 후 strokeStyle을 "Red"로 설정하고 circle 함수를 사용해 (100, 100) 좌표에 반지름이 10픽셀인 원을 그렸습니다. 이렇게 그린 원이 가장 중심에 있는 빨간색 원입니다.

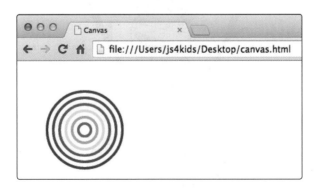

[그림 13-14]: circle 함수를 사용해서 그린 중심이 같은 다양한 색상의 원

그다음부터는 같은 방법을 사용하여 중심이 같지만 반지름이 20픽셀인 오렌지색 원을 그리고, 그 뒤에는 중심이 같고 반지름이 30픽셀인 노란색 원을 그렸습니다. 그 후에도 계속 중심은 같지만 반지름이 점점 커지는 녹색, 파란색, 보라색 원을 그렸습니다.

연습문제

외곽선 원 대신 색칠된 원을 그리도록 circle 함수를 수정해보세요. 네 번째 인수를 불리언 값으로 추가하여 인수의 값이 true면 색칠이 되도록 하고, false면 외곽선을 그리도록 만드세요. 인수의 이름은 fillCircle로 사용해도 좋습니다.

수정한 함수를 사용하여 옆에 있는 눈사람을 만들어보세요.

정리해봅시다

이 장에서 여러분은 canvas라는 새로운 HTML 엘리먼트에 대해 배웠습니다. 캔버스의 그리기 콘텍스트를 사용하면 사각형, 직선, 원을 쉽게 그릴 수 있습니다. 위치나 선의 두께, 색상 등도 마음껏 바꿀 수 있었습니다.

다음 장에서는 9장에서 배웠던 기술 몇 가지를 사용해 우리가 그린 그림을 움직이게 만들어 보겠습니다.

프로그래밍 과제

다음 과제에 도전하여 캔버스 그림을 연습해보세요.

#1: 눈사람 그리기 함수

220쪽에서 작성한 코드를 사용하여 특정한 위치에 눈사람을 그리는 함수를 만들어보세요. 이 함수는 다음과 같이 호출됩니다.

```
drawSnowman(50, 50);
```

이 코드를 실행하면 (50, 50) 위치에 눈사람이 그려집니다.

#2: 좌표 배열 그리기

다음과 같이 좌표의 배열을 인수로 받는 함수를 작성하세요.

```
var points = [[50, 50], [50, 100], [100, 100], [100, 50], ↵
[50, 50]];
drawPoints(points);
```

이 함수는 입력받은 좌표를 연결하는 직선을 그립니다. 위 코드를 예로 들면, 이 함수는 (50, 50), (50, 100), (100, 100), (100, 50)을 연결하는 직선을 그린 후 다시 (50, 50)까지 직선을 그립니다.

이 함수를 사용해 다음 좌표 배열을 그리세요.

```
var mysteryPoints = [[50, 50], [50, 100], [25, 120], ↵
[100, 50], [70, 90], [100, 90], [70, 120]];
drawPoints(mysteryPoints);
```

힌트: points[0][0]은 첫 번째 x 좌표이고, points[0][1]는 첫 번째 y 좌표입니다.

#3: 마우스로 그림 그리기

jQuery와 mousemove 이벤트를 사용하여 마우스가 캔버스 위를 움직일 때마다 마우스의 현재 위치에 반지름이 3픽셀이고 색상이 칠해진 원을 그리세요. 이 이벤트는 마우스가 아주 조금만 움직여도 발생하기 때문에 이 원들은 마우스의 궤적을 따라 그려진 선처럼 보일 것입니다.

힌트: mousemove 이벤트 사용법은 10장을 참고하세요.

#4: 행맨의 사람 그리기

우리는 7장에서 행맨 게임을 만들었습니다. 이 게임이 실제 게임과 더 비슷해지도록 플레이어가 잘못된 글자를 입력할 때마다 사람을 한 부분씩 그리도록 만드세요.

힌트: 플레이어가 틀린 횟수를 추적하고 있어야 합니다. 틀린 횟수를 인수로 받고 전달된 인수의 값에 따라 다른 신체 부위를 그리는 함수를 작성하세요.

14장

캔버스 애니메이션

자바스크립트에서 캔버스 애니메이션을 만드는 과정은 스톱 모션 애니메이션을 만드는 과정과 비슷합니다. 도형을 그린 후 잠시 멈췄다가 도형을 지운 다음, 다른 위치에 도형을 그리는 작업을 반복합니다. 꽤 할 일이 많은 것처럼 보이지만 자바스크립트를 사용하면 도형의 위치를 빠르게 업데이트하여 부드러운 애니메이션을 만들 수 있습니다. 10장에서는 DOM 엘리먼트를 애니메이션으로 표현하는 방법을 배웠는데, 이 장에서는 캔버스에 있는 도형을 애니메이션으로 표현하는 방법을 배워보겠습니다.

페이지를 가로질러 이동하기

canvas와 setInterval을 사용해 정사각형을 그린 다음 이 사각형을 천천히 움직여봅시다. 먼저 canvasanimation.html이라는 새 파일을 만든 뒤 HTML 코드를 입력하세요.

```
<!DOCTYPE html>
<html>
<head>
    <title>캔버스 애니메이션</title>
</head>

<body>
    <canvas id="canvas" width="200" height="200"></canvas>

    <script>
    // 이 부분은 잠시 후에 채웁니다
    </script>
</body>
</html>
```

이제 **script** 엘리먼트에 다음 자바스크립트 코드를 추가합니다.

```
var canvas = document.getElementById("canvas");
var ctx = canvas.getContext("2d");

var position = 0;

setInterval(function () {
❶    ctx.clearRect(0, 0, 200, 200);
❷    ctx.fillRect(position, 0, 20, 20);

❸    position++;
❹    if (position > 200) {
❺        position = 0;
    }
}, 30);
```

이 코드의 첫 번째 줄과 두 번째 줄은 캔버스와 콘텍스트를 만듭니다. 그 후 **var position = 0**을 통해 **position** 변수를 만들고 0을 할당합니다. 이 변수는 정사각형이 왼쪽에서 오른쪽으로 움직일 때 사용됩니다.

이제 **setInterval**을 호출하여 애니메이션을 시작합니다. **setInterval**의 첫 번째 인수는 실행될 때마다 정사각형을 새로 그리는 함수입니다.

캔버스 지우기

setInterval에 전달한 함수를 보면, ❶에서 clearRect를 호출하여 캔버스의 특정 사각 영역을 지웁니다. clearRect 메서드에는 인수 4개를 전달하는데, 인수를 통해 사각형 영역의 위치와 크기를 정합니다. fillRect와 마찬가지로 처음 두 개의 인수는 사각형 왼쪽 상단 모서리의 *x*, *y* 좌표이고, 나머지 두 개의 인수는 사각형의 너비와 높이를 뜻합니다. ctx.clearRect(0, 0, 200, 200)을 호출하면 왼쪽 상단 모서리가 캔버스의 왼쪽 상단 모서리와 똑같고, 너비와 높이가 200픽셀씩인 사각형 영역을 지웁니다. 우리가 만든 캔버스의 크기가 200×200픽셀*이므로 이 작업은 캔버스 전체를 지우게 됩니다.

사각형 그리기

캔버스를 지운 다음에는 ❷에서 ctx.fillRect(position, 0, 20, 20)를 실행하여 너비와 높이가 20픽셀인 정사각형을 (position, 0)에 그립니다. 프로그램을 시작할 때 position은 0으로 설정되어 있으므로 정사각형은 (0, 0)에 그려집니다.

위치 바꾸기

다음으로는 ❸에서 position++를 실행하여 position 값을 1만큼 증가시킵니다. 그 후 ❹에서는 if (position > 200)을 통해 position 값이 200보다 크지 않은지 확인합니다. 만약 200보다 크다면 0으로 리셋해줍니다.

브라우저에서 애니메이션 보기

웹 브라우저에서 페이지를 열면 setInterval 함수가 인수로 전달된 함수를 30밀리초마다 (즉, 1초에 33번) 호출합니다. 시간 간격은 ❺에서 setInterval을 호출할 때 두 번째 인수로 전달한 값입니다. 인수로 전달된 함수는 호출될 때마다 캔버스를 지우고 정사각형을 (position, 0)에 그린 다음, position 변수의 값을 1 증가시킵니다. 그 결과 정사각형은 캔버스에서 조금씩 오른쪽으로 이동하는 것처럼 보입니다. 정사각형이 오른쪽으로 200픽셀 이동하여 캔버스 가장자리에 닿으면 정사각형의 위치를 0으로 리셋합니다.

---

* 옮긴이: 사각형 영역의 크기는 너비x높이와 같이 표현할 수 있습니다. 예를 들어, 너비가 200픽셀이고 높이가 100픽셀인 이미지가 있다면 이 이미지의 크기는 200x100픽셀입니다.

그림 14-1은 이 애니메이션의 처음 4단계가 어떻게 표현되는지 보여줍니다. 자세히 보기 위해 캔버스의 오른쪽 상단만 확대하여 표시했습니다.

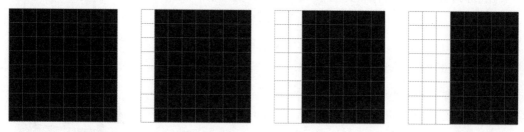

[그림 14-1]: 애니메이션의 처음 4단계가 변하는 모습. 각 단계마다 **position**의 값이 1씩 증가하여 정사각형이 오른쪽으로 1픽셀씩 이동합니다.

정사각형의 크기 바꾸기

앞 절에서 다룬 내용에서 세 가지만 바꾸면 정사각형의 크기가 변하는 것을 애니메이션으로 보여줄 수 있습니다. 변경한 코드는 다음과 같습니다.

```
var canvas = document.getElementById("canvas");
var ctx = canvas.getContext("2d");

var size = 0;

setInterval(function () {
  ctx.clearRect(0, 0, 200, 200);
  ctx.fillRect(0, 0, size, size);

  size++;
  if (size > 200) {
    size = 0;
  }
}, 30);
```

눈치챘겠지만 이 코드에서는 달라진 점이 두 가지 있습니다. 첫 번째는 **position** 변수 대신 **size**라는 변수를 만들고 사용했다는 점입니다. 이 값은 정사각형의 크기를 조작할 때 사용됩니다. 두 번째는 이 변수를 사용해서 정사각형의 위치를 바꾸는 대신 **ctx.fillRect(0, 0, size, size)** 너비와 높이를 바꿨다는 점입니다. 이 코드는 캔버스의 왼쪽 상단에 정사각형을 그리는데, 이때 정사각형의 너비와 높이는 size의 값을 사용합니다. size는 0부터 시작하기 때문에 처음에는 정사각형이 화면에 나타나지 않습니다. 그 후 애니메이션 함수가 호출되면 size는 1이 되고 이에 따라 1×1픽셀 정사각형이 나타납니다. 사각형은 새로 그려질 때마다 1픽셀씩 너비와 높이가 길어집니다. 이 코드를 실행하면 캔버스의 왼쪽 상단 모서리에 사각형이 나타나서 캔버스를 꽉 채울 때까지 점점 커지는 것을 볼 수 있습니다. 캔버스를 꽉 채운 뒤에는 if (size > 200) 조건문에 따라 size가 0으로 리셋되므로 사각형이 화면에서 사라지고 다시 처음부터 커집니다.

그림 14-2는 이 애니메이션의 처음 4단계가 어떻게 표현되는지 보여줍니다. 자세히 보기 위해 캔버스의 왼쪽 상단만 확대하여 표시했습니다.

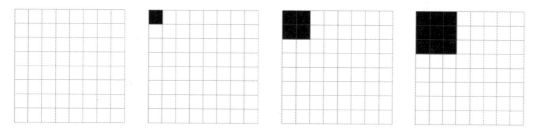

[그림 14-2]: 애니메이션의 처음 4단계가 변하는 모습. 각 단계마다 size의 값이 1씩 증가하여 정사각형의 너비와 높이가 1픽셀씩 길어집니다.

활발한 벌 그리기

이제 화면에서 물체를 움직이거나 물체의 크기를 바꾸는 법을 알게 됐으니, 조금 더 재미있는 작업을 해봅시다. 캔버스 여기저기를 날아다니는 벌을 그려보는 거죠! 벌은 다음과 같이 원을 몇 개 사용해서 그릴 것입니다.

벌 애니메이션은 정사각형 이동 애니메이션과 매우 비슷하게 동작합니다. 즉 위치를 정한 다음 애니메이션의 매 단계마다 캔버스 지우기, 주어진 위치에 벌 그리기, 위치 바꾸기와 같은 작업을 진행합니다. 다른 점이 있다면 이 벌은 마구잡이로 날아다닌다는 것입니다. 벌의 위치는 정사각형 이동 애니메이션 때보다 더 복잡한 코드를 통해 정해집니다. 다음 몇 개의 절에 걸쳐서 이 코드를 작성해보겠습니다.

새로운 circle 함수

원을 몇 개 사용해서 벌을 그려봅시다. 우선은 circle 함수를 사용해서 색칠한 원과 외곽선 원을 몇 개 그리겠습니다.

```
  var circle = function (x, y, radius, fillCircle) {
    ctx.beginPath();
❶   ctx.arc(x, y, radius, 0, Math.PI * 2, false);
❷   if (fillCircle) {
❸     ctx.fill();
    } else {
❹     ctx.stroke();
    }
  };
```

이 함수에는 x, y, radius, fillCircle이라는 4개의 인수를 전달합니다. 앞서 13장에서 사용했던 circle 함수와 비슷하지만 fillCircle이라는 인수를 하나 더 추가했습니다. 이 인수는 함수에서 그리는 원에 색칠을 할 것인지 혹은 외곽선만 그릴 것인지 정하는 불리언 값으로써, circle 함수를 호출할 때 true 또는 false로 설정해야 합니다.

함수 내부의 ❶에서는 arc 메서드를 사용해서 (x, y)를 중심으로 하고, 반지름이 radius인 원을 그렸습니다. 그 후 ❷에서 fillCircle 인수의 값이 true인지 확인하여, true라면 ❸에서 ctx.fill을 사용해서 색을 칠하고 false라면 ❹에서 ctx.storke를 사용해 외곽선을 그립니다.

벌 그리기

다음은 벌을 그리는 **drawBee** 함수를 작성할 차례입니다. **drawBee** 함수는 인수로 전달된 x, y 위치에 circle 함수를 사용해 벌을 그립니다. 코드는 다음과 같습니다.

```
  var drawBee = function (x, y) {
❶   ctx.lineWidth = 2;
    ctx.strokeStyle = "Black";
    ctx.fillStyle = "Gold";
```

```
circle(x, y, 8, true);
circle(x, y, 8, false);
circle(x - 5, y - 11, 5, false);
circle(x + 5, y - 11, 5, false);
circle(x - 2, y - 1, 2, false);
circle(x + 2, y - 1, 2, false);
};
```

❶번 영역에서는 그림에 필요한 lineWidth, strokeStyle, fillStyle 프로퍼티를 설정합니다. 여기서 lineWidth는 2픽셀로 설정하고 strokeStyle은 Black으로 설정했습니다. 따라서 벌의 몸통, 날개, 눈으로 사용할 외곽선 원은 두꺼운 검은색 선으로 그려질 것입니다. fillStyle은 Gold로 설정되었으므로 벌의 몸통으로 사용할 원은 노란색으로 칠해질 것입니다.

❷번 영역에서는 몇 개의 원을 사용해 벌을 그렸습니다. 이 뒷부분을 빠르게 진행해보겠습니다.

첫 번째 원은 (x, y) 위치를 중심으로 하고, 반지름이 8픽셀인 노란색 원을 사용해 벌의 몸통을 그립니다.

```
circle(x, y, 8, true);
```

fillStyle은 Gold로 설정되어 있으므로 이 원은 다음과 같이 노랗게 칠해질 것입니다.

두 번째 원은 앞서 작성했던 원과 같은 크기, 같은 장소에 검은색 외곽선 원을 그립니다.

```
circle(x, y, 8, false);
```

외곽선 원은 첫 번째 원 그림에 추가되었으므로 다음과 같이 보일 것입니다.

다음은 원을 사용해 날개를 그려볼 차례입니다. 첫 번째 날개는 몸통에서 왼쪽으로 5픽셀, 위로 11픽셀 떨어진 위치를 중심으로 한 외곽선 원을 사용해 그립니다. 두 번째 날개도 같은 원리를 사용하는데, 대신 가로 위치를 몸통 중심에서 5픽셀 오른쪽으로 이동한 곳에 둡니다.

```
circle(x - 5, y - 11, 5, false);
circle(x + 5, y - 11, 5, false);
```

여기까지 그리고 나면 코드는 다음과 같이 보일 것입니다.

마지막으로는 눈을 그립니다. 첫 번째 원은 몸통 중심에서 2픽셀 왼쪽으로 떨어지고 위쪽으로 1픽셀 떨어진 위치를 중심으로 한 반지름 2픽셀짜리 원을 그립니다. 두 번째 원도 똑같지만 몸통 중심에서 오른쪽으로 2픽셀 떨어진 위치에 그립니다.

```
circle(x - 2, y - 1, 2, false);
circle(x + 2, y - 1, 2, false);
```

여기까지 그리면 drawBee 함수에 전달된 (x, y) 좌표를 몸통의 중심으로 하는 벌이 만들어 집니다.

벌의 위치 바꾸기

벌의 x 좌표와 y 좌표를 무작위로 수정하여 마치 벌이 캔버스 여기저기를 정신없이 돌아다니는 듯 보이게 하는 update 함수를 만들겠습니다. update 함수에는 coordinate라는 인수를 하나 전달합니다. 우리는 x 좌표와 y 좌표 중 한 번에 하나만 수정하여 벌이 마구잡이로 돌아다니게 할 것입니다. update 함수의 코드는 다음과 같습니다.

```
  var update = function (coordinate) {
❶     var offset = Math.random() * 4 - 2;
❷     coordinate += offset;

❸     if (coordinate > 200) {
```

```
        coordinate = 200;
    }
❹   if (coordinate < 0) {
        coordinate = 0;
    }

❺   return coordinate;
    };
```

오프셋 값을 사용해 좌표 바꾸기

❶에서는 현재 위치에서 달라질 값을 정하는 offset 변수를 만들었습니다. offset값은 Math.random() * 4 - 2를 통해 계산되므로 offset값은 -2부터 2 사이의 무작위 수가 됩니다. Math.random()에서 반환하는 값은 0부터 1 사이의 무작위 수가 되기 때문에 MAth.random() * 4는 0부터 4 사이의 무작위 수가 되고, 여기서 2를 빼면 -2부터 2 사이의 무작위 수를 구할 수 있습니다.

❷에서는 coordinate += offset를 사용해 offset 값만큼 좌표를 수정했습니다. offset이 0보다 크면 coordinate 값은 현재보다 커지고, 0보다 작으면 coordinate 값은 현재보다 작아질 것입니다. 예를 들어, coordinate가 100이고 offset이 1이라면 ❷를 실행했을 때 coordinate는 101이 됩니다. 하지만 coordinate가 100이고 offset이 -1이라면 coordinate는 99가 됩니다.

가장자리에 닿았는지 확인하기

❸과 ❹에서는 coordinate가 200보다 커지거나 0보다 작아지는 것을 방지하여 벌이 캔버스를 벗어나지 않도록 합니다. 만약 coordinate가 200보다 크다면 200으로 값을 설정하고, 0보다 작다면 0으로 리셋합니다.

업데이트한 좌표 반환하기

마지막으로 ❺에서는 coordinate를 반환했습니다. coordinate의 새로운 값을 반환하면 다른 곳에서도 이 값을 사용할 수 있습니다. 잠시 후에는 update에서 반환된 이 값을 사용하여 다음과 같이 x, y의 값을 수정하겠습니다.

```
x = update(x);
y = update(y);
```

벌 움직이기

이제 circle, drawBee, update 함수가 준비되었으므로 벌을 날아다니게 하는 코드를 작성할 수 있습니다.

```
var canvas = document.getElementById("canvas");
var ctx = canvas.getContext("2d");

var x = 100;
var y = 100;

setInterval(function () {
❶   ctx.clearRect(0, 0, 200, 200);

❷   drawBee(x, y);
❸   x = update(x);
❹   y = update(y);

❺   ctx.strokeRect(0, 0, 200, 200);
  }, 30);
```

늘 그렇듯 시작은 var canvas와 var ctx로 해서 그리기 콘텍스트를 가져옵니다. 다음은 x, y 변수를 만들고 두 변수의 값을 100으로 설정합니다. 이를 통해 그림 14-3처럼 벌의 초기 위치를 캔버스의 중간인 (100, 100)에 두었습니다.

다음은 setInterval 함수를 호출하여, 인수로 전달된 함수를 30 밀리초마다 실행합니다. 인수로 전달된 함수 내부를 보면 ❶에서 clearRect를 호출해 캔버스를 지워주고 있습니다. ❷에서는 (x, y) 위치에 벌을 그립니다. 이 함수를 처음 호출할 때는 그림 14-3처럼 (100, 100) 위치에 벌이 그려지고, 그다음부터는 함수가 호출될 때마다 새롭게 업데이트된 (x, y) 위치에 벌이 그려집니다.

[그림 14-3]: (100, 100)에 그려진 벌

❸에서는 update를 호출하여 x, y 변수의 값을 바꿔줍니다. update 함수는 인수로 받은 숫자에 -2부터 2 사이의 무작위 수를 더한 뒤 결과를 반환합니다. 따라서 x = update(x)는 "x의 값을 아주 약간만 무작위로 바꿔줘."라는 뜻입니다.

끝으로 ❹에서는 strokeRect를 호출하여 캔버스의 외곽선을 그립니다. 덕분에 벌이 캔버스의 가장자리에 가까워지는지 쉽게 알아볼 수 있습니다. 외곽선을 그리지 않으면 캔버스 영역의 경계가 보이지 않습니다.

이 코드를 실행하면 노란색 벌이 캔버스 여기저기를 마구잡이로 돌아다니는 것을 볼 수 있습니다. 그림 14-4는 이 애니메이션의 프레임 몇 개를 표현한 것입니다.

[그림 14-4]: 벌의 무작위 움직임 애니메이션

공 튕기기

이제 캔버스 가장자리에 부딪히면 튕기는 공을 만들어봅시다. 이 공은 마치 고무공처럼 벽에 부딪히면 일정한 각도로 튕겨 나옵니다.

가장 먼저 할 일은 공을 표현하는 Ball 생성자를 사용해 자바스크립트 객체를 만드는 것입니다. 이 객체는 xSpeed와 ySpeed 프로퍼티를 사용해 공의 속도와 방향을 저장합니다. 공의 수평방향 속도는 xSpeed로 다루고, 수직방향 속도는 ySpeed로 다룹니다.

이 애니메이션은 새 파일에 저장하겠습니다. ball.html 파일을 새로 만들고, 다음 HTML 코드를 입력하세요.

```
<!DOCTYPE html>
<html>
<head>
    <title>튕기는 공</title>
</head>
```

```
<body>
    <canvas id="canvas" width="200" height="200"></canvas>

    <script>
    // 이 부분은 잠시 후에 채웁니다
    </script>
</body>
</html>
```

공 생성자

일단은 튕기는 공 객체를 만들 때 사용할 Ball 생성자를 먼저 작성하겠습니다. 다음 코드를
ball.html 파일의 <script> 태그 사이에 입력하세요.

```
var Ball = function () {
    this.x = 100;
    this.y = 100;
    this.xSpeed = -2;
    this.ySpeed = 3;
};
```

이 생성자는 상당히 직관적입니다. 생성자 안에서는 공의 시작 위치(this.x와 this.y), 공
의 수평 속도(this.xSpeed)와 공의 수직 속도(this.ySpeed)를 설정하고 있습니다. 공의
시작 위치는 (100, 100) 즉, 200×200픽셀 캔버스의 중심으로 설정됐습니다.

this.xSpeed는 -2로 설정됐기 때문에 공은 애니메이션 단계마
다 왼쪽으로 2픽셀씩 이동합니다. this.ySpeed는 3으로 설정됐
기 때문에 애니메이션 단계마다 아래쪽으로 3픽셀씩 이동합니다.
따라서 이 공은 매 프레임마다 왼쪽으로 2픽셀, 아래쪽으로 3픽
셀만큼 사선 방향으로 이동할 것입니다.

그림 14-5는 공의 시작 위치와 이동 방향을 표현하고 있습니다.

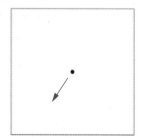

[그림 14-5]: 공의 시작 위
치와 이동 방향을 표현하는
화살표

공 그리기

다음은 draw 메서드를 사용해 공을 그릴 차례입니다. 우리는 이 메서드를 Ball 생성자의 프로토타입에 추가하여 Ball 생성자를 통해 만들어진 모든 객체에서 사용할 수 있도록 하겠습니다.

```
var circle = function (x, y, radius, fillCircle) {
  ctx.beginPath();
  ctx.arc(x, y, radius, 0, Math.PI * 2, false);
  if (fillCircle) {
    ctx.fill();
  } else {
    ctx.stroke();
  }
};

Ball.prototype.draw = function () {
  circle(this.x, this.y, 3, true);
};
```

먼저 228쪽 "새로운 circle 함수" 절에서 사용했던 것과 똑같은 circle 함수를 만든 다음, Ball.prototype에 draw 메서드를 추가합니다. 이 메서드는 circle(this.x, this.y, 3, true)를 실행하여 원을 하나 그립니다. 그리고 이 원의 중심, 다시 말해 공의 위치는 (this.x, this.y)가 됩니다. 원의 반지름은 3픽셀입니다. circle 함수의 마지막 인수로는 true를 사용하여 공을 색칠하도록 했습니다.

공 움직이기

공을 움직이려면 현재 속도에 따라 x, y 프로퍼티에 변화를 주어야 합니다. 이 부분은 다음의 move 메서드를 사용해서 작업하겠습니다.

```
Ball.prototype.move = function () {
  this.x += this.xSpeed;
  this.y += this.ySpeed;
};
```

이 메서드는 this.x += this.xSpeed를 사용해

서 this.x에 공의 수평 속도를 더합니다. 그다음에는 this.y += this.ySpeed를 사용해서 this.y에 공의 수직 속도를 더합니다. 애니메이션을 시작할 때 공의 초기 위치는 (100, 100)이고, this.xSpeed는 -2, this.ySpeed는 3으로 설정되어 있습니다. 따라서 move 메서드를 호출하면 x 값에서 2를 빼고, y 값에는 3을 더하기 때문에 공의 다음 위치는 (98, 103)이 됩니다. 이런 원리로 공은 그림 14-6처럼 계속해서 왼쪽으로 2픽셀씩, 아래쪽으로 3픽셀씩 이동하게 됩니다.

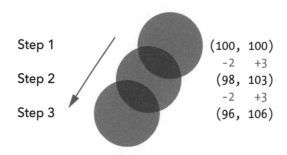

```
Step 1                 (100, 100)
                        -2   +3
Step 2                 (98, 103)
                        -2   +3
Step 3                 (96, 106)
```

[그림 14-6]: 애니메이션의 처음 3단계. x, y 프로퍼티가 어떻게 변하는지 보여줍니다

공 튀기기

애니메이션의 매 단계마다 우리는 공이 벽에 부딪히지 않았는지 확인합니다. 만약 부딪혔다면 xSpeed나 ySpeed 프로퍼티의 부호를 바꿔줍니다(-1을 곱하면 됩니다). 예를 들어, 공이 아래에 있는 벽에 부딪혔다면 this.ySpeed의 부호를 바꿉니다. 따라서 만약 this.ySpeed가 3이었다면 부호가 바뀐 값은 -3이 됩니다. 만약 this.ySpeed가 -3이었다면 부호가 바뀐 값은 다시 3이 됩니다.

이 작업은 공이 벽에 충돌했는지 확인하는 것이기 때문에 관련 메서드를 checkCollision으로 부르겠습니다.

```
    Ball.prototype.checkCollision = function () {
❶    if (this.x < 0 || this.x > 200) {
        this.xSpeed = -this.xSpeed;
      }
❷    if (this.y < 0 || this.y > 200) {
        this.ySpeed = -this.ySpeed;
      }
    };
```

❶에서는 x 프로퍼티의 값이 0보다 작거나(왼쪽 벽에 부딪힌 경우) 200보다 큰지(오른쪽 벽에 부딪힌 경우) 확인하여 공이 왼쪽 벽이나 오른쪽 벽에 부딪히지 않았는지 봅니다. 만약 둘 중 하나라도 사실이라면 공은 반대 방향으로 튀어야 하므로 수평 방향을 반대로 바꿔줍니다. 수평 방향은 this.xSpeed를 -this.xSpeed로 설정하면 바꿀 수 있습니다. 예를 들어, this.xSpeed가 -2인데 공이 왼쪽 벽에 부딪혔다면 this.xSpeed는 2로 바뀔 것입니다.

❷에서는 똑같은 작업을 위쪽 벽과 아래쪽 벽에 대해 수행합니다. this.y가 0보다 작거나 200보다 크다면, 공이 위쪽 벽이나 아래쪽 벽에 부딪힌 것입니다. 따라서 이때는 this.ySpeed의 값을 -this.ySpeed로 바꿔야 합니다.

그림 14-7은 공이 왼쪽 벽에 부딪혔을 때 일어나는 일을 보여줍니다. this.xSpeed는 -2에서 시작하지만 벽에 부딪힌 후에는 2로 바뀝니다. 하지만 this.ySpeed의 값은 3에서 변하지 않습니다.

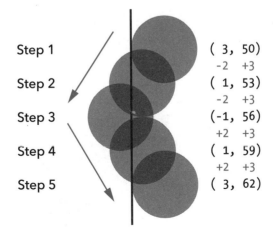

[그림 14-7]: 왼쪽 벽에 충돌했을 때 this.xSpeed의 변화

그림 14-7을 보면 공이 벽에 충돌할 때, 3단계에서 공이 캔버스의 경계선을 벗어납니다. 이 때문에 공은 화면에서 잠시 사라지지만, 굉장히 빠르게 일어나는 일이기 때문에 애니메이션이 진행되는 동안은 알아채기 어려울 것입니다.

공 애니메이션

이제 실제로 애니메이션을 실행하는 코드를 작성할 차례입니다. 이 코드는 공을 표현하는 객체를 만들고, setInterval을 사용해서 각 애니메이션 단계마다 공을 그리는 메서드를 호출하고 공의 위치를 바꿉니다.

```
var canvas = document.getElementById("canvas");
var ctx = canvas.getContext("2d");

❶ var ball = new Ball();

❷ setInterval(function () {
❸   ctx.clearRect(0, 0, 200, 200);

❹   ball.draw();
    ball.move();
    ball.checkCollision();

❺   ctx.strokeRect(0, 0, 200, 200);
❻ }, 30);
```

앞의 두 줄에서는 늘 하던 대로 캔버스와 그리기 콘텍스트를 가져옵니다. ❶에서는 new Ball()을 사용해 공 객체를 만들고 이를 ball 변수에 저장합니다. ❷에서는 setInterval을 호출하는데, 인수로는 함수 한 개와 숫자 30을 ❻에서 전달합니다. 앞서 배운 대로 이 코드는 "이 함수를 30밀리초마다 호출해줘."라는 뜻입니다.

setInterval에 전달된 함수는 여러 가지 작업을 수행합니다. 먼저 ❸에서 ctx.clearRect(0, 0, 200, 200)을 사용해 캔버스를 지웁니다. 그다음에는 ❹에서 ball 객체의 draw, move, checkCollision 메서드를 호출합니다. draw 메서드는 현재 x, y 좌표에 공을, 그리고 move 메서드는 xSpeed와 ySpeed에 따라 공의 위치를 바꿉니다. 마지막으로 checkCollision 메서드는 공이 벽에 부딪혔을 때 공의 방향을 바꿉니다.

setInterval에 전달된 함수에서 가장 마지막에 하는 일은 ❺에서 ctx.strokeRect(0, 0, 200, 200)을 호출하여 캔버스의 경계선을 그리는 것입니다. 경계선이 있어야 공이 벽에 부딪혔는지 볼 수 있습니다.

이 코드를 실행하면 공은 즉시 왼쪽 아래로 움직이기 시작합니다. 공이 바닥에 있는 벽에 닿으면 튀어올라 움직이다가 다시 왼쪽에 있는 벽에 부딪힐 것입니다. 이런 식으로 공은 브라우저 창을 닫기 전까지 캔버스 안을 튕기며 돌아다닙니다.

정리해봅시다

이 장에서 우리는 11장에서 배웠던 애니메이션에 관한 지식과 canvas 엘리먼트에 대한 지식을 융합하여 다양한 캔버스 기반 애니메이션을 만들었습니다. 처음에는 캔버스에서 작은 정사각형을 움직이거나 키우는 것부터 시작해서 화면 여기저기를 마구잡이로 돌아다니는 벌도 만든 다음, 끝으로 벽에 튀기는 공 애니메이션을 만들었습니다.

이 애니메이션의 기본 원리는 같습니다. 특정한 위치에 특정한 도형을 그리고 크기나 위치를 바꾼 다음, 캔버스를 지우고 다시 도형을 그리는 것이죠. 2D 캔버스에서 움직이는 물체를 표현할 때는 보통 물체의 x 좌표와 y 좌표를 계속 추적하고 있어야 합니다. 벌 애니메이션에서는 x, y 좌표에 무작위 수를 더하거나 빼면, 튀기는 공 애니메이션에서는 x 좌표와 y 좌표에 현재의 xSpeed와 ySpeed 값을 더했습니다. 다음 장에서는 캔버스에 반응성을 추가하여, 키보드를 사용해서 물체의 동작을 제어해보겠습니다.

프로그래밍 과제

이 장에서 배운 튕기는 공 애니메이션을 다음과 같이 만들어보세요.

#1: 더 큰 캔버스에서 튕기는 공

우리가 사용한 200×200픽셀 캔버스는 조금 작습니다. 캔버스의 크기를 400×400픽셀이나 그보다 큰 임의의 크기로 늘리고 싶다면 어떻게 해야 할까요?

캔버스의 너비와 높이를 직접 입력하는 대신 width와 height라는 변수를 만들고 canvas 객체를 사용해 이 변수의 값을 설정하세요. 다음과 같은 코드를 사용할 수 있습니다.

```
var width = canvas.width;
var height = canvas.height;
```

이제 프로그램에서 이 변수를 사용하면 캔버스의 크기를 바꾸고 싶을 때는 HTML에서 canvas 엘리먼트의 속성을 바꿔주면 됩니다. 캔버스의 크기를 500×300픽셀로 바꿔봅시다. 프로그램이 문제없이 동작하나요?

#2: 무작위 수평 속도와 수직 속도

더 재미있는 애니메이션을 위해 Ball 생성자에서 this.xSpeed와 this.ySpeed를 −5와 5 사이의 무작위 수로 설정해보세요.

#3: 공 여러 개 추가하기

본문에서는 공을 한 개만 만들었지만, 공을 담을 배열을 만들고 for 반복문을 사용해서 배열에 공 10개를 추가하세요. 이제 setInterval 함수 안에서 for 반복문을 사용하여 각 공을 그리고, 움직인 후, 충돌도 확인하세요.

#4: 다양한 색상으로 공을 칠하기

공의 색상이 다양하면 어떨까요? Ball 생성자에서 color 프로퍼티를 추가하고 이 값을 draw 메서드에서 사용하세요. 8장에서 배운 무작위단어선택 함수의 원리를 사용하여 다음 배열에서 무작위 색상을 고르세요.

```
var colors = ["Red", "Orange", "Yellow", "Green", "Blue", ↵
"Purple"];
```

15장
키보드를 사용한 애니메이션 제어

이제 우리는 캔버스를 다룰 수 있습니다. 도형을 색칠할 수 있고 움직이게 하거나 튕기게도 할 수 있으며 자라나게 할 수도 있습니다. 그렇다면 이제는 반응성을 더해 생명을 줄 때입니다!

이 장에서는 사용자가 키보드로 입력한 키에 반응하는 캔버스 애니메이션을 배워보겠습니다. 이를 통해 플레이어는 키보드에 있는 화살표 키나 다른 키(게임에 많이 사용되는 W, A, S, D 등)를 눌러서 애니메이션을 제어할 수 있습니다. 예를 들어, 그냥 공이 화면을 돌아다니게 하는 대신 플레이어가 화살표 키를 조작해 공을 움직이게 할 수 있습니다.

키보드 이벤트

자바스크립트는 **키보드 이벤트**(keyboard event)를 통해 키보드 입력을 지켜볼 수 있습니다. 사용자가 키보드를 통해 키를 입력할 때마다 키보드 이벤트가 발생합니다. 키보드 이벤트는 10장에서 살펴본 마우스 이벤트와 매우 비슷합니다. 마우스 이벤트를 다룰 때는 jQuery를 사용해서 이벤트가 발생한 위치를 구하고, 키보드 이벤트를 다룰 때는 jQuery를 사용해서 어떤 키가 눌렸는지 알아내고 이를 프로그램에서 사용합니다. 예를 들어, 이 장에서 우리는 사용자가 왼쪽, 오른쪽, 위쪽, 아래쪽 화살표를 누를 때마다 공을 각각 왼쪽, 오른쪽, 위쪽, 아래쪽으로 움직일 것입니다.

이때 사용하는 이벤트는 사용자가 키를 누를 때마다 발생하는 keydown 이벤트입니다. 그리고 keydown 이벤트의 이벤트 핸들러는 jQuery를 사용해서 추가할 것입니다. 그러면 keydown 이벤트가 발생할 때마다 이벤트 핸들러 함수가 실행되어 어떤 키가 눌렸는지 확인한 후 그에 맞는 동작을 수행할 것입니다.

HTML 파일 만들기

먼저 다음 파일을 새로 만들어 HTML 코드를 입력한 다음, keyboard.html으로 저장합니다.

```html
<!DOCTYPE html>
<html>
<head>
    <title>키보드 입력</title>
</head>

<body>
    <canvas id="canvas" width="400" height="400"></canvas>

    <script src="https://code.jquery.com/jquery-2.1.0.js"></script>

    <script>
    // 이 부분은 잠시 후에 채웁니다
    </script>
</body>
</html>
```

keydown 이벤트 핸들러 추가하기

이제 keydown 이벤트에 반응하는 자바스크립트 코드를 추가해봅시다. 다음 코드를 keyboard.html 파일의 빈 <script> 태그 사이에 입력하세요.

```
$("body").keydown(function (event) {
  console.log(event.keyCode);
});
```

첫 번째 줄에서는 jQuery의 $ 함수를 사용해서 HTML에 있는 **body** 엘리먼트를 선택한 후 **keydown** 메서드를 호출했습니다. **keydown** 메서드에는 어떤 키든 눌릴 때마다 호출되는 함수를 인수로 전달했습니다. 이벤트가 발생할 때마다 이 함수에는 **keydown** 이벤트에 관한 정보가 **event** 객체를 통해 전달됩니다. 이 프로그램에서는 어떤 키가 눌렸는지 알아야 하기 때문에 **event** 객체에 **event.keyCode**로 저장된 정보를 사용합니다.

이 함수 안에서는 **consoel.log**를 사용해 **event** 객체의 **keyCode** 프로퍼티를 출력하고 있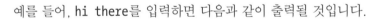
습니다. 그 결과 콘솔에는 눌린 키를 알려주는 숫자가 출력될 것 입니다. 키보드의 각 키에는 고유한 **키코드**(keycode)가 있습니다. 예를 들어, 스페이스 바의 키코드는 32이고, 왼쪽 화살표의 키코드는 37입니다.

수정된 keyboard.html 파일을 저장한 후 웹 브라우저에서 열어보세요. 콘솔을 연 다음, 자바스크립트가 키보드 이벤트를 지켜볼 수 있게 브라우저 창을 한 번 클릭해주세요. 이제 아무 키나 누르면 콘솔에 누른 키에 해당하는 키코드가 출력됩니다.

예를 들어, **hi there**를 입력하면 다음과 같이 출력될 것입니다.

```
72
73
32
84
72
69
82
69
```

입력한 키는 모두 서로 키코드 값이 다릅니다. H 키는 72, I 키는 73 등입니다.

객체를 사용해 키코드를 이름으로 변환하기

키를 쉽게 다루기 위해 객체를 사용해 키코드를 인식하기 쉬운 이름으로 변환하겠습니다. 다음 예제는 키코드를 객체의 키로 사용하고 그에 해당하는 이름 문자열을 값으로 사용하는 **keyNames** 객체를 만듭니다. keyboard.html에 있던 자바스크립트를 지우고 다음 코드를 대신 입력하세요.

```
var keyNames = {
    32: "space",
    37: "left",
    38: "up",
    39: "right",
    40: "down"
};

$("body").keydown(function (event) {
❶   console.log(keyNames[event.keyCode]);
});
```

먼저 **keyNames** 객체를 만들고 객체 안에 32, 37, 38, 39, 40번 키코드를 저장했습니다. **keyNames** 객체의 키-값 쌍은 키코드(32, 37 등)와 그에 해당하는 이름(스페이스 바는 **"space"**, 왼쪽 화살표는 **"left"** 등)으로 이루어져 있습니다.

이제 이 객체를 사용하면 키코드를 통해 이름을 알아낼 수 있습니다. 예를 들어, 32번 키코드의 이름을 알고 싶을 때는 **keyNames[32]**라고 입력하면 됩니다. 결과로는 **"space"**가 반환됩니다.

❶에서는 **keydown** 이벤트 핸들러 안에서 **keyNames** 객체를 사용해 눌린 키의 이름을 구했습니다. **event.keyCode**에 저장된 이벤트 키코드가 **keyNames** 객체에 있는 키 중 하나라면 해

당 키의 이름을 출력합니다. 만약 일치하는 키가 없다면 undefined를 출력합니다.

웹 브라우저에서 keyboard.html 파일을 불러오세요. 콘솔을 열고 웹 페이지를 클릭한 다음 아무 키나 눌러보세요. 만약 keyNames 객체에 있는 다섯 개의 키 중 하나를 누른다면(화살표 또는 스페이스 바) 키의 이름이 출력될 것입니다. 그렇지 않다면 undefined가 출력됩니다.

연습문제

더 많은 키를 이름으로 변환할 수 있도록 keyNames 객체에 키-값 쌍을 더 추가하세요. SHIFT, ENTER/RETURN, ALT/OPTION 키의 키코드와 이름을 추가해보세요.

키보드로 공 움직이기

이제 눌린 키가 무엇인지 알 수 있으므로 키보드를 사용해 공을 움직이는 프로그램을 작성할 수 있습니다. 이 프로그램은 공을 그린 다음, 공을 오른쪽으로 움직일 것입니다. 화살표 키를 누르면 공의 방향이 바뀌고, 스페이스 바를 누르면 움직임이 멈춥니다. 캔버스 밖으로 넘어간 공은 반대편에서 나타납니다. 예를 들어, 그림 15-1에서 보는 것처럼 캔버스 오른쪽 바깥으로 벗어난 공은 캔버스 왼쪽 끝에 나타난 후 같은 방향으로 계속 움직입니다.

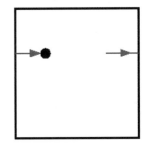

[그림 15-1]: 캔버스 오른쪽 바깥으로 벗어난 공은 왼쪽 끝에 나타납니다.

이 프로그램에서는 keyActions라는 객체를 사용해서 눌린 키를 찾아낸 후 이 정보를 사용해 공의 움직임을 설정합니다. 공의 위치를 업데이트하고 새 위치에 그리는 작업에는 setInterval을 사용합니다.

캔버스 설정하기

먼저 캔버스와 콘텍스트 객체를 설정해야 합니다. keyboard.html 파일을 열고 두 번째 <script> 사이에 있는 자바스크립트를 다음과 같이 바꾸세요.

```
var canvas = document.getElementById("canvas");
var ctx = canvas.getContext("2d");
var width = canvas.width;
var height = canvas.height;
```

첫 번째 줄에서는 document.getElementById를 사용해서 canvas 엘리먼트를 선택했습니다. 두 번째 줄에서는 캔버스의 getContext를 호출하여 콘텍스트 객체를 가져왔습니다. 그후 var width와 var height 줄에서는 canvas 엘리먼트의 너비와 높이를 width와 height 변수에 저장했습니다. 이를 통해 캔버스의 너비나 높이가 필요할 때마다 직접 값을 구하는 대신 변수에 저장된 값을 사용할 수 있습니다. 이제 캔버스의 크기를 변경하고 싶을 때는 HTML만 수정해도 자바스크립트 코드가 잘 동작할 것입니다.

circle 함수 만들기

다음은 14장에서 사용했던 것과 똑같은 circle를 정의합니다. 이 함수는 공을 그릴 때 사용됩니다. 다음 함수를 앞 절에서 작성했던 코드 바로 뒤에 추가하세요.

```
var circle = function (x, y, radius, fillCircle) {
  ctx.beginPath();
  ctx.arc(x, y, radius, 0, Math.PI * 2, false);
  if (fillCircle) {
    ctx.fill();
  } else {
    ctx.stroke();
  }
};
```

Ball 생성자 만들기

이제 Ball 생성자를 만들어봅시다. 이 생성자는 움직이는 공 객체를 만들 때 사용됩니다. 공은 14장에서 사용했던 기법을 사용해 공을 움직일 것입니다. 즉, xSpeed와 ySpeed프로퍼티를 사용해서 공의 수평 및 수직 속도를 조작합니다. 다음 코드를 circle 함수 뒤에 추가하세요.

```
var Ball = function () {
```

```
    this.x = width / 2;
    this.y = height / 2;
    this.xSpeed = 5;
    this.ySpeed = 0;
  };
```

이 생성자에서는 x와 y 값(공의 위치)을 각각 width / 2와 height / 2 로 설정하여 공이 캔버스 중앙에서 시작하도록 합니다. 또한 this.xSpeed의 값을 5로 설정하고 this.ySpeed의 값을 0으로 설정했습니다. 이 때문에 각 애니메이션 단계가 진행될 때마다 x의 값은 5픽셀씩 증가하고, y의 값은 변하지 않습니다. 즉, 공은 오른쪽으로 움직일 것입니다.

move 메서드 만들기

이 절에서는 move 메서드를 정의합니다. 이 메서드는 Ball.prototype에 추가되며 현재 위치, xSpeed, ySpeed를 사용해서 공을 새 위치로 옮깁니다. 이 메서드를 Ball 생성자 뒤에 추가합니다.

```
  Ball.prototype.move = function () {
    this.x += this.xSpeed;
    this.y += this.ySpeed;

❶   if (this.x < 0) {
      this.x = width;
    } else if (this.x > width) {
      this.x = 0;
    } else if (this.y < 0) {
      this.y = height;
    } else if (this.y > height) {
      this.y = 0;
    }
  };
```

이 메서드는 14장에서 했던 것처럼(235쪽 "공 움직이기" 절 참고) this.xSpeed와 this.ySpeed를 사용해서 this.x와 this.y의 값을 업데이트합니다. 그 뒤에 있는 코드는 공이 캔버스 가장자리에 닿았는지 확인합니다.

❶에 있는 if...else문은 공이 캔버스 가장자리를 벗어났는지 확인합니다. 만약 벗어났다면 캔버스 내의 반대편으로 공을 옮깁니다. 예를 들어, 공이 캔버스 왼쪽 가장자리를 벗어났

다면 캔버스 오른쪽 가장자리에 공이 나타나야 합니다. 다시 말해 `this.x`가 0보다 작다면 `this.x`의 값을 캔버스 오른쪽 가장자리를 가리키는 `width`로 설정하는 것입니다. `if..else` 문의 나머지 부분은 다른 가장자리를 같은 방식으로 처리합니다.

draw 메서드 만들기

공을 그릴 때는 `draw` 메서드를 사용합니다. 다음 코드를 `move` 메서드 뒤에 추가하세요.

```
Ball.prototype.draw = function () {
  circle(this.x, this.y, 10, true);
};
```

이 메서드는 `circle` 함수를 호출하는데, 호출할 때 x, y 값을 공의 중심 좌표로 전달하고 반지름은 10으로 설정했으며, 마지막 인수인 `fillCircle`은 `true`로 설정했습니다. 그림 15-2는 이 함수를 통해 그려진 공입니다.

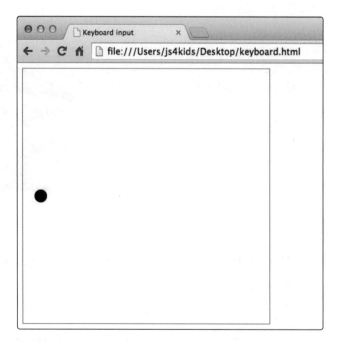

[그림 15-2]: 반지름이 10이고 색이 칠해진 공

setDirection 메서드 만들기

이제 공의 방향을 바꿀 수단을 만들 차례입니다. 공의 방향은 setDirection이라는 메서드를 사용해 바꿀 것입니다. 이 메서드는 다음 장에서 작성할 keydown 이벤트 핸들러가 호출합니다. keydown 이벤트 핸들러는 사용자가 누른 키가 무엇인지 setDirection 메서드에 문자열로 전달합니다("left", "up", "right", "down", "stop"). setDirection은 이 문자열에 따라 xSpeed와 ySpeed 프로퍼티의 값을 바꿔서 키를 누를 때 공의 방향이 바뀌도록 합니다. 예를 들어, 전달받은 문자열이 "down"이라면 this.xSpeed의 값을 0으로 설정하고 this.ySpeed의 값을 5로 설정합니다. 다음 코드를 draw 메서드 뒤에 추가하세요.

```javascript
Ball.prototype.setDirection = function (direction) {
  if (direction === "up") {
    this.xSpeed = 0;
    this.ySpeed = -5;
  } else if (direction === "down") {
    this.xSpeed = 0;
    this.ySpeed = 5;
  } else if (direction === "left") {
    this.xSpeed = -5;
    this.ySpeed = 0;
  } else if (direction === "right") {
    this.xSpeed = 5;
    this.ySpeed = 0;
  } else if (direction === "stop") {
    this.xSpeed = 0;
    this.ySpeed = 0;
  }
};
```

이 메서드 내부의 코드는 전부 if...else문으로 이루어져 있습니다. 메서드가 호출될 때마다 direction 인수를 통해 새로운 방향이 전달됩니다. 만약 direction이 "up"이라면 공의 xSpeed 프로퍼티를 0으로 설정하고 ySpeed 프로퍼티를 -5로 설정합니다. 다른 방향도 같은 방식으로 다룹니다. 마지막으로 direction이 "stop"이라면 this.xSpeed와 this.ySpeed 의 값을 둘 다 0으로 설정하여 공이 멈추도록 합니다.

키보드에 반응하기

다음은 Ball 생성자를 사용해 ball 객체를 만들고, 공의 방향을 설정하기 위해 keydown 이벤트 핸들러를 추가하는 코드입니다. 이 코드를 setDirection 메서드 뒤에 추가하세요.

```
❶  var ball = new Ball();

❷    var keyActions = {
       32: "stop",
       37: "left",
       38: "up",
       39: "right",
       40: "down"
     };

❸  $("body").keydown(function (event) {
❹    var direction = keyActions[event.keyCode];
❺    ball.setDirection(direction);
     });
```

❶에서는 new Ball()을 호출하여 공 객체를 하나 만들었습니다. ❷에서는 사용자가 누른 키를 해당하는 방향 문자열로 바꿀 때 사용할 keyActions 객체를 만듭니다. 이 객체는 우리가 246쪽에서 만든 keyNames와 같습니다. 다른 점이 있다면 스페이스 바에 해당하는 32의 이름을 "stop" 대신 "space"로 바꿨다는 것입니다. 우리 프로그램에서는 스페이스 바를 사용해 공의 움직임을 멈출 것이기 때문에 "stop"이 더 어울릴 것입니다.

❸에서는 jQuery의 $ 함수를 사용해 body 엘리먼트를 선택하고 keydown 메서드를 호출하여 keydown 이벤트를 듣도록 했습니다. 따라서 키보드의 키가 눌릴 때마다 keydown 메서드에 전달된 함수가 호출될 것입니다.

keydown에 전달된 함수를 살펴보면, ❹에서 keyActions[event.keyCode]를 사용해 눌린 키에 해당하는 문자열을 찾아서 direction 변수에 저장합니다. 덕분에 direction 변수에는 방향을 의미하는 문자열이 저장됩니다. 왼쪽 화살표가 눌렸을 때는 "left", 오른쪽 화살표는 "right", 위쪽 화살표는 "up", 아래쪽 화살표는 "down", 스페이스 바는 "stop"이 저장됩니다. 다른 키가 눌리면 direction의 값이 undefined가 되어 애니메이션에 아무런 변화도 생기지 않습니다.

끝으로 ❺에서는 ball 객체의 setDirection을 호출하고 방향 문자열을 인수로 전달했습니다. 앞서 보았듯이, setDirection은 공의 xSpeed와 ySpeed 프로퍼티를 바꿔 공의 방향을 변경합니다.

공 애니메이션 만들기

이제 남은 일은 공의 애니메이션을 만드는 일입니다. 다음 코드가 꽤 익숙하지 않나요? 사실 우리는 이와 굉장히 비슷한 코드를 14장에서 이미 사용한 적이 있습니다. 이 코드는 우리가 14장에서 보았던 setInterval 함수를 사용해서 일정한 간격으로 공의 위치를 바꿉니다. 이 코드를 앞 절에서 작성한 코드 바로 뒤에 추가하세요.

```
setInterval(function () {
  ctx.clearRect(0, 0, width, height);

  ball.draw();
  ball.move();

  ctx.strokeRect(0, 0, width, height);
}, 30);
```

이 코드는 setInterval을 사용해 애니메이션 함수를 30밀리초마다 호출합니다. 이 함수는 먼저 clearRect를 사용해 캔버스 전체를 지운 후 draw와 move 메서드를 사용해 공을 그립니다. 앞서 보았듯이 draw 메서드는 공을 현재 위치에 그리는 역할만 하고, move 메서드는 xSpeed, ySpeed 프로퍼티를 수정하여 공의 위치를 바꿉니다. 마지막으로는 strokeRect를 사용해 캔버스의 외곽선을 그려주었습니다.

하나로 합치기

다음은 지금까지 사용한 코드를 모두 하나로 합쳐서 편하게 볼 수 있도록 만든 코드입니다.

```
var canvas = document.
getElementById("canvas");
var ctx = canvas.getContext("2d");
var width = canvas.width;
```

```javascript
var height = canvas.height;

var circle = function (x, y, radius, fillCircle) {
  ctx.beginPath();
  ctx.arc(x, y, radius, 0, Math.PI * 2, false);
  if (fillCircle) {
    ctx.fill();
  } else {
    ctx.stroke();
  }
};

// Ball 생성자
var Ball = function () {
  this.x = width / 2;
  this.y = height / 2;
  this.xSpeed = 5;
  this.ySpeed = 0;
};

// 속도에 따라 공의 위치 바꾸기
Ball.prototype.move = function () {
  this.x += this.xSpeed;
  this.y += this.ySpeed;

  if (this.x < 0) {
    this.x = width;
  } else if (this.x > width) {
    this.x = 0;
  } else if (this.y < 0) {
    this.y = height;
  } else if (this.y > height) {
    this.y = 0;
  }
};

// 현재 위치에 공을 그린다
Ball.prototype.draw = function () {
  circle(this.x, this.y, 10, true);
};
```

```javascript
// 문자열에 따라 공의 방향 설정하기
Ball.prototype.setDirection = function (direction) {
  if (direction === "up") {
    this.xSpeed = 0;
    this.ySpeed = -5;
  } else if (direction === "down") {
    this.xSpeed = 0;
    this.ySpeed = 5;
  } else if (direction === "left") {
    this.xSpeed = -5;
    this.ySpeed = 0;
  } else if (direction === "right") {
    this.xSpeed = 5;
    this.ySpeed = 0;
  } else if (direction === "stop") {
    this.xSpeed = 0;
    this.ySpeed = 0;
  }
};

// ball 객체 만들기
var ball = new Ball();

// 키코드를 동작 이름으로 변환하는 객체
var keyActions = {
  32: "stop",
  37: "left",
  38: "up",
  39: "right",
  40: "down"
};

// 키가 눌릴 때마다 호출되는 keydown 핸들러
$("body").keydown(function (event) {
  var direction = keyActions[event.keyCode];
  ball.setDirection(direction);
});

// 30밀리초마다 호출되는 애니메이션 함수
setInterval(function () {
```

```
    ctx.clearRect(0, 0, width, height);

    ball.draw();
    ball.move();

    ctx.strokeRect(0, 0, width, height);
  }, 30);
```

코드 실행하기

이제 프로그램이 모두 완성되었습니다. 이 프로그램을 실행하면 그림 15-3처럼 캔버스를 가로질러 오른쪽으로 이동하는 검은색 공이 나타날 것입니다. 이 공은 캔버스 오른쪽 가장자리에 닿으면 왼쪽에서 다시 나타나서 오른쪽으로 계속 이동합니다. 화살표 키를 누르면 공의 방향이 바뀌고, 스페이스 바를 누르면 공이 멈춥니다.

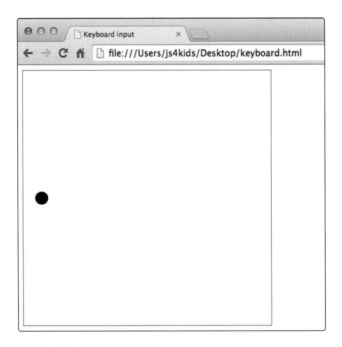

[그림 15-3]: 공 애니메이션 프로그램을 실행한 화면

노트 만약 키를 눌러도 애니메이션에 아무런 변화가 없다면 웹 페이지를 클릭해서 프로그램이 키보드 이벤트를 확실히 들을 수 있도록 해주세요.

정리해봅시다

이 장에서는 키보드 이벤트에 반응하는 프로그램을 어떻게 만드는지 배우고, 이 지식을 활용하여 키보드를 누르면 키에 따라 방향이 달라지는 공 애니메이션 프로그램을 만들었습니다.

이제 우리는 캔버스에 그림을 그릴 수 있고, 애니메이션도 만들 수 있으며, 사용자의 입력에 따라 애니메이션을 바꿀 수도 있습니다. 캔버스 기반의 게임을 만들 준비가 된 것이죠! 다음 장에서는 지금까지 배운 내용을 모두 활용하여 잘 알려진 뱀 게임을 다시 만들어보겠습니다.

프로그래밍 과제

마지막 결과물을 조금 더 근사하게 만들 수 있는 몇 가지 방법이 있습니다.

#1: 공을 벽에 튀기기

코드를 수정하여 공이 벽에 닿으면, 반대 방향으로 튀도록 만들어보세요. 힌트: 공이 벽에 부딪힐 때 방향을 완전 반대로 만들면 됩니다.

#2: 속도 조절하기

현재는 공이 애니메이션 단계 당 5픽셀 정도로 움직입니다. 바로 setDirection이

---

xSpeed 또는 ySpeed의 값을 항상 -5나 5로 설정하기 때문입니다. Ball 생성자에 speed라는 새 프로퍼티를 추가하고 값을 5로 설정하세요. 그리고 setDirection이 숫자 5 대신 이 프로퍼티를 사용하게 하세요.

이제 코드를 수정하여 숫자 키를 누르면 속도가 1부터 9까지 변하게 만드세요. 힌트: speeds라는 객체를 만들어서 keydown 이벤트에서 눌린 키를 사용해 speed 값을 새로 설정할 때 사용하세요.

#3: 유연한 제어

코드를 수정하여 Z 키를 누르면 공이 느리게 움직이고 X 키를 누르면 빠르게 움직이게 만드세요. 잘 동작한다면 이번에는 C 키를 누를 때 공이 작아지고 V 키를 누를 때 커지게 하세요.

공의 속도가 0보다 작아지면 어떻게 될까요? 크기가 0보다 작아지면 어떻게 될까요? 속도와 크기가 0보다 작아지지 않도록 확인하는 코드를 추가해보세요.

16장
뱀 게임 만들기: 1부

이 장과 다음 장에서는 유명한 뱀 게임을 직접 만들어보겠습니다. 뱀 게임에서 플레이어는 키보드를 사용해 뱀의 이동 방향을 왼쪽, 오른쪽, 위쪽, 아래쪽으로 바꾸고 속도도 조절할 수 있습니다. 게임 속의 뱀이 주어진 게임 영역 안을 이리저리 움직이면 사과가 나타나고, 뱀은 사과에 닿으면 사과를 먹고 더 길어집니다. 하지만 뱀이 벽에 부딪히거나 자기 몸에 부딪히면 게임이 끝납니다.

이 게임을 만들면서 여러분은 지금까지 배운 여러 도구와 기술을 사용할 것입니다. jQuery와 캔버스는 물론 애니메이션과 사용자의 행동에 반응하는 방법까지도요. 이 장에서는 뱀 게임의 일반적인 구조를 살펴보고, 경계선 그리기부터 점수 계산하는 코드, 게임을 종료하는 코드에 내해 알아보겠습니다. 17장에서는 뱀과 사과에 관한 코드를 직성하고 코드를 모두 합쳐 게임을 완성하겠습니다.

게임 플레이

그림 16-1은 게임이 완성됐을 때의 모습입니다. 화면에는 언제나 게임 영역 경계선(회색), 점수(검은색), 뱀(파란색), 사과(라임색)라는 네 종류의 항목이 그려져 있어야 합니다.

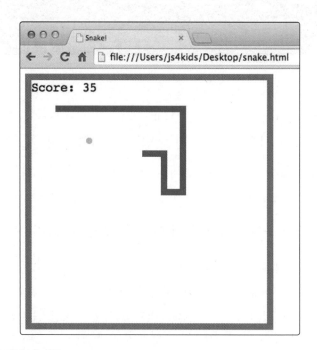

[그림 16-1]: 우리가 만들 뱀 게임

게임의 구조

코드를 작성하기에 앞서 이 게임의 전체 구조를 먼저 살펴봅시다. 다음은 게임에서 해야 할 일을 설명하는 의사 코드입니다.

```
캔버스 설정한다
점수를 0으로 설정한다
뱀을 만든다
사과를 만든다
100밀리초 간격마다 {
    캔버스를 지운다
    화면에 있는 현재 점수를 그린다
    뱀을 현재 위치로 옮긴다
    만약 뱀이 벽이나 자기 자신에 충돌하면 {
        게임을 끝낸다
    } 그렇지 않고 만약 뱀이 사과를 먹으면 {
        점수에 1점을 더한다
        사과를 새 위치로 옮긴다
        뱀의 길이를 늘린다
    }
    뱀의 모든 부분을 반복하며 {
        각 부분을 그린다
    }
    사과를 그린다
    경계선을 그린다
}

사용자가 키를 누를 때 {
    만약 화살표 키가 눌렸다면 {
        뱀의 방향을 바꾼다
    }
}
```

우리는 이 장과 다음 장에 걸쳐 위에서 기술한 각 단계를 실행하는 코드를 작성할 것입니다. 하지만 먼저 이 프로그램의 주요 부분에 대해 얘기해보고 이를 위해 어떤 자바스크립트 도구를 사용할 것인지 계획을 세워보겠습니다.

setInterval을 사용해서 애니메이션 작성하기

의사 코드에서 보았듯이 우리는 100밀리초 간격으로 여러 함수와 메서드를 실행하여 게임 화면에 있는 많은 정보와 항목을 업데이트합니다. 이 게임의 애니메이션은 14장과 15장에서 배웠던 것처럼 setInterval 함수가 일정한 시간 간격으로 이런 함수들을 호출하면서 만들어집니다. 다음은 프로그램의 setInterval에서 호출하는 함수를 보여줍니다.

```
var intervalId = setInterval(function () {
    ctx.clearRect(0, 0, width, height);
    drawScore();
    snake.move();
    snake.draw();
    apple.draw();
    drawBorder();
}, 100);
```

setInterval에 전달된 함수 안을 보면, 다음 단계에서 애니메이션을 그릴 수 있게 첫 번째 줄에서 clearRect를 사용해 캔버스를 지워둡니다. 그 뒤에는 여러 함수와 메서드를 호출합니다. 각 함수들은 앞서 의사 코드에서 만들었던 각 단계와 거의 일치합니다.

인터벌 아이디를 intervalId 변수에 저장해둔 것도 눈여겨볼 부분입니다. 이 인터벌 아이디는 게임이 종료되어 애니메이션을 멈추고 싶을 때 사용됩니다. 자세한 내용은 272쪽 "게임 끝내기" 절에서 다루겠습니다.

게임 객체 만들기

이 프로그램에서는 12장에서 배웠던 객체지향 프로그래밍 스타일을 사용하여 게임에 나타나는 두 가지 주요 객체인 뱀과 사과를 표현하겠습니다. 각 객체를 위해 Snake와 Apple이라는 생성자를 만들고, 각 생성자의 프로토타입에는 move와 draw같은 메서드를 추가하겠습니다.

그리고 게임 화면을 격자 형태로 나누고 Block이라는 생성자를 만든 다음, 이 생성자를 사용해 격자 안에 있는 각 사각형 블록을 표현하는 객체를 만들겠습니다. 이 블록 객체들을 사용해 뱀의 몸체도 만들고, 블록 한 개로 사과의 현재 위치도 표시할 것입니다. 각 블록 객체에는 뱀의 몸체와 사각형을 그릴 때 사용할 수 있는 메서드도 포함되어 있어야 합니다.

키보드 제어 설정하기

앞서 의사 코드를 보면 사용자가 키를 눌렀을 때 반응할 내용을 다루는 부분이 있습니다. 우리는 15장에서 배웠던 것처럼 jQuery를 통해 keypress 이벤트를 듣게 하고 이를 통해 플레이어가 키보드의 화살표 키를 사용해 뱀을 움직일 수 있게 할 것입니다. 또한 눌린 키가 무엇인지 키코드를 확인하여 이에 따라 뱀의 방향을 바꾸겠습니다.

게임 설정

이제 프로그램이 어떻게 동작하는지 전체적으로 살펴봤으니 코드를 작성해볼까요! 이 장에서는 먼저 HTML과 캔버스, 그리고 프로그램에서 사용할 변수를 몇 개 설정하는 것부터 시작해보겠습니다. 그다음에는 이 게임에 필요한 꽤 직관적인 함수 몇 가지를 다루겠습니다. 각 함수는 게임 화면에 경계선을 그리거나, 게임 화면에 점수를 그리고, 게임을 종료하는 등의 동작을 담당합니다. 다음 장에서는 뱀과 사과에 사용할 생성자와 메서드를 만들고 화살표 키가 눌렸는지 확인할 이벤트 핸들러도 만듭니다. 그리고 마지막에는 이 모든 코드를 합쳐서 게임을 완성하겠습니다.

HTML 만들기

가장 먼저 코딩할 것은 게임을 표현할 HTML입니다. 다음 코드를 텍스트 편집기에 입력한 후 snake.html 파일로 저장하세요.

```html
<!DOCTYPE html>
<html>
<head>
    <title>Snake!</title>
</head>

<body>
    <canvas id="canvas" width="400" height="400"></canvas>

    <script src="https://code.jquery.com/jquery-2.1.0.js"></script>

    <script>
```

❶ `    <canvas id="canvas" width="400" height="400"></canvas>`

❷ `    <script src="https://code.jquery.com/jquery-2.1.0.js"></script>`

❸ `    <script>`

```
    // 이 부분은 잠시 후에 채웁니다
    </script>
  </body>
  </html>
```

❶에서는 400×400픽셀 크기의 canvas 엘리먼트를 만듭니다. 우리가 만들 게임은 바로 여기에 그려질 것입니다. ❷에서는 jQuery 라이브러리를 포함했고 ❸에는 여닫는 <script> 태그를 두었습니다. 이 태그 안에 게임을 만드는 자바스크립트 코드가 추가될 것입니다. 그럼 지금부터 자바스크립트를 작성해봅시다.

변수 설정하기

먼저 캔버스에 그림을 그릴 때 필요한 canvas와 ctx 변수를 정의하고, canvas 엘리먼트의 너비와 높이를 구할 때 사용하는 width와 height 변수도 설정합니다.

```
var canvas = document.getElementById("canvas");
var ctx = canvas.getContext("2d");

var width = canvas.width;
var height = canvas.height;
```

HTML 코드에서는 캔버스 크기의 너비와 높이를 각각 400픽셀로 설정했는데, 만약 HTML에서 이 크기를 수정한다면 width와 height 변수의 값도 달라진 크기에 맞게 바뀔 것입니다.

캔버스를 여러 블록으로 나누기

이 게임에서는 그림 16-2처럼 전체 캔버스의 한 칸이 10×10픽셀 크기인 격자 형태로 나누어져 있다고 생각합니다. 그래서 이를 도와줄 변수 몇 개를 설정해야 합니다. 게임에서는 이 격자를 실제로 표현하지 않기 때문에 격자가 눈에 보이지는 않겠지만, 게임에 있는 모든 것은 이 격자 위에 그려집니다.

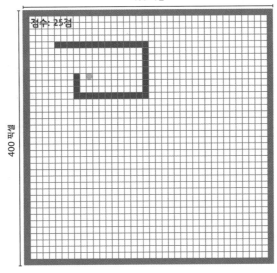

[그림 16-2]: 게임의 블록 레이아웃을 10픽셀 그리드로 표현한 것

뱀과 사과는 둘 다 한 블록 너비로 그려지기 때문에 이 그리드에 딱 맞습니다. 각 애니메이션 단계마다 뱀은 정확히 한 블록씩 현재 위치로 옮깁니다.

다음은 캔버스에 블록을 만들 때 사용할 변수입니다.

```
❶ var blockSize = 10;
❷ var widthInBlocks = width / blockSize;
   var heightInBlocks = height / blockSize;
```

❶에서는 blockSize라는 변수를 만들고 변수의 값을 10으로 설정했습니다. 즉 블록 하나의 너비의 높이는 각각 10픽셀이 될 것입니다. ❷에서는 widthInBlocks와 heightInBlocks라는 변수를 만들었습니다. widthInBlocks에는 캔버스의 너비를 블록의 크기로 나눈 값을 설정하고, heightInBlocks에는 캔버스의 높이를 나눈 값을 넣습니다. 이 값을 통해 캔버스의 너비나 높이가 몇 개의 블록으로 이루어지는지 알 수 있습니다. 현재는 캔버스의 너비와 높이가 400픽셀이므로 widthInBlocks와 heightInBlocks의 값은 둘 다 40입니다. 따라서 그림 16-2에 있는 사각형 수를 세어본다면(경계선 포함), 너비와 높이가 각각 40개로 구성되어 있음을 알 수 있습니다.

점수 변수 정의하기

이제 score 변수를 정의합시다.

```
var score = 0;
```

score 변수에는 플레이어가 획득한 점수를 저장합니다. 이 코드는 프로그램의 시작 부분이므로 score의 값을 0으로 설정했습니다. 변수의 값은 뱀이 사과를 먹을 때마다 1씩 증가합니다.

경계선 그리기

다음은 캔버스 주변의 경계선을 그리는 **drawBorder** 함수를 만들 차례입니다. 이 경계선은 한 블록 두께(10픽셀)로 그려집니다.

이 함수는 길고 얇은 사각형을 네 개 그립니다. 사각형 한 개가 경계선의 한 쪽 가장자리를 표현합니다. 각 사각형의 두께는 **blockSize**와 같고 길이는 캔버스의 너비 또는 높이와 같습니다.

```
  var drawBorder = function () {
    ctx.fillStyle = "Gray";
❶   ctx.fillRect(0, 0, width, blockSize);
❷   ctx.fillRect(0, height - blockSize, width, blockSize);
❸   ctx.fillRect(0, 0, blockSize, height);
❹   ctx.fillRect(width - blockSize, 0, blockSize, height);
  };
```

이 게임의 경계선은 회색이므로 이 함수는 먼저 **fillStyle**을 회색("Gray")으로 설정합니다. 그 후 ❶에서 위쪽 경계선을 그리는데, 여기서 그린 사각형은 캔버스의 왼쪽 상단 모서리, 즉 (0, 0)에서 시작하고 너비가 **width** 값과 같으며(400픽셀) 높이는 **blockSize**와 같습니다(10픽셀).

그다음 ❷에서는 아래쪽 경계선을 그립니다. 이 사각형은 (0, **height** - **blockSize**)에서 시작하는데, 계산 결과는 (0, 390)이 될 것입니다. 이 위치는 캔버스 하단에서 10픽셀만큼 위에 있고, 왼쪽 가장자리에 딱 붙은 곳입니다. 위쪽 경계선과 마찬가지로 이 사각형의 너비는 **width** 값과 같고, 높이는 **blockSize**와 같습니다.

그림 16-3은 위쪽 경계선과 아래쪽 경계선이 그려진 모습입니다.

[그림 16-3]: 위쪽 경계선과 아래쪽 경계선

같은 방법으로 ❸에서는 왼쪽 경계선을 그리고, ❹에서는 오른쪽 경계선을 그립니다. 그림 16-4는 추가된 경계선 두 개를 보여줍니다.

[그림 16-4]: 왼쪽 경계선과 오른쪽 경계선 (위쪽, 아래쪽 경계선은 더 밝은 회색으로 표현했습니다)

점수 표시하기

이제 260쪽 그림 16-1에서 봤던 것처럼 캔버스 왼쪽 상단에 점수를 표시하는 **drawScore** 함수를 작성해봅시다. 이 함수는 콘텍스트의 **fillText** 메서드를 사용하여 캔버스에 텍스트를 추가합니다. **fillText** 메서드에는 추가할 텍스트 문자열을 첫 번째 인수로 전달하고 텍스트 표시 위치의 *x*, *y* 좌표를 나머지 인수로 전달합니다. 다음 예제를 봅시다

```
ctx.fillText("안녕하세요!", 50, 50);
```

이 코드는 캔버스의 (50, 50) 좌표 지점에 안녕하세요!라는 문자열을 출력합니다. 그림 16-5는 이 문자열이 출력된 결과를 보여줍니다.

[그림 16-5]: (50, 50) 위치에 그려진 안녕하세요! 문자열

캔버스에 글자가 출력되었네요! 그런데 이 텍스트의 글자 크기나 글꼴, 정렬 방식 등은 어떻게 바꿀 수 있을까요? 우리가 만들 뱀 게임에서는 글꼴도 바꾸고, 글자 크기도 조금 더 크게 만들고, 텍스트가 정확하게 왼쪽 상단, 경계선 바로 아래에 나타나는 편이 좋습니다. 따라서 **drawScore** 함수를 작성하기에 앞서 **fillText** 메서드에 대해 더 배워보고 캔버스에 나타나는 글자를 다르게 표현할 수 있는 방법에 대해 먼저 살펴보겠습니다.

텍스트 기준선 설정하기

텍스트가 어디에 나타날 것인지 정하는 좌표 위치를 가리켜 **기준선**(baseline)이라고 부릅니다. 기본 값으로는 텍스트의 왼쪽 하단이 기준점(baseline point)으로 설정되어 있으므로 텍스트는 주어진 좌표의 오른쪽 위에 표시됩니다.

텍스트의 기준점은 textBaseline 프로퍼티를 통해 바꿀 수 있습니다. 이 프로퍼티의 기본 값은 "bottom"이지만, 원한다면 "top"이나 "middle"을 사용할 수도 있습니다. 그림 16-6은 설정에 따라 fillText에 전달한 기준점(빨간점)과 텍스트가 어떠한 관계로 정렬되는지 보여줍니다.

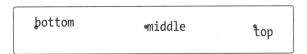

[그림 16-6]: textBaseline 프로퍼티 설정에 따른 변화

예를 들어, 다음 코드를 실행하면 텍스트를 기준선 아래에 출력합니다.

```
ctx.textBaseline = "top";
ctx.fillText("안녕하세요!", 50, 50);
```

이 코드에서 **fillText**가 호출되면, 텍스트는 그림 16-7처럼 (50, 50) 지점 아래에 나타납니다.

[그림 16-7]: textBaseline을 "top"으로 설정한 후 출력한 안녕하세요! 문자열

이와 비슷하게 기준점에 대한 텍스트의 수평 위치도 바꿀 수 있습니다. 이때 textAlign 프로퍼티의 값을 "left", "center", "right" 중 하나로 설정하면 됩니다. 그림 16-8은 설정에 따른 변화를 표현하고 있습니다.

.left   center   right.

[그림 16-8]: textAlign 프로퍼티 설정에 따른 변화

글자 크기와 글꼴 설정하기

글자 크기와 글꼴은 그리기 콘텍스트의 font 프로퍼티를 통해 설정할 수 있습니다. 다음은 우리가 사용할 수 있는 몇 가지 글꼴을 표현하는 예제입니다.

```
❶ ctx.font = "20px Courier";
   ctx.fillText("Courier", 50, 50);

   ctx.font = "24px Comic Sans MS";
   ctx.fillText("Comic Sans", 50, 100);

   ctx.font = "18px Arial";
   ctx.fillText("Arial", 50, 150);
```

font 프로퍼티에는 사용할 글자 크기와 이름을 문자열로 만들어서 저장합니다. 예를 들어 ❶에서는 font 프로퍼티를 "20px Courier"라고 설정하는데, 이는 텍스트를 표현할 때 20픽셀 크기의 Courier 글꼴로 그리라는 뜻입니다. 그림 16-9는 예제 코드를 실행한 후 캔버스에 표현된 결과입니다.

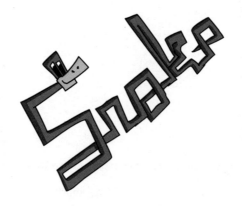

[그림 16-9]: 20px Courier, 24px Comic Sans, 18px Arial

drawScore 함수 작성하기

이제 drawScore를 만들 준비가 됐습니다. 이 함수는 캔버스에 현재 점수를 표시합니다.

```
var drawScore = function () {
  ctx.font = "20px Courier";
  ctx.fillStyle = "Black";
  ctx.textAlign = "left";
  ctx.textBaseline = "top";
  ctx.fillText("Score: " + score, blockSize, blockSize);
};
```

코드를 보면 글꼴을 20픽셀 Courier로 설정했으며(20px Courier), fillStyle을 사용해 글자 색상을 검은색으로 설정했습니다. 또한 textAlign 프로퍼티를 통해 텍스트는 왼쪽 정렬하게 하고 textBaseline 프로퍼티의 값을 "top"으로 설정했습니다.

그 뒤에는 fillText 메서드를 호출하면서 "Score: " + score 문자열을 전달했습니다. score 변수에는 플레이어의 현재 점수가 숫자로 저장되어 있습니다. 266쪽 "점수 변수 정의하기" 절에서 보듯이 게임을 시작할 때는 score 변수의 값이 0으로 설정되어 있으므로 처음 보여주는 텍스트는 "Score: 0"이 될 것입니다.

fillText를 호출할 때 x, y 좌표의 값으로는 blockSize를 전달했습니다. 이 게임에서는

blockSize를 10으로 설정했기 때문에 점수의 기준선은 (10, 10) 좌표가 됩니다. 다시 말해, 점수의 기준선은 경계선 왼쪽 상단 모서리의 바로 안쪽이 됩니다. 그런데 textBaseline이 "top"으로 설정되어 있으므로 텍스트는 그림 16-10처럼 기준선 바로 아래에 표시될 것입니다.

[그림 16-10]: 점수 텍스트의 위치

게임 끝내기

뱀이 벽이나 자기 몸에 부딪혔을 때는 gameOver 함수를 호출하여 게임을 끝내야 합니다. gameOver 함수는 clearInterval을 사용하여 게임을 멈추고 "Game Over"라는 텍스트를 캔버스에 표시합니다.

다음은 gameOver 함수의 코드입니다.

```javascript
var gameOver = function () {
  clearInterval(intervalId);
  ctx.font = "60px Courier";
  ctx.fillStyle = "Black";
  ctx.textAlign = "center";
  ctx.textBaseline = "middle";
  ctx.fillText("Game Over", width / 2, height / 2);
};
```

이 함수에서는 먼저 clearInterval을 호출하면서 intervalId 변수를 인수로 전달하여 게임을 멈춥니다. 이 동작은 앞서 262쪽 "setInterval을 사용해서 애니메이션 작성하기" 절에서 만든 setInterval 애니메이션 함수를 취소합니다.

그 후에는 글꼴을 중간 정렬하는 검은색 60픽셀 Courier로 설정하고 textBaseline 프로퍼티를 "middle"로 정했습니다. 그리고 fillText를 호출하면서 출력할 텍스트로는 "Game Over" 문자열을 전달하고 x 좌표로는 width / 2를, y 좌표로는 height / 2를 전달했습니다. 따라서 이 함수를 실행하면 그림 16-11처럼 캔버스 중앙에 "Game Over"라는 텍스트가 표시될 것입니다.

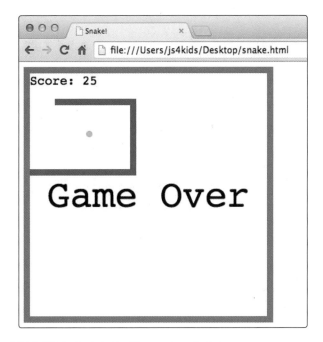

[그림 16-11]: 뱀이 벽에 부딪혔을 때 나타나는 "Game Over" 화면

정리해봅시다

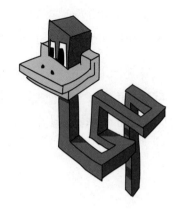

이 장에서는 뱀 게임의 전체적인 개요를 살펴보고 게임을 만들 때 필요한 함수 몇 개를 작성했습니다. 그 과정에서 캔버스에 텍스트를 그리는 법은 물론 텍스트의 크기, 글꼴, 위치를 정하는 법도 배웠습니다.

다음 장에서는 뱀과 사과, 그리고 키보드 이벤트에 반응하는 부분의 코드를 작성해 게임을 완성해보겠습니다.

프로그래밍 과제

게임을 완성하기 전에 도전해볼 만한 과제가 몇 가지 있습니다.

#1: 모두 합쳐서 하나로 만들기

아직 게임에 필요한 코드를 전부 다 작성하지는 않았지만 게임 영역의 경계선을 그리고 점수를 표시하는 코드는 실행해 볼 수 있습니다. 263쪽 "HTML 만들기" 절에서 작성한 HTML 파일에 지금까지 작성했던 코드를 모두 추가하세요. 캔버스와 점수를 설정하고 경계선을 그리며 점수를 화면에 표시할 것입니다. 필요한 것은 drawBorder와 drawScore를 호출하여 경계선과 점수를 표시하는 것뿐입니다. 실행한 결과는 그림 16-10처럼 보여야 합니다. gameOver 함수도 호출해보세요. 하지만 이 함수를 호출하기 전에 먼저 clearInterval(intervalId); 줄은 미리 지워두어야 합니다. 아직 intervalId 변수를 만들지 않았기 때문에 이 줄을 지우지 않고 함수를 실행하면 에러가 발생하기 때문입니다.

#2: 애니메이션과 함께 점수 보여주기

setInterval을 호출하는 코드를 하나 작성하세요. 인수로 전달되는 함수는 100밀리초마다 호출되는데, 호출될 때마다 점수를 1씩 증가시킨 후 drawScore 함수를 사용해 점수를 화면에 그립니다. 점수를 그리기 전에는 그리기 콘텍스트의 clearRect 메서드를 사용해 캔버스를 먼저 지워야 합니다.

#3: 행맨에 텍스트 추가하기

13장의 프로그래밍 과제 4번은 canvas를 사용해 행맨 게임의 사람을 그리는 것이었습니다. 이제 fillText 메서드를 사용하여 그림과 같이 행맨 아래쪽에 현재 맞춘 글자를 표시하도록 게임을 수정해보세요.

힌트: 글자 밑에 있는 줄은 30픽셀 길이의 직선을 서로 10픽셀씩 간격을 두고 그린 것입니다.

조금 더 어려운 과제를 원한다면 오른쪽 그림처럼 틀리게 입력한 글자를 취소선과 함께 표시해보세요.

17장
뱀 게임 만들기: 2부

이 장에서는 뱀 게임을 완성해보겠습니다. 16장에서는 게임 영역을 설정하고, 이 게임이 어떻게 동작하는지 전체적으로 살펴보았습니다. 여기서는 이 게임의 뱀과 사과를 표현할 객체를 만들고, 사용자가 화살표 키를 눌러 뱀을 움직일 수 있도록 키보드 이벤트 핸들러도 만들어보겠습니다. 마지막에는 완성된 코드도 살펴볼 것입니다.

뱀과 사과를 표현하는 객체를 만들 때는 12장에서 배웠던 객체지향 프로그래밍 기법을 사용하여 각 객체에 필요한 생성자와 메서드를 작성할 것입니다. 뱀과 사과 객체는 모두 게임 화면의 격자 한 칸을 나타내는 기본 블록 객체를 사용합니다. 우선 기본 블록 객체의 생성자를 만드는 것부터 시작해봅시다.

블록 생성자 만들기

이 절에서는 Block 생성자를 만들어보겠습니다. 이 생성자는 게임 화면 격자 한 칸을 나타내는 객체를 만들 때 사용합니다(격자 한 칸을 블록이라고도 표현합니다). 각 블록에는 col(열을 의미하는 column의 줄임말)과 row라는 프로퍼티가 있고, 이를 통해 격자 어디에 있는 블록인지 알 수 있습니다. 그림 17-1은 열 번호와 행 번호를 추가한 격자입니다.* 실제로 화면에 격자가 나타나는 것은 아니지만 우리가 만들 게임은 이를 기반으로 만들어져 있으며 사과와 뱀 몸체 부분도 이 줄을 따라 만들어집니다.

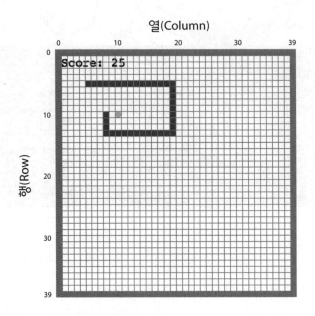

[그림 17-1]: Block 생성자에서 사용할 열 번호와 행 번호

그림 17-1에서 녹색 사과를 포함한 블록은 10열, 10행에 있고, 사과 왼쪽에 있는 뱀의 머리는 8열, 10행에 있습니다.

다음은 Block 생성자의 코드입니다.

```
var Block = function (col, row) {
  this.col = col;
  this.row = row;
};
```

---

* 옮긴이: 열(列)과 행(行)이라는 용어가 헷갈린다면 열을 "세로"로, 행을 "가로"로 생각해도 좋습니다.

Block 생성자에 인수로 전달된 열(column)과 행(row)의 값은 각각 새 객체의 col와 row 프로퍼티에 저장됩니다.

이제 이 생성자를 사용하면 게임 화면 격자의 특정 블록에 해당하는 객체를 만들 수 있습니다. 예를 들어 다음은 5열, 5행에 있는 블록을 표현하는 객체를 만드는 코드입니다.

```
var sampleBlock = new Block(5, 5);
```

drawSquare 메서드 추가하기

지금까지 블록 객체를 사용해서 할 수 있는 일은 격자 내의 위치를 표현하는 것이 고작이었습니다. 하지만 해당 위치에 어떤 것을 나타내려면 캔버스 위에 그것을 그려야 합니다. 이를 위해 격자의 특정 블록 화면에 사각형이나 원을 그릴 수 있는 drawSquare와 drawCircle 메서드를 추가하겠습니다. 다음은 drawSquare 메서드입니다.

```
   Block.prototype.drawSquare = function (color) {
❶    var x = this.col * blockSize;
❷    var y = this.row * blockSize;
     ctx.fillStyle = color;
     ctx.fillRect(x, y, blockSize, blockSize);
   };
```

12장에서 배웠듯이, 생성자의 prototype에 메서드를 추가하면 이 생성자를 통해 만들어진 모든 객체에서 추가된 메서드를 사용할 수 있습니다. 따라서 Block.prototype에 drawSquare 메서드를 추가하면 어떤 블록 객체에서도 이 메서드를 사용할 수 있습니다.

블록의 col과 row 프로퍼티가 정하는 특정 위치에 사각형을 그립니다. 이 함수에는 사각형의 색상을 의미하는 color 인수를 전달합니다. canvas에 사각형을 그리려면 사각형 왼쪽 상단 모서리에 x, y 좌표가 필요합니다. ❶과 ❷에서는 col과 row 프로퍼티에 blockSize를 곱해서 현재 블록의 x, y 좌표를 계산했습니다. 그후, 그리기 콘텍스트의 fillStyle 프로퍼티의 값을 color 인수에 전달된 값으로 설정했습니다.

마지막으로는 ctx.fillRect를 호출하면서 계산한 x, y 좌표를 첫 번째와 두 번째 인수로 전달하고, blockSize를 세 번째와 네 번째 인수로 전달하여 사각형의 너비와 높이를 설정했습니다.

다음은 3열, 4행에 블록을 만들고 사각형을 그리는 코드입니다.

```
var sampleBlock = new Block(3, 4);
sampleBlock.drawSquare("LightBlue");
```

그림 17-2는 위 코드를 통해 캔버스에 그려진 사각형을 보여주고 있으며, 사각형의 위치나 크기가 어떻게 계산되었는지도 표시하고 있습니다.

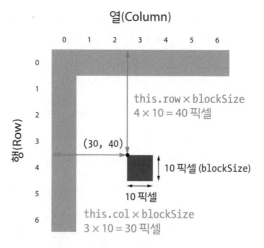

[그림 17-2]: 사각형을 그릴 때 필요한 값 계산

drawCircle 메서드 추가하기

이제 drawCircle 메서드 차례입니다. 이 메서드는 drawSquare 메서드와 매우 비슷하지만 사각형이 아닌 동그라미를 그립니다.

```
Block.prototype.drawCircle = function (color) {
  var centerX = this.col * blockSize + blockSize / 2;
  var centerY = this.row * blockSize + blockSize / 2;
  ctx.fillStyle = color;
  circle(centerX, centerY, blockSize / 2, true);
};
```

이 메서드에서는 원의 중심을 의미하는 centerX와 centerY 변수를 먼저 계산했습니다. drawSquare 메서드처럼 col과 row 프로퍼티에 blockSize를 곱했지만 이번에는 이 값에서 blockSize / 2만큼 빼주었습니다. 우리에게 필요한 값은 원의 중심 좌표이기 때문에 블록의 절반 크기만큼 빼주어야 블록의 중심과 원의 중심이 일치하기 때문입니다(그림 17-3 참고).

그다음에는 drawSquare처럼 콘텍스트의 fillStyle을 color 인수의 값으로 설정하고, 이미 여러 번 사용해본 circle 함수를 호출합니다. 이때 x, y 좌표로는 centerX와 centerY를 사용하고, 반지름은 blockSize / 2를 사용하며, 마지막 인수는 true로 전달하여 색칠된 원을 그리게 합니다. 여기 나온 circle 함수는 14장에서 만든 것과 같으므로 그대로 가져와서 사용하면 됩니다(나중에 코드를 모두 합칠 때 볼 수 있습니다).

다음은 이 메서드를 사용해 4열, 3행에 원을 그리는 코드입니다.

```
var sampleCircle = new Block(4, 3);
sampleCircle.drawCircle("LightGreen");
```

그림 17-3은 이 메서드를 통해 그린 원과 함께 원의 중심과 반지름의 계산식을 보여주고 있습니다.

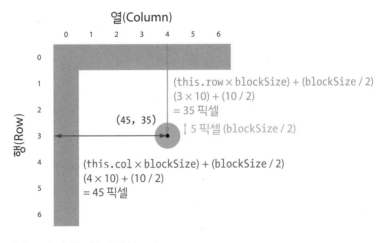

[그림 17-3]: 원을 그릴 때 필요한 값 계산

equal 메서드 추가하기

우리가 만들 게임에서는 두 블록이 똑같은 위치에 있는지 확인해야 합니다. 예를 들어, 사과와 뱀의 머리가 같은 위치에 있다면 뱀이 사과를 먹었다는 뜻입니다. 반면, 뱀의 머리와 꼬리가 같은 위치에 있다면 뱀이 자기 자신과 부딪혔다는 뜻입니다.

블록의 위치를 손쉽게 비교하기 위해 equal이라는 메서드를 Block 생성자의 프로토타입에 추가하겠습니다. 각 블록 객체에서 equal을 호출하고 인수로 다른 블록 객체를 전달하면 두 블록이 같은 위치에 있을 때 true를 반환하고, 그렇지 않을 때는 false를 반환합니다. 다음은 이 메서드의 코드입니다.

```
Block.prototype.equal = function (otherBlock) {
  return this.col === otherBlock.col && this.row === otherBlock.row;
};
```

이 메서드는 상당히 직관적입니다. 블록 두 개(this와 otherBlock)의 col과 row 프로퍼티의 값이 똑같다면(즉, this.col과 otherBlock.col이 같고 this.row와 otherBlock.row가 같으면) 두 블록은 같은 위치에 있는 것이므로 이 메서드는 true를 반환합니다.

다음은 apple이라는 블록과 head라는 블록을 만든 후, 두 블록이 같은 위치에 있는지 확인하는 코드입니다.

```
var apple = new Block(2, 5);
var head = new Block(3, 5);
head.equal(apple);
false
```

여기서 apple과 head는 row 프로퍼티의 값이 둘 다 5로 같지만, col 프로퍼티의 값이 서로 다릅니다. 만약 head를 한 칸 왼쪽에 만들고 이 메서드를 실행했었다면 두 객체가 같은 위치에 있다고 나왔을 것입니다.

```
head = new Block(2, 5);
head.equal(apple);
true
```

이 코드는 head.equal(apple)로 쓰나, apple.equal(head)로 쓰나, 별 상관없습니다. 어차피 똑같은 두 객체를 비교하고 똑같은 결과를 반환할 테니까요.

우리 게임에서는 equal 메서드를 사용해서 뱀이 사과를 먹었는지 혹은 자기 몸에 부딪혔는지 확인할 것입니다.

뱀 만들기

이제 뱀을 만들 차례입니다. 뱀의 위치는 segments라는 배열에 저장할 것입니다. 이 배열에는 블록 객체가 여러 개 포함되어 있는데, 각 블록 객체는 뱀의 몸체 일부분을 의미합니다. 뱀을 움직이면 segments 배열 제일 앞에 새 블록을 추가하고, 배열 가장 마지막에 있는 블록을 하나 제거합니다. segments 배열의 첫 번째 원소는 뱀의 머리를 의미합니다.

Snake 생성자 만들기

먼저 뱀 객체를 만들 때 필요한 생성자부터 작성해봅시다.

```
    var Snake = function () {
❶     this.segments = [
        new Block(7, 5),
        new Block(6, 5),
        new Block(5, 5)
      ];

❷     this.direction = "right";
❸     this.nextDirection = "right";
    };
```

뱀 몸체 정의하기

❶에 있는 segments 프로퍼티는 블록 객체로 구성된 배열이며, 각 블록은 뱀 몸체의 일부를 의미합니다. 게임을 시작할 때 이 배열에는 (7, 5), (6, 5), (5, 5)에 있는 블록 세 개가 포함되어 있습니다. 그림 17-4는 이 블록 세 개로 뱀을 표현한 모습을 보여줍니다.

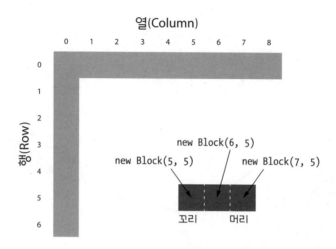

[그림 17-4]: 뱀을 구성하는 최초의 블록들

이동 방향 설정하기

❷에서는 direction 프로퍼티에 뱀의 현재 이동 방향을 저장했습니다. 그리고 ❸에서는 nextDirection이라는 프로퍼티도 추가하여 뱀이 다음 애니메이션 단계에 움직일 방향을 저장하도록 했습니다. 이 프로퍼티는 플레이어가 화살표 키를 누를 때 keydown 이벤트에 반응해 값이 달라집니다(291쪽 "keydown 이벤트 핸들러 추가하기" 절 참고). 생성자에서는 이 프로퍼티의 초기 값을 "right"로 설정하여 게임을 처음 시작하면 뱀이 오른쪽으로 움직이게 했습니다.

뱀 정의하기

뱀을 그릴 때는 반복문을 사용해 segments 배열에 있는 각 블록을 훑으면서, 각 블록의 drawSquare 메서드를 호출해야 합니다. 메서드를 호출할 때마다 뱀의 일부분을 표현하는 사각형이 그려집니다.

```
Snake.prototype.draw = function () {
  for (var i = 0; i < this.segments.length; i++) {
    this.segments[i].drawSquare("Blue");
  }
};
```

draw 메서드는 for 반복문을 사용해 segments 배열의 각 블록 객체를 훑으며 처리합니다. 한 번 반복할 때마다 각 부분을 가져와서(this.segments[i]), 이 객체에서 drawSquare("Blue")를 호출하여 객체가 있는 자리에 파란색 사각형을 그립니다.

draw 메서드의 동작을 확인해보고 싶다면 다음과 같이 Snake 생성자를 사용해 객체를 만들고, 이 객체의 draw 메서드를 실행하면 됩니다.

```
var snake = new Snake();
snake.draw();
```

뱀 움직이기

이제 뱀을 현재 위치에서 한 블록만큼 옮기는 move 메서드를 작성해봅시다. 뱀을 움직일 때는 segments 배열 앞에 새 블록 객체를 추가하는 방식으로 머리 부분을 새로 만들고 segments 배열 마지막에 있는 꼬리 부분을 지웁니다.

move 메서드에서는 checkCollision이라는 함수를 호출하는데 이 함수를 통해 뱀이 자기 몸이나 벽에 부딪히지 않았는지 혹은 사과를 먹었는지 확인합니다. 만약 새로 추가한 머리 부분이 벽이나 자기 몸에 충돌했다면 16장에서 만든 gameOver 함수를 호출하여 게임을 끝냅니다. 만약 뱀이 사과를 먹었다면 점수에 1점을 더한 다음, 사과를 다른 위치로 옮깁니다.

move 메서드 추가하기

다음은 move 메서드의 코드입니다.

```
     Snake.prototype.move = function () {
❶     var head = this.segments[0];
❷     var newHead;

❸     this.direction = this.nextDirection;

❹     if (this.direction === "right") {
         newHead = new Block(head.col + 1, head.row);
       } else if (this.direction === "down") {
         newHead = new Block(head.col, head.row + 1);
       } else if (this.direction === "left") {
         newHead = new Block(head.col - 1, head.row);
       } else if (this.direction === "up") {
         newHead = new Block(head.col, head.row - 1);
       }

❺     if (this.checkCollision(newHead)) {
         gameOver();
         return;
       }

❻     this.segments.unshift(newHead);

❼      if (newHead.equal(apple.position)) {
         score++;
         apple.move();
       } else {
         this.segments.pop();
       }
     };
```

이제 이 코드를 하나씩 살펴봅시다.

새로운 머리 만들기

❶에서는 this.segments 배열의 첫 번째 원소를 head 변수에 저장했습니다. 이 함수 안에서는 이 첫 번째 원소를 여러 번 참조할 것이므로 다른 변수에 미리 저장해두면 입력할 시간도 줄일 수 있고, 코드의 가독성도 한결 나아집니다. 지금부터는 this.segments[0]을 계속 입력하는 대신 head만 입력해도 됩니다.

❷에서는 newHead라는 변수를 만들고, 방금 새로 만든 배열에 뱀 머리에 해당하는 블록을 저장합니다.

❸에서는 this.direction의 값을 this.nextDirection과 같게 설정하여 플레이어가 가장 최근에 입력한 화살표 키의 방향으로 뱀을 움직이게 합니다. 이 기술에 대한 자세한 설명은 keydown 이벤트 핸들러를 살펴볼 때 배우겠습니다.

> ### Direction과 nextDirection
>
> 뱀 객체의 move 메서드가 각 애니메이션 단계마다 호출되기 때문에 direction 프로퍼티도 애니메이션 단계마다 업데이트됩니다. 반면 nextDirection 프로퍼티는 플레이어가 화살표 키를 누를 때만 바뀝니다. 따라서 이론적으로는 플레이어가 화살표를 굉장히 빠르게 여러 번 누르면, 애니메이션 한 단계마다 여러 번 바뀔 수 있습니다.
>
> 이 두 프로퍼티를 분리해서 관리함으로써, 우리는 플레이어가 방향이 반대인 화살표 키 두 개를 연속으로 눌렀을 때 뱀이 뒤돌지 않게 할 수 있습니다.

❹번부터는 if...else문 여러 개를 연속으로 사용하여 뱀의 방향을 정했습니다. 각 조건에 일치할 때마다 뱀 머리를 새로 만들어서 newHead 변수에 저장합니다. 이동 방향에 따라 기존에 있던 머리의 행 또는 열 번호를 더하거나 빼서 기존 머리와 인접한 위치에 새 머리를 둡니다. 다시 말해, 새 머리는 뱀의 이동 방향에 따라 기존 머리의 위, 아래, 왼쪽, 오른쪽의 인접 블록 중 하나에 올 것입니다. 그림 17-5는 this.nextDirection이 "down"으로 설정되어 있을 때 새 머리가 어떻게 표시되는지 보여줍니다.

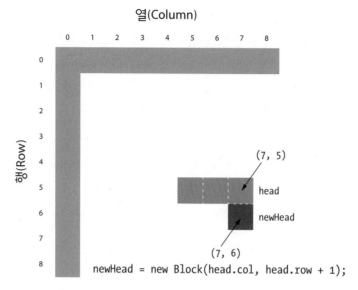

[그림 17-5]: this.nextDirection이 "down"일 때 만들어진 새 머리

충돌을 확인하고 머리를 추가하기

❺에서는 checkCollision 메서드를 호출하여 뱀이 벽이나 자기 몸에 부딪히지 않았는지 확인합니다. 이 메서드의 코드는 잠시 후에 보겠지만, 예상하다시피 이 메서드는 뱀이 어딘가에 부딪혔을 때 true를 반환합니다. 어딘가에 부딪혔을 때는 if문 내부의 코드가 실행되므로 gameOver 함수가 호출되어 게임이 종료되고, 캔버스에는 "Game Over"라는 텍스트가 출력됩니다.

gameOver 호출 뒤에 있는 return 키워드 덕분에 move 메서드는 일찍 종료되어, 그 뒤에 있는 다른 코드는 아무것도 실행되지 않습니다. return 키워드는 checkCollision이 true를 반환할 때만 실행되므로 뱀이 아무것에도 부딪히지 않았다면 다른 메서드가 실행됩니다.

뱀이 어딘가에 충돌하지 않았다면 ❻에서 unshift 메서드를 사용하여 segments 배열 가장 앞에 newHead를 추가합니다. 이를 통해 새로 만든 머리는 뱀의 가장 앞 부분이 됩니다. 배열의 unshift 메서드에 대해서는 48쪽 "배열에 원소 추가하기" 절을 참고하세요.

사과 먹기

❼에서는 equal 메서드를 사용하여 newHead와 apple.position을 비교했습니다. 두 블록이 같은 위치에 있다면 equal 메서드가 true를 반환하는데, 이는 뱀이 사과를 먹었다는 뜻입니다.

뱀이 사과를 먹었으면 점수를 1점 증가시킨 후 사과의 move 메서드를 호출하여 사과를 다른 위치로 옮깁니다. 뱀이 사과를 먹지 못했다면 this.segments의 pop 메서드를 호출합니다. 이미 segments 배열에는 새 머리가 추가되어 있으므로 이렇게 뱀의 꼬리를 제거해야 뱀의 길이가 똑같이 유지됩니다. 뱀이 사과를 먹으면 새 머리가 추가된 상태에서 꼬리를 지우지 않으므로 뱀이 1만큼 길어집니다.

아직 apple을 정의하지 않았기 때문에 아직까지는 이 메서드가 잘 동작하지 않습니다. 만약 이 메서드의 동작을 지금 확인해보고 싶다면 ❼에 있는 if...else문을 다음과 같이 바꾼 후에 확인해보세요.

```
this.segments.pop();
```

이제 남은 작업은 checkCollision 메서드를 작성하는 것뿐입니다.

checkCollision 메서드 추가하기

이 게임에서는 뱀의 머리가 새 위치에 올 때마다 충돌을 확인해야 합니다. 충돌 감지(collision detection)는 게임 제작 기법에서는 굉장히 흔한데, 게임 프로그래밍에 있어 복잡한 부분에 속하는 때가 많습니다. 다행히 뱀 게임에서는 상대적으로 쉽게 만들 수 있는 편입니다.

뱀 게임에서는 벽에 부딪히는 것과 자기 몸에 부딪히는 것이라는 두 종류의 충돌이 있습니다. 벽 충돌은 뱀이 벽에 부딪힐 때 일어납니다. 뱀의 머리가 몸에 부딪힐 때도 충돌이 일어납니다. 게임을 시작할 때는 뱀이 너무 작아서 자기 몸에 부딪히기 어렵지만 사과를 계속 먹고 나면 충분히 부딪힐 만큼 길어집니다.

다음은 checkCollision 메서드의 코드입니다.

```
     Snake.prototype.checkCollision = function (head) {
❶      var leftCollision = (head.col === 0);
       var topCollision = (head.row === 0);
       var rightCollision = (head.col === widthInBlocks - 1);
       var bottomCollision = (head.row === heightInBlocks - 1);

❷      var wallCollision = leftCollision || topCollision || ↵
         rightCollision || bottomCollision;

❸      var selfCollision = false;

❹      for (var i = 0; i < this.segments.length; i++) {
         if (head.equal(this.segments[i])) {
❺          selfCollision = true;
         }
       }

❻      return wallCollision || selfCollision;
     };
```

벽 충돌 확인하기

❶에서는 leftCollision이라는 변수를 만들고 변수의 값을 head.col === 0으로 설정했습니다. 이 변수의 값은 뱀이 왼쪽 벽에 부딪힐 때, 다시 말해 머리의 열 번호가 0일 때 true가됩니다. 마찬가지 방식으로 topCollision은 뱀 머리의 행 번호가 0일 때, 즉 위쪽 벽에 부딪혔을 때 true가 됩니다.

그다음에는 머리의 열 번호가 widthInBlocks - 1과 같은지 확인하여 오른쪽 벽 충돌 여부를 확인합니다. widthInBlocks의 값은 40이므로, 이 코드는 머리가 39열에 있는지 확인합니다. 그림 17-1에서 보았듯이 39열 전체가 왼쪽 벽에 해당합니다. 그 뒤에는 같은 방식으로 bottomCollision의 값을 구합니다. 이 값은 머리의 row 프로퍼티가 heightInBlocks - 1과 같은지 확인합니다.

❷에서는 ||(or) 연산자를 사용해서 leftCollision, topCollision, rightCollision, bottomCollision 중 하나라도 true인지 확인하고 이를 통해 뱀이 벽에 부딪혔는지 아닌지 알아냅니다. 이 결과는 wallCollision이라는 변수에 불리언 값으로 저장됩니다.

자기 몸 충돌 확인하기

뱀이 자기 몸에 부딪혔는지 확인하기 위해 ❸에서는 selfCollision이라는 변수를 만들고 초기 값을 false로 설정했습니다. 그 후 ❹에서 for 반복문을 통해 뱀의 모든 부분을 훑으면서 head.equal(this.segments[i])를 실행하여 새 머리와 같은 곳에 몸 부위가 있는지 확인합니다. 머리와 다른 몸 부분은 모두 블록 객체이기 때문에 블록 객체에 정의했던 equal 메서드를 사용해서 서로 같은 위치에 있는지 확인할 수 있습니다. 만약 뱀의 몸 부위가 머리와 같은 위치에 있다면 뱀이 자기 몸과 충돌한 것이므로 ❺에서 selfCollision의 값은 true로 설정될 것입니다.

끝으로 ❻에서는 wallCollision || selfCollision을 반환합니다. 따라서 이 메서드는 뱀이 벽이나 자기 몸에 부딪혔을 때 true를 반환할 것입니다.

키보드로 뱀의 방향 설정하기

다음은 플레이어가 키보드를 사용해 뱀의 방향을 조작할 수 있게 하는 코드를 작성해보겠습니다. 여기서는 플레이어가 화살표를 언제 눌렀는지 확인하기 위해 keydown 이벤트 핸들러를 사용하고, 누른 키에 따라 뱀의 방향을 설정하겠습니다.

keydown 이벤트 핸들러 추가하기

다음은 키보드 이벤트를 다루는 코드입니다.

```
❶  var directions = {
      37: "left",
      38: "up",
```

```
      39: "right",
      40: "down"
    };

❷ $("body").keydown(function (event) {
      var newDirection = directions[event.keyCode];
❸   if (newDirection !== undefined) {
        snake.setDirection(newDirection);
      }
    });
```

❶에서는 화살표 키의 키코드를 해당하는 방향 문자열로 변환해주는 객체를 정의했습니다. 이 객체는 252쪽 "키보드에 반응하기" 절에서 사용했던 **keyActions** 객체와 꽤 비슷합니다. ❷에서는 **keydown** 이벤트에 대한 이벤트 핸들러를 body 엘리먼트에 추가했습니다. 이 핸들러는 사용자가 키를 누를 때 호출됩니다. 물론, 키를 누르기 전에 웹 페이지를 먼저 한 번 클릭해서 웹 페이지가 이벤트를 들을 수 있게 해주어야 합니다.

핸들러 함수를 살펴보면 먼저 이벤트의 키코드를 방향 문자열로 변환하고, 이 문자열을 **newDirection**에 저장합니다. 만약 키코드가 37, 38, 39, 40 중 하나가 아니라면(화살표 키에 대한 키코드입니다), **directions[event.keyCode]**의 값은 **undefined**가 됩니다.

❸에서는 **newDirection**이 **undefined**와 같은지 확인합니다. 만약 이 값이 **undefined**가 아니라면 뱀의 **setDirection** 메서드를 호출하면서 **newString** 문자열을 인수로 전달합니다. 이 조건문에는 **else** 절이 없기 때문에 **newDirection**이 **undefined**일 때는 사용자가 누른 키에 아무런 반응도 하지 않습니다.

아직 우리는 뱀 객체에 **setDirection** 메서드를 추가하지 않았기 때문에 이 코드는 지금 동작하지 않습니다. 그렇다면 지금 바로 추가해봅시다.

setDirection 메서드 추가하기

setDirection 메서드는 우리가 방금 살펴본 키보드 핸들러에서 전달한 새 방향을 인수로 받고, 이 값을 사용해 뱀의 방향을 바꿉니다. 이 메서드는 플레이어가 뱀을 현재 진행 방향과 완전 반대 방향으로 움직이지 못하게 하는 역할도 합니다. 예를 들어, 뱀이 오른쪽으로 이동하고 있을 때 위나 아래로 움직이지 않고 바로 왼쪽으로 움직인다면 뱀은 자기 몸과 충돌하게 될 것입니다. 이 게임에서는 플레이어가 이런 식으로 뱀을 움직이지 못하게 되어 있기 때문에 이를 가리켜 **올바르지 않은** 회전이라고 부릅니다. 그림 17-6은 뱀이 오른쪽으로 이동하고 있을 때 올바른 방향과 올바르지 않은 방향을 보여줍니다.

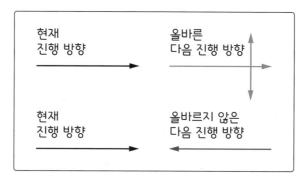

[그림 17-6]: 현재 진행 방향에 따른 올바른 다음 진행 방향

setDirection 메서드는 플레이어가 올바르지 않은 회전을 시도했는지 확인합니다. 만약 그렇다면 return문을 사용해 메서드를 빨리 끝내버리고, 그렇지 않다면 뱀 객체의 nextDirection 프로퍼티를 업데이트합니다.

다음은 setDirection 메서드의 코드입니다.

```javascript
Snake.prototype.setDirection = function (newDirection) {
  if (this.direction === "up" && newDirection === "down") {
    return;
  } else if (this.direction === "right" && newDirection === "left") {
    return;
  } else if (this.direction === "down" && newDirection === "up") {
    return;
  } else if (this.direction === "left" && newDirection === "right") {
    return;
  }

  this.nextDirection = newDirection;
};
```

❶에서는 if...else문을 네 부분으로 구성하여 올바르지 않은 방향으로 이동하는 것을 방지했습니다. 첫 번째 부분에서는 뱀이 위로 이동하고 있을 때(this.direction이 "up"일 때) 플레이어가 아래쪽 화살표를 누르면(newDirection이 "down"일 때) return문을 사용해 메서드를 일찍 끝내버립니다. 다른 부분도 같은 방식으로 다른 방향에 대한 올바르지 않은

회전을 처리합니다.

setDirection 메서드의 마지막 줄은 newDirection이 올바른 방향을 가리키고 있을 때만 실행됩니다. 그 밖의 경우에는 return문 중 하나가 메서드를 일찍 끝내버리기 때문입니다.

올바른 newDirection은 ❷에서 뱀 객체의 nextDirection 프로퍼티에 저장됩니다.

사과 만들기

이 게임에서 사과는 세 부분으로 이루어진 객체로 표현합니다. 이 객체에는 사과의 위치를 블록 객체로 표현한 position 프로퍼티, 사과를 그릴 때 사용할 draw 메서드, 뱀이 사과를 먹었을 때 사과를 다른 위치로 옮길 때 사용할 move 메서드가 추가됩니다.

Apple 생성자 작성하기

이 생성자는 사과의 position 프로퍼티를 새 블록 객체로 설정합니다.

```
var Apple = function () {
  this.position = new Block(10, 10);
};
```

이 코드는 10열, 10행에 새 블록을 만들고 이를 사과의 position 프로퍼티에 저장합니다. 사과 객체는 게임을 처음 시작할 때 이 생성자를 사용해서 만듭니다.

사과 그리기

사과를 그리는 draw 메서드는 다음과 같습니다.

```
Apple.prototype.draw = function () {
  this.position.drawCircle("LimeGreen");
};
```

사과의 draw 메서드는 굉장히 단순합니다. 이미 앞서 280쪽 "drawCircle 메서드 추가하기" 절에서 열심히 drawCircle 메서드를 만들어두었기 때문에 가능한 일이죠. 사과를 그릴 때는 사과의 position 프로퍼티에 있는 drawCircle 메서드를 호출하면서 블록의 색상으로 사용할 "LimeGreen" 인수를 전달하기만 하면 됩니다.

사과가 잘 그려지는지 확인하고 싶다면 다음 코드를 실행해보세요.

```
var apple = new Apple();
apple.draw();
```

사과 옮기기

move 메서드는 사과를 게임 영역 내(즉 경계선 안쪽)에 있는 임의의 새 위치로 옮깁니다. 이 메서드는 뱀이 사과를 먹었을 때 호출되어 사과를 다른 위치에 나타냅니다.

```
❶ Apple.prototype.move = function () {
     var randomCol = Math.floor(Math.random() * (widthInBlocks - 2)) + 1;
     var randomRow = Math.floor(Math.random() * (heightInBlocks - 2)) + 1;
❷    this.position = new Block(randomCol, randomRow);
   };
```

❶에서는 randomCol과 randomRow라는 변수를 만들었습니다. 이 변수들은 각각 게임 영역 내에 있는 임의의 열 번호와 행 번호로 설정됩니다. 그림 17-1에서 보듯이 게임 영역은 열 번호와 행 번호가 1부터 38까지입니다. 따라서 이 범위 안에 있는 무작위 수를 두 개 고르면 됩니다.

무작위 수를 만들 때는 Math.floor(Math.random() * 38)를 실행하여 0부터 37까지의 무작위 수를 골라낸 후 결과에 1을 더해 1부터 38까지의 무작위 수로 만듭니다. Math.floor, Math.random의 동작 원리에 대한 설명은 58쪽 "의사 결정기" 절을 참고하세요.

❶에서 무작위 열 번호를 만들 때는 앞 문단에서 설명한 것과 똑같은 일을 하지만, 38이라는 숫자 대신 (widthInBlocks - 2)를 사용했습니다. 덕분에 나중에 게임 영역의 크기가 달라져도 코드는 수정하지 않아도 됩니다. 마찬가지 방법으로 Math.floor(Math.random() * (heightInBlocks - 2)) + 1을 사용해 무작위 행 번호도 구했습니다.

마지막으로 ❷에서는 무작위 행 번호와 열 번호를 사용해 만들어진 새 블록 객체를 this.position에 저장했습니다. 덕분에 사과의 위치가 달라져서 사과는 게임 영역 내 임의의 장소에 나타날 것입니다.

move 메서드의 동작은 다음과 같이 확인해볼 수 있습니다.

```
var apple = new Apple();
apple.move();
apple.draw();
```

하나로 합치기

전체 게임 프로그램이 거의 200줄이나 되는 자바스크립트 코드가 되었습니다! 지금까지 만
들었던 코드를 하나로 묶으면 다음과 같습니다.

```
     // 캔버스 설정하기
❶   var canvas = document.getElementById("canvas");
     var ctx = canvas.getContext("2d");

     // 캔버스 엘리먼트의 너비와 높이 가져오기
     var width = canvas.width;
     var height = canvas.height;

     // 너비와 높이를 블록 단위로 계산하기
     var blockSize = 10;
     var widthInBlocks = width / blockSize;
     var heightInBlocks = height / blockSize;

     // 점수의 초기 값을 0으로 설정하기
     var score = 0;

     // 경계선 그리기
❷   var drawBorder = function () {
       ctx.fillStyle = "Gray";
       ctx.fillRect(0, 0, width, blockSize);
       ctx.fillRect(0, height - blockSize, width, blockSize);
       ctx.fillRect(0, 0, blockSize, height);
       ctx.fillRect(width - blockSize, 0, blockSize, height);
     };

     // 점수를 왼쪽 상단에 그리기
     var drawScore = function () {
       ctx.font = "20px Courier";
       ctx.fillStyle = "Black";
```

```javascript
    ctx.textAlign = "left";
    ctx.textBaseline = "top";
    ctx.fillText("Score: " + score, blockSize, blockSize);
  };

  // 인터벌 반복을 취소하고 Game Over 표시하기
  var gameOver = function () {
    clearInterval(intervalId);
    ctx.font = "60px Courier";
    ctx.fillStyle = "Black";
    ctx.textAlign = "center";
    ctx.textBaseline = "middle";
    ctx.fillText("Game Over", width / 2, height / 2);
  };

  // 14장에서 만든 함수를 사용해 원 그리기
  var circle = function (x, y, radius, fillCircle) {
    ctx.beginPath();
    ctx.arc(x, y, radius, 0, Math.PI * 2, false);
    if (fillCircle) {
      ctx.fill();
    } else {
      ctx.stroke();
    }
  };

  // Block 생성자
❸ var Block = function (col, row) {
    this.col = col;
    this.row = row;
  };

  // 블록 위치에 사각형 그리기
  Block.prototype.drawSquare = function (color) {
    var x = this.col * blockSize;
    var y = this.row * blockSize;
    ctx.fillStyle = color;
    ctx.fillRect(x, y, blockSize, blockSize);
  };

  // 블록 위치에 원 그리기
```

```javascript
Block.prototype.drawCircle = function (color) {
  var centerX = this.col * blockSize + blockSize / 2;
  var centerY = this.row * blockSize + blockSize / 2;
  ctx.fillStyle = color;
  circle(centerX, centerY, blockSize / 2, true);
};

// 이 블록이 다른 블록과 같은 위치에 있는지 확인하기
Block.prototype.equal = function (otherBlock) {
  return this.col === otherBlock.col && this.row === otherBlock.row;
};

// Snake 생성자
var Snake = function () {
  this.segments = [
    new Block(7, 5),
    new Block(6, 5),
    new Block(5, 5)
  ];

  this.direction = "right";
  this.nextDirection = "right";
};

// 뱀의 몸을 구성하는 각 부분을 사각형으로 그리기
Snake.prototype.draw = function () {
  for (var i = 0; i < this.segments.length; i++) {
    this.segments[i].drawSquare("Blue");
  }
};

// 머리를 새로 만든 후 뱀 제일 앞에 추가하고
// 뱀을 현재 방향으로 옮기기
Snake.prototype.move = function () {
  var head = this.segments[0];
  var newHead;

  this.direction = this.nextDirection;

  if (this.direction === "right") {
    newHead = new Block(head.col + 1, head.row);
```

❹

```
    } else if (this.direction === "down") {
      newHead = new Block(head.col, head.row + 1);
    } else if (this.direction === "left") {
      newHead = new Block(head.col - 1, head.row);
    } else if (this.direction === "up") {
      newHead = new Block(head.col, head.row - 1);
    }

    if (this.checkCollision(newHead)) {
      gameOver();
      return;
    }

    this.segments.unshift(newHead);

    if (newHead.equal(apple.position)) {
      score++;
      apple.move();
    } else {
      this.segments.pop();
    }
};

// 뱀의 새 머리가 벽이나 자기 몸과 충돌하지 않았는지 확인하기
Snake.prototype.checkCollision = function (head) {
  var leftCollision = (head.col === 0);
  var topCollision = (head.row === 0);
  var rightCollision = (head.col === widthInBlocks - 1);
  var bottomCollision = (head.row === heightInBlocks - 1);

  var wallCollision = leftCollision || topCollision || ↵
    rightCollision || bottomCollision;

  var selfCollision = false;

  for (var i = 0; i < this.segments.length; i++) {
    if (head.equal(this.segments[i])) {
      selfCollision = true;
    }
  }
```

```
    return wallCollision || selfCollision;
};

// 키보드 입력에 따라 뱀의 다음 방향 설정하기
Snake.prototype.setDirection = function (newDirection) {
  if (this.direction === "up" && newDirection === "down") {
    return;
  } else if (this.direction === "right" && newDirection === "left") {
    return;
  } else if (this.direction === "down" && newDirection === "up") {
    return;
  } else if (this.direction === "left" && newDirection === "right") {
    return;
  }

  this.nextDirection = newDirection;
};

// Apple 생성자
❺ var Apple = function () {
    this.position = new Block(10, 10);
};

// 사과의 현재 위치에 원 그리기
Apple.prototype.draw = function () {
    this.position.drawCircle("LimeGreen");
};

// 사과를 새로운 임의의 위치로 옮기기
Apple.prototype.move = function () {
    var randomCol = Math.floor(Math.random() * (widthInBlocks - 2)) + 1;
    var randomRow = Math.floor(Math.random() * (heightInBlocks - 2)) + 1;
    this.position = new Block(randomCol, randomRow);
};

// 뱀 객체와 사과 객체 만들기
❻ var snake = new Snake();
  var apple = new Apple();

// setInterval에 애니메이션 함수 전달하기
  var intervalId = setInterval(function () {
```

```
      ctx.clearRect(0, 0, width, height);
      drawScore();
      snake.move();
      snake.draw();
      apple.draw();
      drawBorder();
   }, 100);

   // 키코드를 방향 문자열로 변환하는 객체
❼  var directions = {
      37: "left",
      38: "up",
      39: "right",
      40: "down"
   };

   // 키가 눌렸을 때 방향을 제어하기 위한 keydown 핸들러
   $("body").keydown(function (event) {
      var newDirection = directions[event.keyCode];
      if (newDirection !== undefined) {
         snake.setDirection(newDirection);
      }
   });
```

이 코드는 여러 부분으로 나누어 구성되었습니다. ❶의 첫 번째 부분에서는 16장에서 살펴보았던 캔버스, 콘텍스트, 너비, 높이를 포함해 게임에 필요한 모든 변수를 설정하고 있습니다. ❷에서는 drawBorder, drawScore, gameOver, circle 등 필요한 함수를 작성했습니다.

❸에서는 Block 생성자를 작성했고, 그 뒤에는 drawSquare, drawCircle, equal 메서드를 작성했습니다. ❹에서는 Snake 생성자와 메서드를 만들었고 ❺에서는 Apple 생성자와 draw, move 메서드를 작성했습니다.

❻은 게임을 시작하고 실행하는 코드입니다. 먼저 snake와 apple 객체를 만든 다음, setInterval을 사용해 게임 애니메이션이 계속 진행되도록 합니다. setInterval을 호출할 때는 반드시 인터벌 아이디를 intervalId 변수에 저장해두어야 나중에 gameOver 함수에서 이를 사용해 애니메이션을 취소할 수 있습니다.

setInterval에 전달된 함수는 게임 애니메이션 단계마다 호출됩니다. 이 함수는 캔버스를 지운 후에 경계선, 뱀, 사과, 점수를 그려내는 역할은 물론, 게임 상태를 업데이트하는 역할

도 합니다. 이 함수에서는 뱀 객체의 move 메서드도 호출하여 각 단계마다 현재 진행 방향으로 뱀이 움직이게 합니다. setInterval이 끝난 후 ❼에서는 키보드 이벤트를 듣는 코드를 추가하고 이벤트가 발생하면 뱀의 방향을 바꾸도록 했습니다.

언제나 그렇듯, 이 코드는 모두 HTML 문서의 script 엘리먼트 사이에 입력해야 합니다. 작성한 게임을 해보려면 snake.html을 웹 브라우저에서 읽어 들인 후 화살표 키를 사용해 뱀의 방향을 바꾸면 됩니다. 화살표 키가 원하는 대로 동작하지 않는다면 자바스크립트가 키보드 이벤트를 확실하게 들을 수 있게 브라우저 창을 마우스로 한 번 클릭해주면 됩니다.

게임이 동작하지 않는다면 아마도 자바스크립트에 에러가 있을 것입니다. 에러 내용은 콘솔에 나타나므로 문제가 무엇인지 알려면 콘솔을 살펴보세요. 문제점을 찾지 못했다면 책에 나온 코드와 완전히 같은지 한 줄씩 비교해보세요.

이제 게임이 실행되었다면, 이 게임이 어떻게 느껴지나요? 최고 점수는 몇 점을 받았나요?

정리해봅시다

이 장에서는 canvas 엘리먼트를 사용한 게임을 만들어보았습니다. 이 게임은 여러분이 이 책을 통해 배웠던 여러 자료형과 개념, 기법 등으로 구성되어 있습니다. 숫자, 문자열, 불리언, 배열, 객체, 제어 구조, 함수, 객체지향 프로그래밍, 이벤트 핸들러, setInterval, canvas 사용법까지 말이죠.

이제 뱀 게임을 만들어봤으니 이와 비슷한 수준의 간단한 2차원 게임도 자바스크립트로 작성해볼 수 있습니다. 벽돌 깨기, 아스테로이드, 스페이스 인베이더, 테트리스 등과 같은 고전 게임을 직접 만들어보세요. 아니면 직접 생각한 게임을 만들어도 좋습니다.

물론, 자바스크립트로 만들 수 있는 프로그램은 게임 외에도 많습니다. 자바스크립트로 복잡한 수식을 작성할 수 있으니 자바스크립트를 사용해 수학 숙제를 편하게 할 수도 있을 것입니다. 아니면 여러분의 프로그래밍 실력을 뽐내는 웹 사이트를 만들 수도 있습니다. 가능성은 끝이 없습니다!

프로그래밍 과제

우리가 만든 게임에 다음과 같이 몇 가지 기능을 추가해볼 수 있습니다.

#1: 게임을 더 크게

게임 영역의 크기를 500×500픽셀로 만드세요. 500픽셀에서도 잘 동작하게 만들려면 코드 어느 부분을 수정해야 할까요?

#2: 뱀 색칠하기

앞서 만든 뱀은 좀 지루합니다. 몸이 전부 파란색으로만 이루어져 있으니까요. 몸이 줄무늬 색이면 조금 더 진짜 뱀처럼 보일 것입니다. 예를 들어, 머리는 녹색이고 몸은 녹색과 노란색이 번갈아 나타나게 해보세요. 원한다면 다른 색상을 사용해도 좋습니다.

#3: 점점 빨라지게 만들기

게임을 조금 수정하여 뱀이 사과를 먹을 때마다 게임의 속도가 빨라지게 만드세요. setInterval은 항상 일정한 간격으로 함수를 호출하기 때문에 이렇게 구현하려면 setInterval 대신 setTimeout을 사용하는 편이 좋을 것입니다. 다만 setTimeout은 함수를 계속 호출해주어야 한다는 점에 주의하세요.

```javascript
var animationTime = 100;
var gameLoop = function () {
  // 게임을 그리고 업데이트하는 코드는 여기에 와야 합니다.
  setTimeout(gameLoop, animationTime);
};

gameLoop();
```

여기서는 setInterval를 사용하는 대신 gameLoop 함수에서 setTimeout(gameLoop, animationTime)을 호출하는 방식을 사용했습니다. 이 코드는 "animationTime밀리초 후에 gameLoop를 다시 호출해줘."라는 뜻입니다. setInterval과 같이 이 방식을 사용하면 함수를 계속 호출하며, 각 함수 호출 사이에는 시간 간격이 조금 있습니다. setInterval을 사용할 때와 다른 점이 있다면, 이 방식에서는 코드 어디서든 애니메이션 속도를 조절하는 animationTime을 쉽게 수정할 수 있다는 점입니다. 애니메이션 시간이 변경되면 그다음 setTimeout 호출부터 반영됩니다.

여기서 주의해야 할 점은 게임을 멈출 방법을 새로 찾아야 한다는 것입니다. 이 방식을 사용했을 때는 어떻게 게임을 멈출 수 있을까요?

#4: apple.move 메서드 수정하기

뱀이 사과를 먹을 때마다 사과는 임의의 새 위치로 이동합니다. 그런데 이 사과는 이미 뱀의 몸이 있는 공간에 나타날 수도 있습니다. 이를 방지하기 위해 뱀의 몸이 있는 위치를 피하도록 move 메서드를 수정하세요.

(힌트: while 반복문을 사용하여 사과의 현재 위치가 뱀의 몸이 없는 곳일 때까지 계속 move 호출하면 됩니다.)

마치며

이후 학습할 내용

여러분은 이 책을 통해 자바스크립트의 기초를 배웠습니다. 더 크고 넓은 프로그래밍 세계로 나아갈 준비가 됐다는 뜻입니다. 다른 프로그래밍 언어를 배울 수도 있고, 자바스크립트에 대한 지식을 발판으로 삼아 다음 단계의 기술을 익힐 수도 있습니다. 이 다음 단계는 온전히 여러분이 결정할 문제이지만, 여기에 몇 가지 아이디어를 제시해보겠습니다.

자바스크립트

이 책을 통해 자바스크립트의 많은 면을 살펴보았지만, 자바스크립트에는 아직도 공부해야 할 내용이 훨씬 많이 남아있습니다. 다음은 자바스크립트에 관해 더 자세히 배울 수 있는 몇 가지 책과 웹 사이트입니다.

- 『JavaScript: The Good Parts』 더글라스 크락포드 저 (O'Reilly Media, 2008) (『자바스 크립트 핵심 가이드』(한빛미디어, 2008))

- 『Eloquent JavaScript 2nd Edition』 마레인 하버비케 저 (No Starch Press, 2014)*

- 『JavaScript: The Definitive Guide, 4th Edition』** 데이비드 플래너건 저 (O'Reilly Media, 2001)

- 모질라 개발자 네트워크의 자바스크립트 항목: https://developer.mozilla.org/en-US/docs/Web/JavaScript

- 코드카데미 자바스크립트 과정: http://www.codecademy.com/en/tracks/javascript/

웹 프로그래밍

웹 사이트를 만들려면 자바스크립트 외에 HTML과 CSS도 어느 정도 알고 있어야 합니다.

HTML

HTML은 웹 페이지를 만들 때 사용하는 마크업 언어입니다. 우리는 5장에서 HTML 기초를 조금 배웠지만, 배울 내용은 그보다 훨씬 많습니다. 다음은 HTML을 공부할 때 좋은 자료입니다.

- 모질라 개발자 네트워크의 HTML 소개: https://developer.mozilla.org/en-US/docs/Web/Guide/HTML/Introduction/

- 코드카데미 HTML & CSS 과정: http://www.codecademy.com/tracks/web/

- 모질라 웹 메이커: https://webmaker.org/

CSS

CSS(Cascading Style Sheets)는 웹 페이지의 외관을 꾸밀 때 사용하는 언어입니다. 다음 자료를 통해 CSS를 배울 수 있습니다.

- 모질라 개발자 네트워크의 CSS 시작하기: https://developer.mozilla.org/en-US/docs/Web/Guide/CSS/Getting_started/

---

* 옮긴이: 이 책의 1판은 『자바스크립트 개론』(인사이트, 2013)이라는 이름으로 국내에 소개된 바 있습니다.

** 옮긴이: 이 책의 6판은 『자바스크립트 완벽 가이드』(인사이트, 2013)라는 이름으로 국내에 소개된 바 있습니다.

- 코드카데미 HTML & CSS 과정: http://www.codecademy.com/tracks/web/

Node.JS를 사용한 서버 측 코드

웹 페이지는 웹 서버(web server) 상에서 동작합니다. 서버는 웹 페이지에서 사용할 HTML, CSS, 자바스크립트를 모두 저장하고 있다가 사람들이 인터넷을 통해 웹 페이지에 접근하면 자료를 보내줍니다. 웹 페이지를 불러올 때마다 새로운 HTML 파일을 만드는 서버 프로그램(서버 측 코드[server-side code]라고도 합니다)도 여러분이 직접 작성할 수 있습니다. 예를 들어, 여러분이 http://twitter.com/에 접속할 때 서버에서 동작하는 프로그램은 여러분의 타임라인에 보여줄 최근 트윗을 검색하고 이 트윗을 포함한 HTML 파일을 작성한 후, 이 파일을 여러분의 웹 브라우저로 전송합니다.

Node.js를 사용하면 자바스크립트로 서버 측 코드를 작성할 수 있습니다. 다음은 Node.js에 대해 살펴볼 수 있는 자료입니다.

- Node.js 공식 문서: http://nodejs.org/
- Node Beginner Book: http://www.nodebeginner.org/

그래픽 프로그래밍

자바스크립트에서 인터랙티브한 그래픽을 만들고 싶다면 canvas 엘리먼트와 SVG를 살펴보세요.

캔버스

이 책에서는 canvas 엘리먼트의 기초를 배웠지만 이 엘리먼트로 할 수 있는 일은 훨씬 더 많습니다. 다음은 캔버스를 배울 때 좋은 튜토리얼과 게임입니다.

- 모질라 개발자 네트워크의 캔버스 튜토리얼: https://developer.mozilla.org/en-US/docs/Web/API/Canvas_API/Tutorial/
- 크런치질라의 코드 몬스터: http://www.crunchzilla.com/code-monster/

라파엘을 사용한 SVG

SVG를 사용하면 애니메이션 단계마다 화면을 전부 지우고 새로 그릴 필요가 없습니다.

SVG 프로그래밍을 능숙하게 사용하려면 어려울 수 있지만, 라파엘(Raphael)이라는 라이브러리를 사용하면 훨씬 더 쉽게 다룰 수 있습니다. 다음은 라파엘을 배울 때 좋은 자료입니다.

- 라파엘 웹 사이트: http://raphaeljs.com/
- 라파엘 자바스크립트 라이브러리 소개: http://code.tutsplus.com/tutorials/an-introduction-to-the-raphael-js-library--net-7186/

3D 프로그래밍

13장에서 canvas를 다룰 때 canvas.getContext("2d")를 실행하여 2D 그리기 콘텍스트를 만들었던 것을 기억하나요? 그렇다면 canvas를 사용한 3D 그래픽도 가능할 것이라 짐작할 수 있습니다. 이 부분 역시 라이브러리를 사용하는 편이 훨씬 쉬운데, 필자는 three.js라는 라이브러리를 추천하겠습니다. 다음은 three.js를 배울 수 있는 자료입니다.

- three.js 매뉴얼: http://threejs.org/docs/index.html#Manual
- three.js 초보자 가이드: http://blog.teamtreehouse.com/the-beginners-guide-to-three-js/

로봇 프로그래밍

자바스크립트를 사용하면 로봇도 조작할 수 있습니다! 일례로 Parrot AR.Drone이라는 작은 헬리콥터 형태의 기기는 Node.js를 사용해 조작할 수 있습니다. Johnny-Five라는 자바스크립트 라이브러리를 사용하면 아두이노(작은 가전이나 로봇 프로젝트를 직접 만들 때 사용할 수 있는 유명한 마이크로 컨트롤러 기기)와 같은 기기를 제어할 수 있습니다. 다음은 로봇 등의 기기를 자바스크립트로 제어하는 방법을 배울 수 있는 자료입니다.

- node-ar-drone: https://github.com/felixge/node-ar-drone/
- NodeCopter: http://nodecopter.com/
- NodeBots: http://nodebots.io/
- Johnny-Five: https://github.com/rwaldron/johnny-five/

오디오 프로그래밍

자바스크립트와 웹 오디오 API(Application Programming Interface, 응용프로그램 프로그래밍 인터페이스)를 사용하면 웹 브라우저에서 고급 오디오 프로그래밍도 할 수 있습니다. 웹 오디오 API를 사용해 효과음을 만들 수도 있고 음악도 만들 수 있습니다! 다음은 웹 오디오 API를 배울 수 있는 자료입니다.

- 모질라 개발자 네트워크의 웹 오디오 API: https://developer.mozilla.org/en-US/docs/Web/API/Web_Audio/API/
- HTML5 Rocks: 웹 오디오 API 시작하기: http://www.html5rocks.com/en/tutorials/webaudio/intro/

게임 프로그래밍

자바스크립트로 게임을 더 만들어보고 싶다면 게임 엔진(game engine)을 사용해보는 것도 좋습니다. 게임 엔진은 키보드나 마우스 입력 등과 같이 게임에 사용될만한 많은 기능을 미리 코드로 작성해 둔 것으로서, 이를 사용하면 게임 그 자체를 작성하는 데 더 집중할 수 있습니다. 다음은 게임 프로그래밍과 게임 엔진을 배울 때 좋은 자료입니다.

- Crafty 게임 엔진: http://craftyjs.com/
- Pixi 렌더러: https://github.com/GoodBoyDigital/pixi.js
- HTML5 게임 엔진: http://html5gameengine.com/
- Udacity HTML5 게임 개발 과정: https://www.udacity.com/course/cs255/
- 『3D Game Programming for Kids』크리스 스톰 저 (Pragmatic Programmers, 2013)

JSFiddle을 통해 코드 공유하기

여러분이 작성한 자바스크립트를 다른 사람과 나누고 싶다면 어떻게 해야 할까요? 나눌 수 있는 방법은 많지만, 가장 쉬운 방법 중 하나로는 JSFiddle(http://jsfiddle.net/)이 있습니다. 간단하게 자바스크립트 상자에 자바스크립트 코드를 입력하고, HTML 상자에 원하는 HTML을 입력한 후 [Run(실행)] 버튼을 클릭하면 프로그램을 실행할 수 있습니다. 그리고 이 코드를 다른 사람에게 보여주고 싶다면 [Save(저장)] 버튼을 누른 후 나타나는 URL을 다른 사람에게 보내주면 됩니다.

용어집

컴퓨터 프로그래밍의 세계에는 이해하려면 시간이 다소 걸리는 특수한 용어와 정의가 많습니다. 이 용어집에서는 이 책에서 사용된 프로그래밍 용어의 정의를 볼 수 있습니다. 이 책을 읽다가 이해하기 어려운 용어가 나오면 여기서 간단한 설명을 볼 수 있습니다.

인수 argument 함수에 전달될 수 있는 값.

배열 array 자바스크립트 값의 목록. 배열에서 각 값에는 배열 내의 위치를 의미하는 색인 번호가 붙어있습니다. 첫 번째 값의 색인 번호는 0이며, 그다음 값의 색인 번호는 1과 같은 식으로 증가합니다.

속성 attribute HTML 엘리먼트에 포함된 키-값 쌍. HTML 속성을 사용해 엘리먼트가 향하는 링크나 엘리먼트의 크기 등 엘리먼트의 여러 특성을 제어할 수 있습니다.

불리언 Boolean true 또는 false 중 하나가 되는 값.

호출 ^{call} 함수를 실행하는 것. 자바스크립트에서 함수를 호출하려면 함수 이름 뒤에 괄호 한 쌍을 붙이면 됩니다. 이때 괄호 안에는 인수가 포함될 수 있습니다.

카멜 케이스 ^{camel case} 변수 이름을 구성하는 각 단어의 첫 번째 글자를 대문자로 사용하고(단, 첫 번째 단어는 모두 소문자로 표기), 단어를 모두 하나로 붙여 `myCamelCaseVariable`과 같이 명명하는 방법.

주석 ^{comment} 프로그램 안에 있지만 자바스크립트 해석기가 실행하지 않는 텍스트. 주석은 코드를 읽는 사람이 프로그램을 더 잘 이해할 수 있게 설명하는 역할만 합니다.

조건문 ^{conditional statement} 주어진 조건에 따라 코드를 실행하는 문장. 조건이 `true`일 때 실행하는 코드와 `false`일 때 실행하는 코드가 서로 다릅니다(혹은 `false`일 때는 아무런 코드도 실행하지 않습니다).

생성자 ^{constructor} 프로퍼티 구조가 똑같은 객체를 여러 개 만들 때 사용하는 함수의 일종.

제어 구조 ^{control structure} 코드를 언제 실행할지 혹은 얼마나 많이 실행할지 제어하는 방법. 조건문(코드를 실행할 시기를 정하는 방법)과 반복문(코드를 몇 번이나 실행할지 정하는 방법)을 예로 들 수 있습니다.

데이터 ^{data} 우리가 컴퓨터 프로그램에서 저장하고 조작하는 정보.

감소 ^{decrement} 변수의 값을 줄이는 것(보통은 1을 뺍니다).

대화창 ^{dialog} 작은 팝업창. 자바스크립트를 사용하면 웹 브라우저에서 여러 종류의 대화창을 열 수 있습니다. 메시지를 보여주는 경고창(alert)이나 사용자에게 질문을 하고 값을 입력받는 프롬프트창(prompt)을 예로 들 수 있습니다.

문서 객체 모델 ^{document object model, DOM} 웹 브라우저가 웹 페이지에 있는 HTML 엘리먼트를 구성하고 다루는 방법. 이 엘리먼트는 DOM 트리(tree)라는 나무와 비슷한 구조로 조직화됩니다. 자바스크립트와 jQuery에는 엘리먼트를 만들고 수정할 때 사용할 수 있는 DOM 관련 메서드가 있습니다.

엘리먼트 ^{element} 헤더, 문단, body 등 HTML 페이지의 일부. 엘리먼트는 엘리먼트의 종류를 정하는 시작 태그와 끝 태그로 표시하며 태그 사이에 다른 엘리먼트가 포함될 수도 있습니다. DOM 트리는 여러 엘리먼트로 구성됩니다.

이벤트 ^{event} 사용자에 의한 마우스 클릭이나 키보드 눌림 등 웹 브라우저에서 발생하는 동작. 이벤트 핸들러를 사용해 이러한 이벤트를 감지하고 반응할 수 있습니다.

이벤트 핸들러 ^event handler 특정 HTML 엘리먼트에서 특정 이벤트가 발생할 때 호출되는 함수. 예를 들어, 11장의 "보물 찾기" 게임에서는 사용자가 지도에 있는 이미지를 클릭할 때 호출되는 이벤트 핸들러 함수를 만들었습니다.

함수 ^function 여러 문장으로 구성되어 있는, 한꺼번에 같이 실행할 코드 뭉치. 함수를 사용하면 프로그램의 다른 부분에서 같은 동작을 손쉽게 반복해서 사용할 수 있습니다. 함수에는 인수를 입력할 수 있으며 실행 결과로써 값이 반환됩니다.

증가 ^increment 변수의 값을 늘리는 것(보통은 1을 더합니다).

색인 번호 ^index 배열에 포함된 어떤 값의 위치를 나타내는 숫자. 색인 번호는 배열에 있는 특정 값에 접근할 때 사용할 수 있습니다.

무한 반복문 ^infinite loop 멈추지 않고 끊임없이 반복하는 반복문. 대체로 해석기가 종료되는 것으로 끝납니다. 반복문의 조건을 제대로 작성하지 못했을 때 주로 발생하는 에러입니다.

해석기 ^interpreter 코드를 읽고 실행하는 소프트웨어. 웹 브라우저에는 이 책에서 다룬 자바스크립트를 읽고 실행할 수 있는 자바스크립트 해석기가 포함되어 있습니다.

jQuery 웹 페이지의 DOM 엘리먼트를 다룰 때 유용한 메서드를 많이 제공하는 자바스크립트 라이브러리입니다.

키-값 쌍 ^key-value pair 키(key)라고 부르는 문자열과 이에 해당하는 특정한 값(어떤 종류든 가능)을 짝지은 것. 키-값 쌍은 자바스크립트 객체에 포함되며, 객체의 프로퍼티와 메서드를 정의할 때 사용됩니다.

키워드 ^keyword 자바스크립트에서 특별한 의미를 가지는 단어. `for`, `return`, `function` 등이 있으며, 키워드는 변수 이름으로 사용할 수 없습니다.

라이브러리 ^library 웹 페이지에 읽어들이면 여러 함수와 메서드를 추가로 사용할 수 있는 자바스크립트 코드 묶음. 이 책에서는 DOM을 더 쉽게 다룰 수 있는 함수와 메서드를 제공해주는 jQuery 라이브러리를 사용했습니다.

반복문 ^loop 같은 코드를 여러 차례 실행하는 방법.

null 의도적으로 비워둔 변수의 값을 가리킬 때 사용할 수 있는 특수한 값.

객체 object   키-값 쌍의 묶음. 각 키는 해당하는 자바스크립트 값과 짝을 이룹니다. 객체에 키를 사용하면 연관된 값을 가져올 수 있습니다.

객체지향 프로그래밍 object-oriented programming   객체와 메서드의 이점을 살려 코드를 구성하고 프로그램의 중요한 기능을 표현하는 프로그래밍 스타일.

프로그래밍 언어 programming language   프로그래머가 컴퓨터에게 할 일을 명령할 때 사용할 수 있는 언어. 자바스크립트는 프로그래밍 언어의 한 종류이며, 이 외에도 수많은 프로그래밍 언어가 있습니다.

프로퍼티 property   객체에 있는 키-값 쌍의 이름.

프로토타입 prototype   생성자의 프로퍼티 중 하나. 생성자의 프로토타입에 추가된 메서드는 그 생성자를 사용해 만든 모든 객체에서도 자동으로 사용할 수 있습니다.

반환 return   함수를 종료하면서 함수를 호출했던 코드로 값을 되돌려주는 동작. 함수는 함수 몸체의 끝에 도달할 때나 **return** 키워드를 반환할 때 값을 반환합니다. 함수는 반환될 때 반환 값을 출력합니다. 만약 아무런 반환 값도 설정하지 않으면 **undefined**라는 빈 값을 반환합니다.

선택자 selector string   한 개 이상의 HTML 엘리먼트를 표현하는 문자열. jQuery의 $ 함수에 이 문자열을 전달하면 해당하는 엘리먼트를 선택할 수 있습니다.

문자열 string   따옴표로 둘러싼 문자 목록. 컴퓨터 프로그램에서 텍스트를 표현할 때 사용합니다.

문법 syntax   자바스크립트 프로그램을 작성하기 위해 키워드와 구두점을 비롯한 문자들이 조합되는 방식.

태그 tag   HTML 엘리먼트를 만들 때 사용하는 표시. 모든 엘리먼트는 여는 태그로 시작하며 대부분 닫는 태그로 끝납니다. 이 태그는 만들어질 엘리먼트의 종류를 결정하며, 시작 태그에는 엘리먼트의 속성을 포함할 수 있습니다.

텍스트 편집기 text editor   글자 스타일이나 색상과 같은 특별한 서식 없이 텍스트 만을 작성하고 편집할 때 사용하는 컴퓨터 프로그램. 좋은 텍스트 편집기를 사용하면 프로그램을 작성할 때 유용합니다.

undefined 어떤 프로퍼티나 값에 아직 아무런 값도 설정되어 있지 않음을 표시할 때 사용하는 값.

변수 variable 자바스크립트 값에 이름을 부여하는 방법. 변수에 값을 할당하고 나면 변수 이름을 사용해 그 값에 접근할 수 있습니다.

공백 whitespace 스페이스, 줄바꿈, 탭 등 보이지 않는 문자를 말합니다.

찾아보기

이지코딩 시리즈 003

누구나 쉽게 배우는 자바스크립트

초판 1쇄 발행 2015년 9월 16일

지은이 닉 모건
옮긴이 김태곤, 이미령

발행인 김범준
편집디자인 박다희
교정/교열 이정화

발행처 비제이퍼블릭
출판신고 2009년 05월 01일 제300-2009-38호
주소 경기도 고양시 덕양구 통일로 140 삼송테크노밸리 B동 229호
주문/문의 02-739-0739   **팩스** 02-6442-0739
홈페이지 http://bjpublic.co.kr   **이메일** bjpublic@bjpublic.co.kr

가격 28,000원
ISBN 979-11-86697-03-0
한국어판 © 2015 비제이퍼블릭